STRUGGLING AND SURVIVINGIN THE SHARING ECONOMY

接單人生
HUSTLE AND GIG

**兼差、斜槓、自由工作，
零工世代的職場樣貌與實況記錄**

Alexandrea J. Ravenelle
亞莉珊卓・拉弗奈爾————著

目錄

第 3 章　不進反退，重返工業時代早期

第 4 章　職場慘況

第 5 章　分享就是關懷

第 6 章　非法情事處處有

第 7 章　美夢成真？

第 8 章　結論

附註　　　　　　　　　　　　　　　　312

致謝

時間就是金錢，所以我首先要感謝的，就是撥出時間和我分享經驗的工作者。如果沒有他們的誠實與坦白，這項研究也不會有今天的成果。

我剛踏入職場時，是在新聞業和非營利機構工作，後來之所以會輾轉開始研究共享經濟，必須感謝許多老師、同事與親朋好友一路上的支持與建議。

我完成這本書的手稿時，正在紐約的默西學院（Mercy College）擔任訪問學者，學院的凱蘿・狄恩（Karol Dean）、黛安娜・茉艾娜（Diana Juettner）和桃樂西・芭蘭希爾（Dorothy Balancio）都不斷給我支持與鼓勵，學生和同事也都待我非常好，還很熱心地幫助我，經常會把關於零工經濟的文章轉寄給我，並詢問我的研究進度。

我的編輯娜歐蜜・斯奈德（Naomi Schneider）早在這項研究計劃還只是單頁提案時就表示感興趣，也給予我珍貴的意見與支持；娜歐蜜的編輯助理班吉・默林斯（Benjy Malings）展現了超凡的耐心，替我這個第一次出書的作者解決數不清的問題；產製團隊的潔西卡・默爾（Jessica Moll）和波妮塔・霍德（Bonita Hurd）更是以無盡的耐心處理許多事宜。另外，也要

謝謝皮傑‧海姆（P. J. Heim）幫忙編索引。

我在密蘇里大學讀碩士時，某堂課的老師把芭芭拉‧卡茲‧羅斯曼（Barbara Katz Rothman）的論文〈現在，你可以選擇！撫養子女與生育後代的難題〉（Now You Can Choose! Issues in Parenting and Procreation）指派給我。我除了用橘色螢光筆劃出許多重點之外，還在空白處草草寫下「文筆很好」，並註明之後要回過頭來，研究她是如何把故事融入論述之中。十年過去，我來到紐約市立大學研究院（City University of New York — Graduate Center）參加芭芭拉的食物研究課程，也終究在學術和個人發展上都得到了她的指導與建議。能夠認識芭芭拉這麼貼心又有才華的作家兼老師，我實在是無比幸運。

在我任教於研究院的大半期間，社會學學程的行政主任都是由菲利浦‧卡錫尼茲（Philip Kasinitz）擔任，我偶爾到辦公室找他時，他總是慷慨地花上一整個小時和我聊天，從論文主題到工作申請無所不談，甚至還在出國旅行時抽空跟我見面；保羅‧阿特衛爾（Paul Attewell）針對理論與寫作方法，額外給我許多建議；瓦爾娜‧巴希‧翠特拉（Vilna Bashi Treitler）則根據《了解陌生人》（Learning from Strangers）一書，替我上了表格式訪談的速成課，讓我得以從受訪者口中問出許多故事。

在我什麼成果都還沒有，就只有一顆樂觀的心時，約翰‧托佩（John Torpey）和山姆森‧法蘭克（Samson Frankel）就選

擇相信我在學術上的抱負，尤其是約翰大方地花上許多時間幫我看經費申請，還給了我當時極度需要的意見與肯定，而山姆森的鼓勵，則讓我下定決心重回研究所。

在我的學術生涯剛開始時，茱麗葉‧修爾（Juliet Schor）提供了逐字稿相關資源及專業建議，對我而言十分重要，人生中多了她這位良師益友，我非常開心；偉恩‧布萊克斯（Wayne Brekhus）在他剛開始擔任助理教授的那幾個學期，教我該如何把研究帶入課堂，並啟發我將工作者分成三類；我必須大大感謝珍妮佛‧希爾瓦（Jennifer Silva）和塔瑪拉‧摩斯（Tamara Mose）給予寶貴的建議，讓我把手稿修改得更完善。另外，也要謝謝大衛‧布萊迪（David Brady）純熟的指導。

從前在研究中心的同事同樣帶給我很大的幫助：強納森‧戴維斯（Jonathan Davis）和亞歷山大‧福蘭奈特（Alexandre Frenette）提供了提案與論文寫作相關的回饋與建議，並大方地分享他們自己的研究；感謝莎拉‧安德列雅（Sarah D' Andrea）和瑞秋‧柏根（Rachael Bogan）與我站在同一陣線，你們的同理對我而言也一樣重要。

在紐約市立大學研究院的時期，我有幸獲得多方支持，包括考夫曼基金會（Ewing Marion Kauffman Foundation）的創業家博士論文獎學金計劃、促進公共知識之跨領域早期研究計劃獎、年度博士論文獎，以及博士生研究補助。我很感謝考夫曼

基金會持續提供相關協助及拓展人脈的機會，也謝謝研究院的社會學系以及系上的蘿蒂·克莎（Rati Kashyap）和琳恩·宣瑟（Lynn Chancer）大力相挺。

研究可能會使人短視，所以我要感謝朋友與家人給予支持、肯定與鼓勵。蒂娜·凱絲勒（Dena Kessler）、喬爾·羅斯納（Joel Rosner）、迪格斯·馬君德（Digs Majumder）、依薩亞·艾金（Isaiah Akin）、喬尼·卡瓦拉（Chani Kavla）、喬納森·偉伯格（Jonathan Weinberg）和傑米·摩爾（Jamie Moore）提出許多意見，也賦予我無價的友誼；寫作同好會的布萊恩·甘迺迪（Brian Kennedy）和艾列克斯·帕瑪（Alex Palmer）則以良性競爭的方式，驅策我進步。

我母親從早期就很贊同我寫作，總是無畏交通尖峰時段，送我去參加報社會議，並支持我創業；我阿姨黛安·拉芙瓦（Diane Lefebvre）則鼓勵我挑戰自己，把出書當成目標，也一直對我有信心；黛安和我婆婆艾娃·鄧肯（Eva Duncan）都給了我最寶貴的禮物，慷慨地付出時間幫我煮飯、照顧孩子，在我被交稿期限壓得喘不過氣時，也十分諒解；我弟弟查克（Chuck）分享了他自己在零工經濟中的經驗，而且總是充滿活力地替我加油。

我先生山姆·鄧肯（Sam Duncan）總會確保我有吃飯、狗有帶出去溜、孩子有正常睡覺，還會幫忙收拾我老是堆在桌上

的盤子，避免裡頭的食物發霉或灑得四處都是。我愛你，也對你所做的一切非常感激。謝謝你！

　　我要把這本書獻給安娜·愛迪森（Anna Addison）。安娜可說是完美的論文小幫手，不僅在某年夏天啟發我寫出書中的許多章節，也喜歡看我寫作，甚至更喜歡拿我丟掉的草稿去玩。願你未來的夢想全部都能成真。

掙扎組、奮鬥組和成功組

現年 29 歲的莎拉目前失業。[1] 她先前在一部廣受好評的 Netflix 影集擔任選角一職，結束後雖然陸續收到了一些工作計畫，但這些承諾始終都沒被兌現。有個朋友建議她用 TaskRabbit 試試。

一開始，莎拉覺得用這網站根本是浪費時間，但她在其他地方找到的都是朝九晚五的傳統工作，引不起她的興趣。「我想做的事幾乎都沒薪水，譬如電影相關的就是這樣，」她說，「所以我就姑且繼續用 TaskRabbit，但也因此可以安排自己的時間，而且工作來源很穩定。後來我竟然真的靠 TaskRabbit 過活，實在令人很難以置信。」

不久之後，莎拉就已經有超過九成的收入是來自 TaskRabbit，而且她也安排了人生「真正的第一次假期」，要去波多黎各玩。但在她啟程前一週，TaskRabbit 的運作方式首次大轉彎，從出價型的市場機制，轉變成類似臨時工派遣公司的模型。工作者必須以四小時為單位，公布自己有空的時段，而且得在半小時內回覆客戶信件，接案率也不得低於 85％。

「我整趟旅途都覺得好崩潰，也不太敢花錢去做好玩的事。未來的情況會怎樣，我實在不知道，TaskRabbit 一直說這是好事，」她說，「但接案的人都覺得這樣不好，大家都非常擔心。」

莎拉深怕接案率跌破 85％，所以備感壓力，覺得只要有工作就非接不可。「我無法控制工作上門的時間，也不知道內容

會是什麼，所以幾乎什麼都做，」她說，甚至還去清理她形容成「毒窟」的公寓。「我在裡頭時實在很緊張……感覺很多人在那裡吸過毒，基本上所有東西好像都蒙了一層泥灰，就連枕頭上似乎都有泥巴，所以我只好說：那不然我去浴室打掃、吸地好了。」她這麼告訴我。

但太挑工作是有風險的。就莎拉的經驗而言，TaskRabbit 的演算法會加強顯示接案率高和有空時段較多的使用者。「他們就是希望你免費隨時待命，」她說。此外，不穩定的工作時程也讓她很「灰心……我總覺得是不是五個月後就要流露街頭了。」

拜倫是個 28 歲的學生，就讀本地大學，也身兼 Uber 和 Lyft 司機。紐約對 APP 平台駕駛的保險與執照要求和一般計程車司機相同，如要符合規定，通常得花上幾千塊美金。為了規避這筆龐大的上路成本及每年的相關費用，有些司機會透過在地服務租用已經有執照與保險，且已通過 Uber 核准的車輛，或是請 Uber 幫他們與車行媒合；而拜倫就是這樣，每週的車租則是 400 美金。「一週至少要開三天，才能跟車子的費用打平，」他說，「兩天是租金，另一天則是因為有時會有加油和其他費用。在那三天之後賺的，就都是你的了。」

拜倫一次輪班 12 個鐘頭，從早上八點到晚上八點，扣除 Uber 的費用後，他希望一天能賺 250 美金，但過路費還得從這

裡頭扣。他把收入金額拿給我看，幾乎每週都不到 800 元，但有某個星期破千。「我那週真的很幸運，」他說，「一直往返機場，簡直跟遇到獨角獸一樣稀奇。」

在科技界，所謂「獨角獸企業」是指價值超過 20 億美金的私有新創。就統計數據而言，這樣的公司確實很稀少。不過另一方面，拜倫每週開 Uber 只賺 1000 元，卻還得自行支付車租，收入實在也少得離奇，就像獨角獸般謎樣。

拜倫說他「得先花錢，才能賺錢」，但每週卻都還是嚴重入不敷出，必須再工作更長的時間來補，才有錢付房租、買食物。他說 Uber 和 Santander 銀行的融資貸款方案（詳見第三章）根本是「黑洞」，和「現代奴隸制度」沒兩樣，所以很慶幸自己沒去申請；但他現在這種先花錢才能賺錢的處境，其實也和百餘年前就不再合法的契約奴工制度相似得很可疑。

「都說是共享經濟啦！但其實只是用來逃稅的手法而已……我只是獨立契約工，才不是什麼合作夥伴。夥伴的意思是要共同分擔，但所有費用卻都要我來付……所以囉……我只是孤單的承攬人員而已，他們隨時都可以炒我魷魚，但如果是合作夥伴的話，就不是這樣了，」他這麼說。「他們想怎樣都可以，畢竟 Uber 已經是 400 億的公司了，我又能如何呢？」

對於這份兼差工作，拜倫盡量不去想太多。「對我來說，Uber 就像隔絕空間，在裡頭發生的任何事，我都不想帶回日常

生活，」他說，「我不希望任何人知道我在開 Uber。」

　　非裔美籍的尚恩現年 37 歲，也是從外地移居紐約市。他原本住在西徹斯特郡（Westchester），是市區北邊的郊區，但先前的清潔公司無法再發派任何工作，所以他才開始用 TaskRabbit。「基本上我就是走投無路，才搬到紐約市來找工作。」他說。

　　我認識尚恩時，他有兼了兩份差，一週四天當個人助理，另外還有兩到三天透過 TaskRabbit 接案。「我通常會設定目標，譬如兩天內如果能賺超過 200 美金，星期天就可以休息，」他說，「但我現在沒有社交生活，這是我唯一有點後悔的事。」

　　一星期要工作七天，大概很難挪出時間來給朋友，偏偏尚恩又有卡債要還，也親身體驗過收入低要找房子是多麼困難。「我有兩次無家可歸的經驗，而且是真的睡路邊，」他說。「當時是九月，天氣還算暖和，所以我決定先不要去收容所，睡在街上就好。其實我每隔一陣子都會找間 Airbnb 好好睡一覺，但多半還是在街頭流浪，付得起租金後才開始找週租的房子。我一開始住長島市皇后區的一個社區，但室友很惡劣，所以我搬到一間非法經營的青年旅館，後來又覺得煩，於是決定自己租一個房間，然後就一直住到現在了。」

　　「當個人助理的薪水夠我付租金和生活費，但還不夠還信用卡債，也沒有多餘的錢可存，」他解釋道，「所以基本上，我做 TaskRabbit 是為了還債和存錢……沒有打算長久做下去，

找到穩定的工作後……就只要偶爾透過平台賺點外快,而不用像現在這樣當成第二份工作在依賴。」

尚恩並不把自己視為創業家,只自認是個「庸庸碌碌的零工」。他表示:「說實在的,我現在所做的一切都是為了錢,為了存活,我必須做很多我不太會做的事,態度上大概也看得出來,所以我接到工作時,人家有時候都會問:『你確定你可以嗎?』殊不知我也不知道自己在做什麼。」

有別於 Uber 司機和 Kitchensurfing 廚師的是,TaskRabbit 零工的工作內容很多元,尚恩有好幾次都得快速學習以立刻進入狀況,譬如組裝 Ikea 家具就是這樣。「只有一件事讓我有點後悔,當時有人請我去修門把,是自動門的那種。我原以為不會有問題,結果到現場一看,才發現沒那麼簡單,」他說,「我花了整整半小時才搞定,結果門一動,玻璃就撞到了桌子,最後雇主給我負評,說我:似乎搞不太清楚狀況。」

從此尚恩下定決心,再也不修自動門,而且在某次的 TaskRabbit 工作中受傷後,也不再替人搬家。「我當時要把衣櫥搬上階梯,總共有兩個,雖然有人幫忙,但我還是得搬 60 公斤左右,偏偏我只搬得動大概 20 公斤,所以背就拉傷了。我那天離開時跟大家說沒事,但一走出來就痛得哇哇大叫。心態上我還是覺得自己 25 歲,但身體已經老了很多,」他笑著說。「我一直跟自己說:你就減個幾公斤吧!讓肚子消下去,或者至少

也要找回以前的柔軟度，這樣才能再接那一類的工作。」

這些二三十歲的工作者分享的故事，凸顯出 21 世紀的零工經濟有多不穩定。有些人誇讚這種就業市場充滿前瞻性，就像烏托邦一樣，讓人可以自由選擇工作、享受彈性工時，而且收入無上限；但前面提到的幾位年輕人卻都身陷工時拉長、收入和穩定度卻降低的困境，明明是希望能擁有自主權，自行決定工作的時間與內容，最後卻被演算法所決定的接案率和回覆率綁架。莎拉和尚恩被迫硬接不想做的工作，一天到晚四處奔忙，拜倫則是每週至少得賺 400 美金，否則就付不出 Uber 的租車費用。這些打工族不僅無法獲得財務自由，在外包的世界裡也屈居劣勢，除了必須支付平台的「服務費」以外，還得包辦在傳統上應由雇主承擔的工作相關花費。在利用 APP 自己當老闆的前瞻性願景之下，這些人的就業與生活狀況，竟如工業時代早期一般不堪。

共享經濟：越發展卻越退步

歡迎來到共享經濟的世界，這裡的網路平台和 APP 多不勝數，而且都號稱以社區福祉為重，可以超脫資本主義的束縛。這股新浪潮又稱為：隨需經濟、平台經濟或零工經濟；支持者認為有助強化社群、翻轉貧富差距、防止生態破壞、抑制物質

導向的趨勢、提升勞工權益、為貧窮族群賦權,並讓一般大眾都能創業。共享經濟勾勒出一片沒有上司壓迫的美好藍圖,彷彿能解決現代社會的種種問題;理想而言,人人都能掌控自己的工作時間與收入。

但零工經濟中的現代元素似乎僅限於 APP 的使用而已,其他條件則彷彿回到工業時代早期:工時長、體制也不健全,工作安全毫無保障,更缺乏賠償與救濟管道。共享經濟雖著重使用 APP、智慧型手機、感應式付款和評論機制等近年興起的技術,實則卻是越發展越退步,導致勞工連最基本的職場保護都沒有,弱勢者不但可能遭到歧視與性騷擾,也無法組成工會,甚至連在工作時受了傷也求助無門。說是要大破大立,但破壞的其實是好幾個世代爭取而來的勞工保障,使社會退回以剝削為常態的年代。

這本書會探討零工經濟的高渺願景,為何和工作者的實際經驗大相矛盾,以及這種以 APP 為平台的經濟模式為什麼看似現代,實際上卻使勞工保障倒退回好幾世紀的狀態。

共享經濟宣稱能讓零工彈性上下班,並取得工作與生活間的平衡,但拜倫每週雖只需工作四天,工時卻長達 12 個鐘頭;莎拉和尚恩是不必再受制於單一雇主沒錯,可是零工經濟反而更讓他們遭工作綑綁,隨時都得待命並四處奔波來賺取薪資。由於平台演算法所致,要不要接案的選擇權並不全然在他們手上。零工經濟有其「彈性」,不過如果太久沒使用平台,可能

就會發現帳戶已「從社群移除」或「被停用」。

再者，共享經濟號稱能讓一般大眾當自己的老闆，但其實反而容易使職涯欠缺重心。莎拉並不覺得自己是什麼創業家，但 TaskRabbit 卻一直灌輸這樣的觀念，同時宣稱平台的傭金結構能在創業之路上為她帶來「動力」。反觀，真正透過 Airbnb 成功創業的房東（詳見第七章）卻被平台譴責為「惡質使用者」，因為他們以 Airbnb 之名行飯店營運之實，而不只是賺些外快而已。至於尚恩呢？他就只是到處趕場的打工族罷了。

零工和起步中的創業家一樣，經常得無酬做事才能接到工作，譬如定期整理個人資料、回覆潛在客戶的信件，甚至是不斷在 APP 上點選「重新整理」按鈕等等，這些都是沒有薪水的。莎拉和尚恩一天到晚都在工作，卻不是每件事都有酬勞可拿；至於拜倫則是「得先花錢，才能賺錢」，可是實際上能賺多少，也是由 Uber 的規定和演算法所宰制。這些矛盾是共享經濟的一大問題，會對數百萬人的生活造成實質影響，所以對此提出質疑，並不只是學術上的空談而已。

皮尤研究中心（Pew Research Center）2016 年的研究顯示，有四分之一的美國成人在前一年曾透過「平台經濟」獲利。經濟學家羅倫斯‧卡茲（Lawrence F. Katz）和亞倫‧克魯格（Alan B. Krueger）發現，Uber 和 TaskRabbit 等網路服務在 2015 年占總勞工人口的 0.5％，就一個才發展五年的產業而言，這樣的人數成長十分可觀。

　　但暫且撇開這樣的大幅成長不談，零工在這種經濟模式下的實際生活究竟如何運作？我們鮮少知道：是誰在做這些工作？他們為什麼願意放棄前人辛苦爭取來的勞工保障？這些人是創業家或理想遠大的「共享主義者」嗎？又或者只是失業後暫時找些工作來擋？他們為什麼要將時間和個人財務資源投注於自己無法掌控的工作？情緒、身體和經濟上又會經歷哪些挑戰與危機？這樣的經濟模式對未來的工作型態會造成什麼影響？整個社會又會因此產生怎樣的改變？

　　這本書以前所未見的方式，集結了近 80 位工作者的自述，並從美國社會架構與潮流的宏觀角度探討他們的故事，目前市面上應該還沒有其他這樣的著作。此外，此書也是第一本以 Airbnb、Uber、TaskRabbit 和 Kitchensurfing 為討論重點的作品；這四個平台的性質截然不同，凸顯出零工經濟之下存在技能和資本方面的重大問題。在這四大平台中，有兩項服務表現亮眼，業績比以往都來得好，有一個正努力強化品牌形象，還有一個則已倒閉，這樣的差異也可以為我們帶來許多思考。

　　至今市面上有許多關於共享經濟的作品，都是由記者或商學院教授所寫，而且多數人都抱支持態度，歌頌這股潮流，並淡化其中的問題，但我以社會學的角度出發，會採取比較帶有批判性的觀點。這本書並不否認共享經濟的潛力，但也會探究工作者所面臨的挑戰；除了提供關於這波新經濟運動的資訊外，

更會提出重要的相關問題，藉以讓讀者重新省思既有的觀念。舉例來說，如果這種經濟模式真能帶來創業機會，那為什麼有些人會覺得涉入其中很丟臉？Uber 駕駛和 TaskRabbit 清潔工為什麼不敢承認自己做什麼工作，反而要向親友說謊？為什麼號稱「共享」經濟，但其實做什麼都得自掏腰包？

我會以社會學家的觀點探究大環境之下的社會因素，說明零工為什麼必須到處兼差來維持生計，並分析外包、薪資停滯、收入波動及大規模裁員等趨勢和這種「替代性」工作有何關聯。我以實際工作者的故事為核心，結合貧富差距的發展及美國勞工過去兩世紀以來的掙扎，從宏觀角度剖析共享經濟。這樣的歷史關聯會讓各位發現，雖然「零工經濟」提倡新的工具、技能與投資，在基礎概念上似乎很具前瞻性，但當中絕大多數的根本做法卻都似曾相識，令人不忍卒睹。這種經濟模型或許是以現代化的 APP 為基礎沒錯，但說是創新，其實根本就沒有開創出新局，反而還造成退步，使工作者彷彿回到剝削手段猖獗的年代。

從分享到營利

從經濟大蕭條之初到 1970 年代早期，美國的所得分配越來越平均，全國前 1% 的富有家庭所掌握的財富比例下降了超

過 50％，但到了 1970 年代中期，這樣的趨勢卻開始反轉。對於所得前 1％ 的族群而言，1993 至 2010 年的實質收入成長率高達 58％，反觀其餘 99％ 的人卻只有 6.4％，整個經濟體的實質所得成長有一半都進了金字塔頂端家庭的口袋；經濟學家保羅・克魯曼（Paul Krugman）把這樣的逆轉現象稱為「大分流」（Great Divergence）。雖然一般勞工面臨薪資凍漲的問題，但在過去 25 年來，高層企業人士的薪酬卻是飛快飆升。「在 1979 年，CEO 和生產型勞工的平均直接薪酬總額比是 37.2:1，但到了 2007 年（也就是經濟大衰退的前一年），數值卻已攀升至 277:1。」[2]

由於經濟大蕭條和大衰退都是緊接在所得分配嚴重不均的問題之後發生，所以有些人認為貧富差距會造成整個經濟體波動，進而引發經濟危機。雖然在經濟大衰退期間，有錢人的收入也同樣縮水，但美國聯邦準備理事會（Board of Federal Reserve）在 2014 年的三年期報告《消費者財務狀況調查》（Survey of Consumer Finances）中指出，在大衰退後的那三年內，一般美國家庭的收入下降了 5％。這些現金短缺的家庭不僅總財富減少 2％，也完全沒能額外存錢當退休金，因為學生貸款而欠的債更是繼續積累；在這段時期，收入仍有增加的，就只有財富本來就最多的家庭而已，所以在最貧與最富的家戶間，差距便越拉越大。

在 21 世紀的第一個十年之初，越來越多人開始以信用卡和循環貸款來解決入不敷出的問題。2001 年，全國使用信用卡的

家庭共有 75％，與 1970 年相比成長了 50％。在那之後，卡債也越來越普遍；2007 年時，共有 72％的家庭都有未繳清的信用卡費。

聯準會 2008 年的報告顯示，美國人的消費債務高達 2.56 兆美金，與 2000 年相比上升了 22％；房屋貸款和信用卡債等家庭債務在家庭總資產中的占比達 19％，反觀在 1980 年時只占 13％。經濟分析局（Bureau of Economic Analysis）的資料也顯示，1968 年的全國儲蓄率超過 8％，但到了 2008 年，美國人卻只存下了 0.4％的可支配所得。

一般而言，入不敷出時有兩個解決方法：減少花費或增加收入。共享經濟在成形之初又經常稱為「協同消費」（collaborative consumption），有許多免費服務，譬如 Couchsurfing.com 和 Craigslist 等網站都能讓人減少花費。此外，自造空間（makerspace）和交換活動也讓參與者能低價或免費取得所需物品。不過隨著共享經濟發展，免費平台也被收費型服務取代；Couchsurfing.com 成為 Airbnb.com 的手下敗將，衣物交換同樣不敵精品導向的網路二手市集 Tradesy.com。這種經濟模型的核心不再是透過分享來縮減花費，反而變成是利用出租閒置空間或付出晚上、週末的閒暇時間來增加收入。從這個角度來看，共享經濟反倒成了填補所得缺口的途徑。

然而共享經濟的這項功能似乎確實有其必要。根據經濟政

策研究所（Economic Policy Institute）的數據，在 1979 至 2013 年間，收入中等的勞工陷入薪資凍漲的窘境，時薪只成長了 6%，年增率不到 0.2%。[3] 皮尤研究中心也指出，將通貨膨脹納入考量後，可發現目前的時薪呈停滯狀態：「1973 年 1 月的時薪是 4.03 美元，以購買力而言，相當於現在的 22.41 美元。」雖然美國的失業率已創歷史新低，但實際上，勞工卻還是覺得收入不夠，就算薪資沒有倒退，也是停在原地。

出生於 1980 至 2000 年間的千禧世代有個特徵，他們很早就開始使用各種科技，但被經濟大蕭條影響的程度也比其他族群來得高。[4] 勞工統計局（Bureau of Labor Statistics）的資料顯示，16 至 24 歲人口在 2013 年的失業率為 15.5%，到了 2014 年初則是 14.2%，所以很多人都沒辦法租屋，遑論買房、裝潢；相較之下，25 歲以上人口在 2014 年初的失業率則只有 5.4%。令人惋惜的是，在經濟大衰退期間從大學畢業，似乎會對收入潛力造成長期影響，統計數據指出，這些學生甚至到畢業 15 年後，都會持續面臨嚴重的薪資減損窘境。有鑑於此，再加上高額的學生貸款，父母自然得補貼孩子房租，就美國各大城市 20 多歲的族群而言，有將近一半的人都是如此。[5] 對於亟欲避免向下流動的千禧世代來說，透過共享經濟賺取額外收入是很受歡迎的收支平衡方法。事實上，大多數的零工經濟工作者的確都介於 18 到 34 歲之間。

掙扎組、奮鬥組和成功組

我和零工碰面並進行訪談後，發現許多人的經歷很相似：有些人做得很苦、有些成績斐然，但多數受訪者則介於兩個極端之間。我大致把這些零工分成三類：掙扎組、奮鬥組和成功組。[6]

成功組透過零工經濟創造出理想中的生活，甚至還成了許多人稱羨的對象。他們是自己的主人，可以自由掌控每天的日程，收入方面更是有無窮可能，也多虧了共享經濟帶來的彈性，所以不會被綁在辦公桌前，甚至不必長期待在同一座城市，即使人在海邊或酒吧放鬆，都還是能透過 APP 掌管公司營運。

在光譜另一端，則是掙扎組。他們在情急之下投身共享經濟，有些人長期失業，有些則是非法移民，因為聯邦政府用於確認員工身分的 E-Verify 系統越來越盛行，所以找不到工作。但是也有些只是一時不順遂，或許是被炒魷魚、遭遇個人危機，又沒辦法靠原本就有些吃緊的存款緩解越發沉重的經濟壓力，許多擁有大學文憑的零工甚至掏不出錢來繳房租、買食物，連洗衣服的零錢都湊不齊。最後，還有些人其實做得還算不錯，可能也自認成功，結果竟遭遇平台轉型（在英文中叫 pivot，是科技業的行話，意思是營運目標和政策的大幅重整）。這就好比自動化技術導致汽車工業大規模資遣員工；平台轉型時，掙扎組也必須隨之調整、因應。不過，共享經濟之下的他們可不

像汽車工人那麼幸運，不僅在重大變更前幾乎完全不會事先接獲通知，也沒有失業補助等救濟措施可以依賴。

　　成功的案例的確很吸引人，但掙扎求生的故事同樣也使人震撼。

　　然而這兩個極端尚不足以勾勒共享經濟的全貌，在這種經濟模式下，還有第三種人，也就是奮鬥組。他們擁有穩定的好工作，之所以會涉足共享經濟，只是想從中尋求樂趣或賺點外快，但並不像成功組那樣，期待幾千塊美金的收入，也不會想要擴增規模或成立公司。雖然有些人的確考慮過全職經營，但若真要辭掉穩定的主流工作並放棄企業福利，還是相當猶豫。另外，也有些受訪者是以此做為轉職或創業前的銜接。他們和掙扎組不同，不必倚賴兼差的薪酬維生，不過額外的收入確實能讓他們過得更舒適愜意，可能是偶爾去度個假、銀行裡多存點基金，或是財務上更添保障。

　　我在書中會經常用到「工作者／勞工」（worker）這個詞，不僅是因為方便，也是為求精準。由於「員工」（employee）所指的是工作場所的特定族群（詳見第三、四章），所以不能以此稱呼；但雖然不是員工，卻有工作之實：接待 Airbnb 房客，或以 Kitchensurfing 主廚的身分煮飯或許有趣，但絕對不輕鬆，所以許多工作者都很大方地承認，要是沒有金錢回報，他們並不會想做這些事。

　　不過請特別留意，上述的這三種類型都是理想上的分類。雖然我把三組間的差別描述得很明確，但其實奮鬥組的許多工作者都有成功之處，也有其掙扎。舉例來說，有些人在主流的非共享經濟中頗有成就，但卻難以為家人供應中產階級的生活。

　　現年 36 歲的白人女性艾米就面臨這樣的矛盾。艾米曾在非營利組織當主管，丈夫是律師，兩人已經有幾個小孩，但她肚子裡還懷了一個。艾米住在紐約市東村（East Village）的一棟褐石公寓，在一個潮濕悶熱的夏日，我到那附近的一間咖啡廳跟她碰面。得知她願意接受訪問時，我非常雀躍，因為許多房東都說他們有小孩以後，就不做 Airbnb 了，但艾米反倒是因為孩子才開始經營。

　　她和丈夫之前租的褐石公寓位在紐約市第一區，是少數沒有劃區學校的「稀有」社區，位在下東區（Lower East Side）／東村，雖有一些實驗性學校和其他選擇，但當地最好的幾所公立國小，就恰好位在只有幾個街區之遙的第二區。

　　兩人不想放棄褐石公寓，但又希望最大的孩子能上好學校，所以決定搬到一棟位於第二區的複合式建築，並透過 Airbnb 出租原本的家。「基本上就是想賺點房租回來，」她說，「即使付不起私校學費，也希望孩子至少能進好的公立學校，不要淪落到就讀墊底學校。」根據紐約的規定，已進入劃區學校的學生如果有兄弟姊妹，可以優先就讀，所以艾米一家之後可以住

回第一區，也不必擔心年紀較小的子女進不了理想學校。[7]

不過出租原本的家並不容易。那間公寓吸引的多半也是家庭，導致艾米和孩子都很辛苦。「家庭住過之後，要進行很多整理工作，才能再次出租，」艾米這麼說，並詳細說明她在每組房客離開後，是如何清理玩具並重新排好。「有一次保母生病，所以我只好帶兒子一起去，實在沒別的辦法，也就把兩個孩子都帶上了。但他們進去之後，看到有人睡自己的床、玩自己的玩具，都很難接受，心情也很差。」

許多人都沒有把透過 Airbnb 將房子出租的事告訴原本的房東，而艾米也不例外，但也因為必須保持謹慎、不被發現，所以壓力又更大。由於無法同時負擔兩間房子的持有成本，所以艾米必須兼顧各方，一方面得殷勤地照顧房客需求，以取得正面評價，另一方面也要確保房東不會發現她轉租的事。

雖然艾米謹慎提防，但難處還是不少，不久前的維修事件就是其中之一。由於房東通知有工人要到公寓進行修繕，艾米也只得轉告房客，倒楣的是，工人一待就是好幾個小時，房客還得不斷幫忙開門，簡直就成了管理員，整天幾乎都耗在那兒，所以自然不太開心，後來更要求艾米退回部分租金。

「我們超緊張的……真的很怕他們會留負評或給兩顆星，」艾米說，「所以我提議要請吃晚餐……還說地點隨他們選，我會先打電話去訂位。」不過房客婉拒，表示他們只會再待幾天，

晚上不想外出。「我送了葡萄酒和巧克力過去,也替孩子準備了一些東西,希望他們在家也能好好享受,」她這麼說。「我們覺得對這件事有責任,但又無能為力,所以才趕忙想補償他們。只要有一則負評或某次評分很低,一切就都會受影響,導致房源無法順利顯示在演算法決定的搜尋結果中,然後大家就會覺得這個地方不值得住。」

除了失控的維修事件外,艾米也面臨許多挑戰。為了收取保證金,她必須替房客介紹當地的保母、推薦餐廳及適合孩子的活動等等,簡直就像隨傳隨到的管家。她和許多房東一樣,有提供一本包羅萬象的推薦手冊,但房客還是會有一些問題或特殊需求,而她又覺得非回應不可。事實上,我去進行訪問時,她才正在和一個需要特別照顧的房客收尾,兩人聊了一個多小時。以主流觀點而言,艾米一家似乎是勝利組,但在共享經濟中,卻仍在努力奮鬥中。

同樣地,我們從白人女性艾希莉的故事中也會發現,奮鬥組和掙扎組之間的界線有時模糊得很危險。26 歲的艾希莉全職擔任本地藥局的管理工作,擁有企業福利,但仍自認必須「很努力才能維持收支平衡」。後來有個失業的朋友開始使用 TaskRabbit 這個私人幫手網站,艾希莉看她可以設定自己的時薪,就也決定跟著用。「正職薪水可以支付大筆開銷,外快則是用來付些小錢,」她說,「像房租啊!度假啊!或是看醫生、

生病需要上醫院這類的事，屬於比較大額的花費，要用上班的薪水才夠……至於額外的收入就用在一些小地方，畢竟小錢加起來也是一筆很可觀的數字。」

　　身兼二職是增添收入的好方法，但也很耗時耗神，所以艾希莉會盡量平均安排費力和輕鬆的工作，像是大掃除和純跑腿的差事。在接清潔工作以前，她必須先預估會耗費多少體力，「我得先考量自己的狀態，或許我那天願意為了酬勞累一點，也或許我想休息一下。但問題是，如果我已經先把那個時段設為有空，那就算再累，我也都得去，」她說。「我無法預知工作狀況，但每天卻都得預先計劃，猜想自己當天會不會很累，所以實在很兩難，但有時候我即使真的很疲憊也還是會去，因為客戶需要幫忙。而我也不是那種太累就不出現的人，我絕對不會那樣……所以囉！做這行還是需要一點職業道德的。」

　　正因如此，艾希莉必須同時考慮到全職與兼差的工作。「要是知道當天得在藥局待上不知道多久，那我就不會接其他工作，這樣才能好好休息，但如果有餘裕，我下班後會先回家睡兩三個小時，然後就起床準備到客戶家幫忙，」她這麼說。「我有好幾次都一天接了三件差事，安排在八點到中午、兩點到四點，然後是四點到八點。有些工作確實要整整三、四個小時才能完成，有些則只需要一個鐘頭，所以中間會有很多空檔，但如果得換地方的話，就剛好可以用來通勤到下個客戶家。不過，通

勤時間是不支薪的，所以艾希莉即使總工時長達十多個鐘頭，也無法獲得相應的報酬。

「一開始，不斷接到新的工作讓我覺得很好玩，有種勢如破竹的感覺，但現在我卻心力交瘁，像在走鋼索一樣，想找到平衡，好讓自己可以真的從中獲益。可是我也發現，疲憊感已開始對我造成嚴重傷害，所以我得做出取捨，累的時候就休息一週，不接 TaskRabbit 的工作。」她說。「有時我會覺得自己真的很需要獨處，需要逃離一切，躺下來好好休息，因為我如果無法專注，那無論是正職或兼差，都不可能做好，而且要是因為神智不清而傷到自己，反而還會造成大家的麻煩，不過當然是希望不要啦！」

就本質而言，共享經濟的工作很不穩定，即使是對於大學畢業的中產階級而言也不例外，艾希莉和艾米的故事都可以做為佐證。零工經濟號稱能提供更多彈性與自由時間，但勞工卻因為必須隨傳隨到而更被工作綁架；工時看似可以靈活調整，但其實根本越拉越長；雖然名義上是「自雇型」的承攬人員，不必受制於老闆，可是科技之眼卻時時監管，使人彷彿身處圓形監獄。不過，就傑瑞米・邊沁（Jeremy Bentham）最早提出的圓形監獄模型而言，獄囚是看不到警衛的，也不知道對方何時會監看。反觀，零工經濟平台則是無所不搜、無所不查，包括 TaskRabbit 的通訊記錄、Airbnb 的電子郵件和 Uber 的行車路線、

地點等等都是如此，這些資料全都記錄在案，平台管理員隨時都能審閱。

在共享經濟背後，其實還潛藏著一個更大的社經問題。在2005 年 2 月，小布希總統曾與一位身兼三職、撫養三個小孩的單親媽媽會面。會後，他盛讚那位母親的工作型態，以「了不起」和「彰顯獨特的美國精神」等說詞來形容，因而遭到譏諷。當時一般輿論都認為，為了維持生計而必須兼差或許的確是美國才有的獨特現象，但這是因為只有我們的社會是如此缺乏安全網絡，才不是因為這樣的工作模式值得推崇。

從前我們認為一份工作就該夠一個人自給自足，但現在卻把到處兼差視為常態，這中間究竟產生了什麼變化？工作者為什麼自認必須捨棄掉閒暇時光？博士畢業生為什麼到處替人跑腿、賺 20 塊美金的時薪？曾任金融業的專業人士為什麼在打掃住家？[8] 面臨經濟大衰退後的薪資停滯和缺乏就業保障問題，我們為什麼把開 Uber 和上 Airbnb 出租閒置空間視為解決途徑？為什麼工作者把「空閒」時間花在由他人掌控的科技平台上，做第二或第三份工作，竟然還有人稱讚他們是在創業？

美國人的工作量已經很大了。雖然因為資料缺口和資料收集方法的差異，我們並不容易直接比較，但美國的每週工作時數確實比多數的工業化國家都來得長。雖然法律並未規定企業一定要提供有薪休假，許多工作者也的確沒有，但研究顯示，

即使是有帶薪年假的美國人，也不一定會使用；在 2013 年，企業員工平均有 3.2 天的年假沒休完，而且這個問題似乎越來越嚴重。茱麗葉‧修爾（Juliet Schor）在《工作過度的美國人》（The Overworked American）一書中指出，美國人在 1990 的年度工作時數比 1970 年多出將近一個月。外出工作的女性不僅白天必須上班，晚上和週末還得處理家務並照顧孩子，彷彿在正職之外還得值夜班和假日班；另一方面，男性在家務和育兒方面的參與度也越來越高，只不過一開始的基準值遠低於女性就是了。

人並不是機器，所以工時增長就代表其他時間會被壓縮，導致睡眠不足、休閒時光受限、照顧子女時分心等各種問題。羅伯特‧普特南（Robert Putnam）在 2003 年曾發出警訊，指出美國人已不再到俱樂部「一起打保齡球」，也不再大量參與亞歷西斯‧德‧托克維爾（Alexis de Tocqueville）最早認為能彰顯獨特美國精神的志願性組織。現在，大家花在電視機前的時間越來越多，就是為了紓解越來越長的工時所造成的壓力。

共享經濟號稱可以凝聚社群，但因為提供了更多工作機會，所以反而可能限縮大家聚在一起休憩的時光。工作幾小時後就能下班的日子已經不再，許多人會這裡打工、那裡兼差地把事情往空檔裡塞，原本是想彈性安排日程，卻在不知不覺間壓了太多工作到自己身上。另一方面，外包日益盛行，從遛狗、打掃、購買日常用品到請司機，我們都越來越習慣請人代勞。這樣的

現象可能越發使得「私人生活商品化」，導致現代人必須賺更多錢，才能負擔這些市場服務，因而帶來更大的經濟壓力。

太多人透過平台雇請零工，就會有壟斷風險。安德魯‧麥克費（Andrew McAfee）和艾瑞克‧布林優夫森（Erik Brynjolfsson）指出，平台或工具的使用者越來越多，會造成經濟學上所謂的「網路效應」（network effect），意思是商品越多人用，價值就會越高，一般最常見的例子就是傳真機。傳真機如果只有一台，那可能派不太上用場，但隨著擁有的人增多，也會變得有用。這種工具能有效觸及群眾，最後甚至流行到連詐騙集團都藉此傳送不實優惠。傳真機這個例子之所以經典，也是因為多數人現在已經沒有或不再使用——大家都不再傳真時，機器就失去了價值。不過如果沒有投資相關企業，或基於其他因素而特別執著於此的話，應該不至於太困擾。

麥克費和布林優夫森表示：「要想知道企業如何在數位世界中成功，就必須先了解網路效應的經濟意義，」對此，他們以 WhatsAPP 為例來說明：隨著這個 APP 越來越受歡迎，原本只傳一般簡訊的人可能也會因為覺得跟不上潮流，而逐漸開始使用。「使用者越來越多以後，網路效應也會更強。電腦領域的先驅米奇‧卡爾普（Mitch Kapor）曾說『建築象徵政治』，而平台同樣是人類構築而成的產物，所以平台其實也象徵經濟。」

　　但平台經濟的建構並不全是有益無害。隨著網路平台規模擴增，並成為家具、計程車和旅館客房等各式商品與服務的重要市場，壟斷風險也會跟著攀升。舉例來說，TaskRabbit 第一次轉型時，將服務完全移至 APP 平台，不能再透過網頁存取，導致沒有智慧型手機或行動數據不夠的使用者屈居嚴重劣勢。如果繼續以傳真機來打比方的話，基本上就是在大家都已改用電子郵件後，卻還繼續傳真。

　　對掙扎組而言，共享經濟是走投無路之下的選擇，但如果都已經山窮水盡了，又怎麼付得出 30 塊美金的手機方案啟用費來加入平台呢？這樣一來，工作是不是就成了奢侈品，只有能負擔市場進入費用或符合平台要求的人可以取得？我們真的想活在這樣的世界嗎？事實上，這並不只是假設而已，某些工作者已親身遭遇。譬如 2017 年 10 月，我曾見過紐約市聯合廣場公園（Union Square Park）裡某位年輕男子身旁的牌子上就寫著：「已經錄取快遞公司和 Uber，有資料可以證明，但必須透過 APP 工作，我沒有手機無法開始，需要 30 塊美金來啟用手機方案，所以願意幫忙做事來交換酬勞。」

即使成功也有風險

　　成功族群透過共享經濟打造出舒適的生活，和上述為了啟

用手機而在街頭募資的無業年輕男子相比，可說是天差地遠。不過，即使做出成績，也仍會面臨平台獨占與轉租風險的問題。

　　白人男性萊恩現年 27 歲，從任何角度來看，他都稱得上是成功創業家。在多數人家裡都沒有洗脫烘式洗衣機的紐約市，他開了好幾家洗衣店，所以商機量相當大。萊恩原本住在郊區，大學畢業後要搬到紐約市時，他只有一個要求：家裡一定要漂亮舒適。於是，他和生意夥伴一起租了一間三房公寓，月租 6000 美金。「我們把其中一間臥室轉租出去，然後就這樣開始了，」萊恩說他就是這樣踏入了 Airbnb 的世界，「後來我們一個月可以賺到大約 4000 美金，就光是出租那個房間而已喔！」

　　萊恩和合夥人相當驚豔於這樣的收入潛力，所以很快就決定擴大經營版圖，在紐約市租了六間房子，全部都直接透過 Airbnb 轉租。萊恩平常都很自由，唯獨剛租到新公寓時例外。他希望能在一週內就把空間整理好，便開始在 Airbnb 出租，因此這段時間對他來說就像在戰鬥營一樣。「我整天都會耗在那裡，一旦進到房子後，就有非常多事要忙。紐約市有很多臨時工可以來架設電視和櫃子，把屋況整理到最好，有需要的話，也會幫忙組裝沙發、家具等等，所以進度都還滿快的。通常我們一租到房子，就會安排攝影師五天後來拍照，因此必須在那五天內把一切都處理好，畢竟晚一天把房訊張貼到 Airbnb 上，就會少收一天租金。」

這門生意獲利豐厚，萊恩把每間房子的價格都訂在每晚 300
美元以上，如果是兩房，每晚會收 300 到 400 美元，三房的訂
價則介於 450 到 650 美元之間。根據 RentCafe 這個網站的資料，
曼哈頓單人公寓 2018 年的平均租金是每月 3757 美元，兩房公
寓則為 5474 美元。

萊恩確實是透過 Airbnb 創業的成功案例，但他並不認為人
人都能仿製這種創業模式。首先，要想利用年租公寓，透過按
日收費的短租途徑賺取價差，必須擁有足夠的資金，這會形成
進入門檻，「所以可能不是大家都有辦法負擔，」他這麼說。「一
開始的費用要由我來出，每間房子都要兩到三萬美元……包括
第一個月的租金、兩個月的押金，有時還要付仲介費並裝潢整
個空間。」

這是很大的投資，而且有可能會血本無歸。首先，就法律
層面而言，自 2010 年起，把一般公寓拿來做為 30 天內的短租
之用就已不再合法，而且市府的罰金是每天 2500 美元起。另一
方面，Airbnb 也曾取締商業化經營的用戶，並取消使用資格。
萊恩如果不能再接待房客，就必須自掏腰包，支付六間房子每
月共兩萬美元的租金。市面上當然也有其他短租網站，譬如
HomeAway 就是，但房客評價不能互通，而且大家在紐約多半
都是用 Airbnb，所以萊恩的商業模式其實相當不穩定。

因此，萊恩和合夥人也有一些因應策略，以避免被房東或

政府當局發現，譬如用兩個不同的帳戶刊登房源。此外，他們很挑房子，喜歡找沒有管理員或門房駐守的公寓來租，而且大門最好是用傳統門鎖，而不是磁扣感應器，這樣要多打鑰匙才方便。「其實我在下東區有一整棟樓，」他說，「一樓和二樓都是餐廳，然後上面兩層都是住家，兩間我都租下來了，所以非常安全。我們要找的就是這種地方。」

為了維護投資安全，萊恩還必須避免房東起疑，所以有東西需要修理時全都自己來，而不會請樓管幫忙。「我的房源都訂得很滿，所以我不想把大樓人員牽扯進來，除非是真的有必要，像是要花 5000 美金的那種問題，我才會請他們來幫忙，」他說，「不然如果只是水管壞掉這類的狀況，我寧願自己掏幾百塊來處理，也絕對不希望大樓的人介入，以免節外生枝，總之我非常小心就對了。」

但即使撇開法律問題和經營風險不談，萊恩仍對這門生意感到很矛盾。他希望當局對 Airbnb 徵稅或加強規範，替他消除一些不確定性，但這樣一來，他的利潤也會縮水。

或許最讓人訝異的是，萊恩在共享經濟中雖然是個生意興隆的創業家，卻不太喜歡把這種賴以維生的方式告訴他人，反而覺得「自己知道就好」。明明是勝利組，但卻不敢宣揚自己的成功。

深入探究共享經濟

　　我以「人種誌研究法」訪問了近 80 位 Airbnb、Uber、TaskRabbit 及 Kitchensurfing 工作者，並以此做為研究基礎。每次我說我在鑽研零工經濟時，大家都經常會說：「我覺得 Uber ／ Airbnb ／ TaskRabbit 超讚的！我在來的路上／去異地度假時跟司機／房東聊天，他們說接觸到這個平台後，就好像開創了全新人生似的，不僅可以當自己的老闆，也不用一天到晚待在辦公室，簡直棒透了！」而且我現在也已經有一套固定的回應方式：「那真是太棒了！或許你遇到的那位真的做得很開心，不過請想一下，如果哪天被老闆問到喜不喜歡你的工作，你會怎麼回答呢？」

　　共享經濟強調工作者與使用者的對等關係，但在這樣的口號之下，其實藏了一個難以撼動的真相：坐進 Uber 或在 TaskRabbit 上請到人的那一刻，你就成了雇主，至少暫時是這樣。雖然 APP 會先抽成再發放薪資，但付錢的人終究是你。此外，工作者的表現也由你評價，無論是行為舉止或專業技能，你的看法與評分都會經由 APP 演算法影響到對方往後兼差和受雇的機會。有鑑於這樣的權力關係，零工大概不會對自身經驗完全坦白，而且許多人應該也都有收到告誡，知道跟當下的雇主或潛在客戶抱怨前一位老闆的行為並不恰當，所以想聽零工

真實的心聲，可說是難上加難。

在 Airbnb 和 Uber 等許多 APP 中，工作者也可以替房客或乘客評分，但他們都深知如果只拿到五顆星之中的四顆，經常會遭受嚴重後果，所以會力求滿分，也自然不太敢給客戶低分（後續章節會詳加說明）。另一方面，雖然大家應該都不喜歡替分數不佳的客戶效勞，但總會有人因為需要收入而冒險，所以低評價對零工造成的傷害遠遠大過對雇主的影響。

我在訪問時，會從大方向提出一些問題來拋磚引玉（詳見附錄），但原則上是讓受訪者主導對話，平均談話時間是兩個鐘頭，有些則超過三小時。我和多數工作者都是在第二、第三，甚至第五次碰面時，才開始進行訪談，通常是邊吃午餐邊聊，有時我也會約對方在咖啡店見面，並準備一些點心。我會開宗明義地表示他們才是內行人，希望大家能不吝與我分享經驗，以免雙方陷入雇主和零工之間那種權力不平衡的窘況。雖然我已盡力營造友好、融洽的氣氛，但書中的某些故事仍是到深談之後才慢慢浮現出來；那些經歷，並不是和陌生人聊個 15、20 分鐘後就願意分享的。

雖然我是透過問卷來取得受訪者的基本資料，但真正讓我可以了解他們經驗細節的仍是質化訪談。在談話時，我可以深入追問、探究，請對方釐清某些事件發生的原因以及造成的感受。也因為採取受訪者主導的模式，所以對談中有時會出現一

些看似離題的故事，但其實從理論角度來看，那些分享都是很豐富的資源，而且我也是因此才開始關注性騷擾（第五章）和犯罪（第六章）的問題。

本書架構

在第二章，我會提供共享經濟的背景資訊，並概述我所研究的四個平台：Airbnb、Uber、TaskRabbit 和 Kitchensurfing。我也會詳細探討這些平台的招募方式和工作者的人口特徵，並以目前可取得的共享經濟相關文獻來做為研究佐證。

在第三及第四章，我會闡述工作者的經驗，以及在勞動力臨時化（casualization of labor）的大環境之下，因風險及責任轉移而產生的危險。我會回顧歷史，說明零工經濟和工業時代的相似之處；在那個年代，勞工制度支離破碎，不僅工時長、職場安全幾乎沒有保障，伸張正義、尋求救濟的管道也寥寥無幾。此外，由於這種經濟模式對工作者不夠負責，導致美國職業安全與健康局（Occupational Safety and Health Administration）對就業者的保障與勞工求償的權益都遭到實際損害，有些零工必須徒手清理池塘或工程留下的粉塵，有人則是被狗咬，或是在工作時受傷，但卻求助無門，難以取得經濟上的援助。

職場安全措施與工會組成權源於工業時代早期及 20 世紀

初，但直接促成美國性騷擾保護機制的，則是第二波女性主義，以及目前這波 #MeToo 運動的爆發。不過即使是最新、最完備的勞工保護政策，也不敵共享經濟對相關規範帶來的損害。在第五章，我會探究共享經濟中的性騷擾問題，並說明雇傭之間的對等關係為何會使工作者將性騷擾合理化，而無法嚴正捍衛自己的權利。

第六章的經驗分享顯示某些工作者曾因共享經濟，而有非法行事或違法之嫌，可見這樣的經濟模式有其可疑之處。我認為在這種匿名的經濟模式之下，平時奉公守法的工作者比較容易遭人利用，因而不慎幫忙運毒；如果戒心不夠，也可能捲入各式騙局。零工經濟使勞工保護措施退步，但從許多角度來看，卻為犯罪活動開創了新的可能。

最後，工作者如果技能等級高且資金充足，在共享經濟中的選擇也會增加許多。關於這點，我在第七章會以成功的 Airbnb 房東和 Kitchensurfing 廚師為例，做說明。我發現這兩個平台有較多使用者會以創業家自居，並利用零工經濟將工作外包。同樣都是在共享經濟中打拚，有些人成績斐然，有些人卻只能勉強維持生計，可見資金與技能的重要性不容小覷。

在總結全書的末章中，我與某些服務的管理階層對談，他們已開始給予零工基本工資、職場保護及相關福利，希望能改變共享經濟的現況。此外，我也根據掙扎組、奮鬥組及成功組

面臨的不同困境，提供了政策制定方向的相關建議。

在關於資本主義與社群福利的抗辯中，零工的經歷時常被遺忘。這些故事讓我們看到，雖然共享經濟讓少數人得以打造出小型企業，但多數人在這條路上絕對都沒有那麼順利。從許多層面來看，共享經濟不過是最低薪資臨時工的千禧翻版而已，就像芭芭拉・艾倫瑞克（Barbara Ehrenreich）在《我在底層的生活：當專欄作家化身為女服務生》（Nickel and Dimed: On (Not) Getting By in America）書中所描述的那樣。零工薪資過低，又得面對朝令夕改的平台規定，最慘的是還很容易被取代。探究工作者在共享經濟中的遭遇，以及掙扎組、奮鬥組和成功組面臨的不同困難後，我們可以更加了解這波新經濟浪潮的成本、效益及社會影響力，並進一步開創新局，避免再重蹈覆轍地落入從前的剝削性雇傭模式。

Chapter

2

共享經濟是什麼？

當自己的老闆，12 月保證你賺 7000 美元。

—— Uber

找你喜歡的工作，賺取由你決定的薪資，讓工作時間配合你的生活。

—— TaskRabbit

Airbnb 幫成千上萬的紐約人帶來額外收入。

—— Airbnb

複製餐廳體驗……在紐約市經營餐廳必然會遭遇到那些混亂與不確定性，但那些你都不必面對。

—— Kitchensurfing

　　我們大概都曾幻想要辭掉工作，追尋熱情，像是開間杯子蛋糕店、全職寫小說，或是在充滿異國風情的地方擔任觀光導覽等等。對許多人而言，做白日夢是逃離日常壓力的良方。

　　不過，當自己的老闆、決定自己的工時與酬勞已經不再只是夢，現在有個全新經濟模式號稱能讓這個夢想成真，即使只是平凡的美國人也能勝任。這種模式稱為共享經濟，當中的企

業包括 Airbnb、Uber、TaskRabbit、Etsy 和 Kitchensurfing 等等。

　　共享經濟是概括性名詞，泛指以產品與服務的提供、共享與再利用為目的，替用戶進行配對的 P2P 公司。從 Airbnb（房屋租賃）和 Uber（隨需型計程車服務）等價值數十億美元的大企業，到 Neighborgoods 這種免費的耐久財分享網站，都是以這樣的概念經營。這個領域的定義經常不太一致且有所矛盾，譬如許多人視 Airbnb 為典型的共享經濟，卻認為傳統民宿不算；把幾乎什麼都賣的網路市集 eBay 譽為這種經濟模式的先驅，卻將不收費的地方性圖書館與公園排除在外，但明明圖書館是免費共享，用 eBay 卻必須付錢。在這個領域相當知名的學者修爾就曾表示，許多與共享經濟相關的定義都「講求實用，卻不重分析；要怎麼說，都是由平台自行決定，而且能不能擠進這個圈子，也是媒體說了算。」

　　在 2009 年的經濟大衰退以後，許多人逐漸開始想利用閒置資產賺取收入，而且特別著眼於「耐久財，像是割草機、器具用品或是有專門用途的昂貴設備。」這種類型的共享雖然常與 Zipcar 相提並論（早期就開始以共享經濟模式經營，是按小時計費的租車服務），[1] 但其實更近似於貧窮社區數十年前就已建置的共用工具庫。最早體現共享精神的免費網站包括 Snapgoods、Neighborrrow、Crowd Rent 和 Share Some Sugar 等等，但這些公司和從前的工具庫一樣，現在多半都已經倒閉，只有稍微比較

知名的 Neighborgoods 存活下來。不過它們也是投資人當成興趣在經營而已，在 24000 名會員中，只有 10000 名活躍用戶。

　　至於以科技平台為基礎的共享經濟，則又稱為連結式消費、協同消費或零工經濟，許多人認為最早的例子包括克雷格 · 紐馬克（Craig Newmark）於 1995 年創辦的 Craigslist 和皮埃爾 · 歐米迪亞成立的 eBay，另外還有 2003 年誕生的免費住宿交換網站 Couchsurfing。大眾之所以對共享經濟越來越有興趣，可歸功於三大科技發展的結合：智慧型手機普及、安全的電子支付系統，以及客戶評價機制。不過，技術進步並非此現象的唯一成因。經濟大衰退和之後的餘波導致嚴重的低度就業問題，超過半數的社會新鮮人都只能屈就於不必大學畢業也能勝任的工作。此外，由於許多人必須拮据度日，將個人財產變現的需求也跟著大增。

　　一如期刊《Contexts》所述，「共享經濟是一種流動符碼，可指涉許多活動，有些確實具有合作與公共性質，但有些則極度競爭，且以利益為導向。」根據修爾的看法，共享經濟活動可分成四大類別：

1 · 商品再流通

　　這類型的服務可降低交易成本，譬如商店寄賣費用和財物損失風險，並提供有公信力的賣家資訊，以降低與陌生人

進行金融交易的可能風險。

2·提升耐久財使用率

如 Airbnb 和較早期的免付費平台 Couchsurfing.com 等服務，讓使用者可以賺取外快來補貼主要收入，同時也提供費用低廉的商品與留宿空間。

3·服務交換

如 TaskRabbit、Handy 和 Zaarly 等服務，[2] 可為需要或想要工作，以及正在尋求協助的個人用戶進行配對。

4·生產性資產共享

這種類型的服務旨在促進生產，而不是消費，會提供共用的工具及工作地點，如駭客空間（專供程式設計師使用）和自造空間。

修爾的定義相當清楚，不過仍有其他學者認為共享經濟和隨需經濟之間存有顯著差異。舉例來說，根據荷蘭某研究團隊的定義，共享經濟僅限於「消費者（或企業）讓他人暫時使用自身未充分利用的實質資產（閒置產能），可能是以賺取收入為目的」（詳見下頁圓餅圖）。在這樣的定義之下，尊榮等級的 UberBLACK 雖然創新，也只能視為 APP 型的高級接送服務，反倒是 UberPOOL 可以算做共享經濟，因為乘客叫車時，本來就已經有其他用戶在搭車，司機只是提供空的座位而已。至於 UberX

則必須在駕駛本來就要開車前往某處的前提之下，才算符合條件。如果延續這項定義，TaskRabbit 和 Kitchensurfing 都屬於隨需經濟，以消費者對消費者銷售（C2C）為基礎的 eBay 則應歸類為二手經濟。另一方面，Airbnb 則可依據租賃模式進一步細分：如果是提供自宅（與房客同住或外出度假時才出租），那麼可視做共享經濟；不過「如果是長期出租名下房產，但自己住在別的地方，則應視為旅館經營（而且往往都不合法）。」

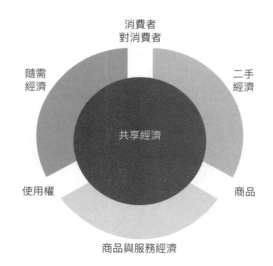

共享經濟與相關的平台經濟模式。來源：Frenken、Meelen、Arets 及 van de Glind (2015)；已取得使用授權。

「我想說的話是什麼意思……完全由我決定，反正我說了算」

更讓人困惑的是，在共享經濟中，許多字詞平時的意義會被扭曲、改變，所以探索這個領域，往往就像走入漫畫畢沙羅魔域（Bizarro World）或愛麗絲的鏡中世界（本節標題就是故事角色矮胖子的經典名言），而且最明顯的例子當然就是「共享」這個詞。早期的 Couchsurfing.com 和 ShareSomeSugar.com 等服務的確是免費沒錯，但目前標榜「共享經濟」的網站卻多半都採收費制；Airbnb 房東不是與房客分享房屋，而是以空間換取租金；TaskRabbit 零工和 Kitchensurfing 廚師也是以賺取工資為目的，而非單純與他人「分享」服務。同樣地，Uber 和 Lyft 雖然都打著「共乘」的名號，不過實際上就是收費型的私人接送服務，和計程車及私家司機並沒有什麼不同，只是換個名字罷了。一開始，Lyft 以「會開車的好朋友」（Your friend with a car）為口號，鼓勵使用者「坐在副駕，想像你是跟朋友共乘，不要坐在後座當乘客。」可是如果真的是「朋友」，會需要付錢嗎？

這些意義經過再造的字詞，不僅可見於企業的自我標榜，也影響到研究學者對於相關服務的描述，譬如許多人會將 TaskRabbit 和 Handy 歸入「服務交換」的類別，但其實兩者都

不算是提供服務的時間銀行，也不允許以服務「互換」的方式
交易，反而是採行傳統的營運模式，讓工作者以服務換取現金。
同樣地，二手拍賣網站也經常歸類在共享經濟之中──這些服
務或許是促進了共享經濟的形成沒錯，可是商品一旦在 eBay 售
出，真的還能「共享」嗎？

　　共享經濟另一個不可或缺的元素是「信任」。這個概念和
用戶資料查驗似乎相牴觸，許多網站卻仍大加宣傳自家的背景
資料查核和身分驗證機制，藉此標榜服務可信度。同樣諷刺的
是，雖然可能不是刻意這麼設計，但使用者還是得先同意服務
條款，才能在 Airbnb 網站上查看信任與安全頁面，而且內容
一開頭就是仲裁條款，讓人不禁想起「我們只相信上帝，其他
人請付現金」（In God we trust, all others pay cash）這句名言。
Airbnb 把信任當行銷口號，但企業本身卻似乎比較相信律師。

　　根據共享服務供應商的說法，這種經濟模式之所以能促進
人際信任，是因為數位足跡有助掌握他人資訊。不過，儘管現
代人的 Facebook 足跡難以抹滅，家族聲譽在小型社區代代相
傳，其實早已是很常見的現象，所以共享平台要求使用者連結
Facebook 帳戶以驗證身分，基本上這步驟「就等同於社會在工
業化之前常見的鄰里相傳，只不過變成數位形式的翻版罷了。」
除了連結 Facebook 外，這些服務也常會要求使用者張貼個人照
片，以 Airbnb 和 TaskRabbit 而言，房東和零工甚至在每次接受

訂房或任務前,都必須先傳訊息溝通。雖然幾乎所有共享服務都規定用戶得建立個人檔案,許多企業也同時採用社群評分機制,卻仍有某些網站(譬如 Traity 和現已停止營運的 TrustCloud)會為了掌握使用者的網路聲譽,而刻意挖出社群媒體足跡和資料廢氣(data exhaust),也就是用戶透過 Facebook、LinkedIn、Twitter 和 TripAdvisor 與他人互動時留下的資料軌跡。這些數據可能會用來計算「可靠度、穩定度及回應速度,⋯⋯猶如各種情境下都適用的識別證,無論用什麼網站都會跟著你。這種可信度評分類似信用評等。」可說是現實世界的翻版。但是信用評等這種機制,不就恰好跟互信的理念相互牴觸嗎?

一般而言,「信任」(trust)是發自內心對人事物的可靠度、真實度與能力抱持堅定的信念,但共享經濟中的信任卻似乎是以人為方式刻意營造,譬如 Airbnb 網站就放了一部 TED 演講影片,在片中,共同創辦人喬 · 傑比亞(Joe Gebbia)表示 Airbnb 服務是以「創造信任」為設計宗旨。此外,TaskRabbit 也標榜平台在「安全與信任」領域的努力,包括身分驗證、犯罪記錄調查,以及提供使用祕訣的兩小時新手上路教學等等。TaskRabbit 的網站指出,「我們會進行品質教育,確保零工提供安全、優質的服務。」換言之,TaskRabbit 也不是以信任為營運基礎,只是呼籲客戶要相信平台及工作者而已。在共享經濟中,「信任」和「共享」(sharing)等正向說法常是行銷與宣傳核心,

但其實這類字詞是錯遭挪用，而且會誤導用戶、轉移焦點，並營造出朋友互信的美好幻象，殊不知零工實際上只是賺點臨時外快罷了。

同樣地，許多共享平台也會用「突破性」（disrupting）來形容自家服務，但其實根本不符合這個詞常見的定義（如「具開創性」或「大破大立」），因為這些企業只是把傳統型的服務導入 APP，並未真的改變世界，也沒有發明漂浮式滑板來取代計程車，充其量不過是讓乘客比較容易叫到車而已。

共享經濟的概念大受歡迎，導致許多企業也開始宣稱自家服務是採行這種模式。舉例來說，近來 PwC 發布了一份白皮書，將 Spotify、Amazon Family、Airbnb 及 Uber 都歸入共享經濟之列。以 Amazon Family 而言，已成年的同住家庭成員只要使用這個方案，就可以共用以不同帳戶購買的書籍與影片。這當然可以說是一種分享，而且共享度大概比透過 Airbnb 出租房屋還高。不過說真的，平時拿家裡的書或 DVD 來看，不也是同樣的道理嗎？ Amazon 只是把媒介換成科技平台而已。如果說家人共用電視或牙膏也算「共享經濟」的話，這個詞幾乎就毫無意義可言了。

在我自己的研究中，我把共享經濟定義為「以營利或慈善志業為導向，並聚焦於資產或服務借貸與租賃的 APP 型科技」。食物交換和自造空間對參與者都很有幫助，也有許多有趣的理

論相關議題值得探討,如種族、階級和「歸屬感」的建立等等。不過某些共享經濟平台提供工作與收入,而且號稱能讓一般人也可以當自己的老闆,並在財務上自給自足,對此我特別感興趣。[3] 由於這類平台主要是提供賺取短期收入的機會,所以我歸類為零工經濟。雖然共享經濟的某些層面並不屬於零工經濟,但零工型服務確實落在共享經濟的架構之下,所以在本書中,這兩個詞可以替換使用。

透過這項研究,我主要想回答的問題包括:工作者在共享經濟之下的生活如何?以觀念和親身經驗而言,工作者是否認為自己透過創業、打工或分享的方式,創造了新的經濟型態?工作者將哪些技能與資本帶入了零工經濟?

最後,這份研究的三大理論基礎分別為:社區與社會的信任分裂、勞動力臨時化和相關風險轉移,以及因而加劇的社會不公問題。

社區的形成——科技能讓信任與社區精神復興?

城市剛出現時,是貿易、政府、文化與宗教的中樞,而且在工業革命時期,由於農民紛紛移居成為市民,所以變得越發重要。城市不僅規模擴增,也越來越舉足輕重,並讓早期的政治領袖開始質疑,譬如湯馬斯・傑弗遜(Thomas Jefferson)

就認為「都市文化會摧毀美國人對自由的渴望」，德‧托克維爾則抱怨辛辛那提「到處都是工業與工程，走到哪都會為之震驚」。比造成混亂狀態更糟的是，城市還會泯滅人性，譬如波尼‧敏斯‧肯恩（Bonnie Menes Kahn）曾指出，城市生活最令人擔憂的後果，似乎是人際關係的改變，人類因而變得「像機器一樣，野蠻又只顧自身利益，⋯⋯猶如陌生人一般，越來越疏離，無論是男人女人，都沒了人性。」理論家格奧爾格‧齊美爾（Georg Simmel）相信，生活在滿是陌生人的環境當中，會使城市居民變得冷酷無情，又因為面對太多心理刺激，不得不學著淡化處理情緒，人因此也會變得漠然。城市會「使人群感到孤獨」，並不斷尋求線索，以做為行為舉措上的準繩；這些人「缺乏歷史，沒有可紀念的過去、可捍衛的土地或可遵循的傳統，所以毫無道德上的責任感可言。」從這樣的角度來看，城市和社區及人際連結是相互牴觸的。

斐迪南‧滕尼斯（Ferdinand Tonnies）也曾提出「社區」（Gemeinschaft）與「社會」（Gesellschaft）的概念，並對城市摧毀社區的現象表示擔憂。滕尼斯認為，社區是因初級關係而建構於自然意願、房屋、村莊和鄉鎮之上，以群體的意識和情緒為重，成員會面對面互動，生活的許多層面皆有重疊，而且沒有勞動專業分工，至於群體順從則是透過汙名化、非正式制裁及社區傳統來維持——只有家族仇恨，沒有法律訴訟。相較

之下，「城市大體而言則和社會很像」。在社會當中，人際關係稀薄且不真實，關係是想像出來的，同時必須以合約來規範，因為即使獲得了承諾或堅定有力的一次握手，我們也難以信任他人，反而得依賴法院、警察和律師提供強制執行的功能。根據滕尼斯的定義，一旦搬入「現代」社會，甚至只是搬到城市之後，就會喪失原本的社區連結，而城市也是造成「家庭淪喪」的始作俑者。

　　共享經濟號稱可以解決這個問題，讓現代人重返小鎮生活，甚至重回村里懷抱。紐約大學史登商學院（New York University Stern School of Business）的教授阿魯·薩丹拉徹（Arun Sundararajan）認為：「現代社會的人際連結無法滿足人類所需……共享經濟之所以有吸引力，其中一個原因就在於可以拉近人與人的距離。」計程車 APP Lyft 的共同創辦人約翰·席莫（John Zimmer）曾將共享經濟和他在南達科他州松樹嶺（Pine Ridge）奧格拉拉蘇族（Oglala Sioux）保留地的經歷相比，「那種社區歸屬感，與人、與土地相連的感覺，讓我得到前所未有的快樂與生命力。」他說。「渴望人際互動是人類的本能，現在，我們可以利用科技達成這個目標。」雖然 Uber 和 Airbnb 在全球都有，不過真要達到規模經濟的話，在都市還是比較容易，畢竟在舊金山這種人口密集的城市，Sprig 外送員當然比較可能在 20 分鐘內就將健康餐點送到客戶手上，但在愛達荷州或亞特

蘭大廣闊的郊區地帶，這樣的模式可就不管用了。

　　話雖如此，人際間的互信度似乎並未因共享經濟而提升。根據國民意向研究中心（National Opinion Research Center）在2012年針對美國人民看法進行的《社會意向調查》（General Social Survey），僅32％的受訪者認為日常生活中的人大多都值得信任，反觀1972年的數據則是46％。美聯社和市場調查公司捷孚凱（GfK）2013年10月的報告則顯示，在1227名受訪者中，僅41％「非常」或「相當」信任他們請到家中的幫傭，對於司機和「到異地旅遊時認識的新朋友」，信任度則分別為21％和19％。

　　另一方面，共享服務也許諾會營造社群，但就至今的學術研究來看，這似乎同樣是空話。哈佛研究生安妮・芬頓（Anny Fenton）研究 RelayRides 用戶的社會互動後，發現該網站的車主在提及自己與用車人的關係時，會以「枯燥」、「匿名」與「淡薄」等詞來形容。不過，這些車主也自認比一般租賃服務來得個人化，所以覺得使用者應該會比較愛惜車子。許多人把 Zipcar 歸入共享經濟，但相關研究也發現，用戶認為開共享汽車 Zipcar 就像住飯店一樣，不會因此去了解或認識其他會員——「他們知道有別人用過車子，但並不會想和對方互動。」換言之，受訪者並不覺得自己是跟他人共用車輛，也不信任其他用戶。研究人員更指出，Lyft 之所以不像 Uber 那麼成功，可能是因為

「高估了乘客對於『共享』的渴望」，事實上，「消費者更重視的是低價與便利性，對於是否能與平台或其他用戶發展出社會關係，反倒沒那麼在乎。」

我自己的研究也呼應了這項結果，顯示使用者對人際互動興趣缺缺。許多 Airbnb 房東根本從沒見過是誰要睡他們的床、用家裡的廁所，更別說要和對方建立長遠關係了。基於便利性和個人偏好，不少房東會機靈地將鑰匙放在東村街頭常見的鎖盒裡（房東在傳送確認訊息時，也會把鎖盒的地點和密碼告訴房客），或使用 Keycafe 服務，把寄放在本地商店或餐廳的鎖盒，甚至透過 TaskRabbit 找人幫忙轉交，以避免與房客接觸。我大學時曾在 Airbnb 很盛行的東村進行過觀察性研究，發現這樣的現象相當常見；該社區裝設了無數的鎖盒，讓房東可以在完全不與他人來往的情況下提供並回收鑰匙。共享經濟或許是以拉近人際距離為行銷口號沒錯，但事實上反而造就了欠缺互動與人情味的終極現代社會。

看到這裡，各位可能已越來越覺得「共享經濟」這個說法不太合適了，不過我們暫且撇開這個不談，先來看看這種經濟模型是否真能使創業變得普及。關於工作市場上的歧視，許多學者早有詳述，根據現有資料，名字「聽起來像黑人」的應徵者，接到面試邀請電話的機會比其他族群低 50％，企業給女性的薪水也比開給男性的低，不過相關研究卻顯示，共享經濟可能會

更加劇目前這種不平等的狀況。共享平台的用戶希望這種經濟模式能減少、消除歧視。非學術性的相關報告也曾指出，由於搭 Uber 必須要有信用卡和智慧型手機，而且價格比較貴（至少一開始是這樣），在社會階級門檻較高的情況下，一般人會認為 Uber 用戶較為富有。因此，非裔族群在這個平台上也可以比較容易叫到車。

不過，共享平台仍會顯示使用者名稱和個人相片，所以反而可能使歧視狀況更容易發生。以同級房產而言，黑人房東收取的房租比白人少 12％，可能就是因為歧視在作祟。同樣地，在 eBay 販售的 iPod 如果是拿在黑人手裡，競標價格也比拿在白人手裡的相片低了 20％。

在質性訪談中，有些 Airbnb 房東坦承他們的確會因種族而對房客差別待遇，不過其實受訪者考量的還有其他許多因素，像是個人資料相片、電子郵件的溝通互動、使用者評價，甚至是透過網路搜查到的資訊等等。因此，房東對潛在房客的歧視可能比先前研究所顯示的更廣泛、常見。共享經濟或許有其益處，但有鑑於歧視狀況越來越嚴重、人際互信度越來越低，再加上使用者對評價及個人資料又相當依賴，所以人類大概很難藉此恢復從前那種美好的小鎮生活。

勞動力臨時化和相關風險轉移

　　共享經濟也造成工作者與企業的關係發生改變，導致零工必須承擔許多工作相關風險。在共享經濟的架構下，大部分的工作者都是獨立承攬人員，舉凡 Uber 和 Lyft 司機、TaskRabbit 零工、Airbnb 房東和 Handy 清潔工都不例外。近年來，由於雇主逃避社會責任，不願負擔賠償金、加班費和身心障礙補給，所以這種契約工的數量不斷增加。職業安全與健康局 2015 年的報告指出，臨時工和獨立承攬人員所受的訓練較少，因此也比較容易在工作時受傷。

　　獨立承攬人員和正式員工這兩種不同身分會對工作者帶來怎樣的影響，學者已有相關說明與著述，不過一般而言，「風險」的概念其實比較常見於創業這方面的討論。早在 1700 年代末期，理察 · 坎蒂隆（Richard Cantillon）就觀察到創業人士敢於承擔風險的特質，並指出他們「只知道買入時多少錢，但無法確定賣出時的價格，」因此必須承擔交易風險；哈佛商學院的霍華德 · 史蒂文森（Howard Stevensen）則認為創業是「在難以控管資源的情況下追尋機會」。許多人可能覺得「創業」就只是開創新事業而已，不過牛津辭典將這個詞（entrepreneur）定義為「在可能獲利或損失的情況下承擔風險，為公司或企業負責或執行管控工作」，強調了「管理」與「冒險」這兩項要素。[4] 只要談

到創業，風險相關議題就特別容易浮上台面，在美國尤其如此。勞動統計局的資料顯示，約有三分之一的企業會在成立後的兩年內倒閉，且半數都無法撐過五年。

不過雅各 · 海克（Jacob Hacker）表示，現在必須承擔工作風險的，已不再只有創業家和資本家了。許多工作者的醫療保險變成高自付額的健保方案，退休金也從確定給付制變成確定提撥制（401k），就是因為雇主把健康問題與錯誤投資可能造成的金融風險轉嫁到他們身上。再者，由於外包機制興起，企業也越來越重視短期利益，因此勞工必須隨時爭搶工作，就像在股票現貨市場買賣似的，偏偏薪資凍漲的困境又未能紓解，所以許多家庭都仰賴雙薪，失去其中任何一份薪水，都會引發難以承受的後果。

在 1994 年，社會學家史丹利· 阿諾維茲（Stanley Aronowitz）和威廉·迪法西歐（William DiFazio）在《沒有工作的未來》（The Jobless Future）一書中，指出企業「利用科技來處理日常生活的每一件小事，」製造出「越來越多短期、低薪且毫無福利的藍白領階級工作，卻越來越少有人能在工廠或辦公室得到穩定的好工作。」所謂的次級勞動市場，意思是勞工僅能賺取低薪、幾乎毫無工作福利，且欠缺經濟安全，隨時都可能飯碗不保，但這樣的狀況，不就跟零工經濟一模一樣嗎？勞動力臨時化，以及將大量風險轉嫁給勞工的做法，曾是次級勞動市場

的定義性特徵，但這樣的機制卻越發普遍地滲透社會，也逐漸開始影響到管理及專業階層。英國經濟學家蓋伊·史坦丁（Guy Standing）曾發出警告，表示這種欠缺穩定性的經濟模式已造成「窮忙族」（precariat）的誕生。這個人數漸增的族群「工作和生活都不安穩，通常一直在打短期工，沒有職業身分或職涯道路，也缺乏長期的社會保障及法規保護。」這種飄忽不定的狀態常會引發焦慮與憤怒，並使人行為失序、感到孤立。

以大企業為本位的《華爾街日報》指出，工作者的不滿「顯示許多人對於讓他們賺取主要或額外收入的平台感到矛盾。」零工認為，使用隨需平台後，他們反而無法掌控工作內容，而且也被迫承擔個人與財務風險，更有不少人對 Uber、Lyft 和 Handy 提告，主張他們既然必須符合條件並接受規範，就應該擁有正式員工的身分，而不該屈居獨立契約工。另一方面，某些公司則是因為支薪低於最低工資而遭到控訴，譬如在 2018 年改名 Figure Eight 的 CrowdFlower.com 就是一例。這間新創公司專門把數位工作切割成細瑣的任務，發派給數百萬名工作者執行，在某次視訊訪談中，CrowdFlower 的共同創辦人表示他們「有時每個鐘頭只給兩三塊美金，不到聯邦政府規定的最低時薪 7.25 美元，而且也會用各種網路回饋方案和電玩遊戲的點數來當薪水。」

社會學家艾莉森·皮尤（Allison Pugh）認為，對於不穩定

性的感受取決於工作者的社會階級與搶手程度。她在《野草社會》（The Tumbleweed Society）一書中指出，對於擁有熱門技能的高階級人士而言，「不安全感反而比較像是一種『彈性』。」這些人可以投入他們認為有意義，而且不會占用個人時間的職務，將工作與家庭分開。反觀階級較低的勞工如果工作不穩定，也會無力經營私人關係。共享經濟號稱可以降低創業門檻，但真的能替低層零工將不穩定性化為靈活彈性嗎？

關於創業對經濟成長與發展的重要性，相關研究已有詳盡著述。創業家可以強化競爭、型塑市場，並驅動創新與科技進展，可說是改革性的角色。不過，創業的人也不是每個都一樣。麻省理工學院的經濟學家安朵涅特・舒爾（Antoinette Schoar）就指出，「過去並沒有太多人會實際去研究促成這波改變的創業人士，以及這個族群中的個體差異。」舒爾認為，創業家可分成「維生型」和「變革型」兩種，前者著重自給自足，後者則「希望能打造蓬勃的大型企業……為他人帶來工作與收入。」

所以共享經濟中的工作者算是哪一類呢？由 Uber 出資請喬納森・霍爾（Jonathan Hall）和普林斯頓大學經濟學家克魯格執行的研究指出，超過九成的 Uber 司機表示他們是為了「賺取更多收入來照顧自己與家人」，所以才兼差，但只有71％的受訪者覺得 Uber 的確讓他們的經濟狀況變好。在紐約市，Airbnb 曾舉辦公關活動，藉以「凸顯該平台對當地的黑

人社區所帶來的經濟效益,譬如布魯克林的皇冠高地(Crown Heights)和貝德福德—斯圖佛遜(Bedford-Stuyvesant)和西哈林區(West Harlem)」。該公司以內部研究為依據(資料來源為 2012 至 2013 年的房客住宿資料),發布了《經濟影響力報告》(Economic Impact Report),指出一般房東每年可賺 7530 美元,而且還因為這些收入而得以繼續住在原有的住處。另一方面,專營手工藝品的網路平台 Etsy 則表示賣家的教育程度比一般美國人口高,不過家庭所得卻比較低:擁有大學學位的賣家占 52%,但收入中位數則僅有 44900 美元,比全國平均低了 10%,而家庭年所得低於 25000 美元的賣家更超過四分之一(26%)。同一份報告也顯示,68% 的賣家表示 Etsy 帶來的額外收入讓他們能照顧自己或家人……金額占家庭總所得的 7.6%,……足夠支付年度車貸和數個月的房租。」由共享平台自行公布的這些報告可見,零工經濟雖有助對抗薪資凍漲與工作不穩定的問題,但頂多也只能促成維生型創業而已。

社會不公問題加劇

　　一如成功案例所示,某些工作者確實能透過共享經濟,創造出中產階級或更優渥的生活。有些人一開始不過是想出租閒置房間來攤付房租,但不久後就發現,只要有資金可以投入,

其實很快就能回收高額利益，譬如第一章的萊恩就是個例子。《紐約時報》曾報導透過 Airbnb 大發利市的案例，其中有一位房地產經紀人起初也只是因為每月房租突然從 2800 美元漲到 5000 美元，所以想出租沒人住的房間來補貼，[5] 但發覺到長租與短租的價差潛力後，決定租下第二間房子，到了 2014 年 10 月，他從中賺取的收益已高達每月 6000 美元。後來，「他又租了第三間房子，但這次是改用太太的帳戶出租，還說之後打算繼續增加房源，不過可能會用假帳號刊登，以迴避法律查核。」在那篇文章報導的 Airbnb 帝國中，還有一個是由舊金山的股票經紀人所經營，他租了六間公寓，為的就是要「打造臨時性的旅館，淨利可達將近十萬美元。」

在某些情況下，共享經濟其實是讓富者更富。紐約州總檢察長在 2014 年曾針對 Airbnb 違法出租的情況發布報告，指出紐約有多達 72％的房源並不合法。這份名為《Airbnb 在紐約市》（Airbnb in the City）的報告顯示，雖然當地有超過九成的房東在平台上都只有一至兩個房源，但在四年期間，共有 1406 位（6％）「商業使用者」透過平台進行大規模出租作業，而且每人管理的房源平均多達 272 個。以「房客在紐約市透過 Airbnb 預訂的不重複短期私人住宿而言」，光是這些商業使用者就「控制其中的兩成多，而且接受了超過 33％的私人訂房，在 Airbnb 短期私人出租帶來的收益中，有大於三成都流向這些帳戶，總

額更高達 1.68 億美元。」

其實這種房源眾多的房東可能沒有一般人想的那麼少見，以我研究的受訪者而言，比例就超過五分之一，其中更有一位房東每晚可接待 25 位房客。他表示：「我基本上就是飯店老闆，有時這裡會有一間空房，那裡又會有一間公寓……目前我還無法將飯店連鎖經營，不過我在這個區域上到處都有房子，所以目前就先出租這些空間。」

湯瑪斯・皮凱提（Thomas Piketty）在《二十一世紀資本論》（Capital in the Twenty-First Century）中指出，在成長緩慢的經濟體中，財富所帶來的報酬會比勞力來得豐碩，所以有錢可以投資的族群會越來越富有，但缺乏資本的話，大概就很難翻身。關於這點，威廉・阿爾登（William Alden）曾如此解釋：「生活優渥的專業族群容易受這些市場吸引，而且成果也比業餘人士來得亮麗，就跟在其他經濟市場一樣。透過 Airbnb 出租空房或許可以讓你負擔曼哈頓不斷上漲的房租，但真正想創業的話，就（跟其他行業一樣）勢必得下苦功才行。」

有錢的房東可以租下數間公寓按日出租，但低收入住戶卻會因社區的居住需求增加，而面臨房租上漲的問題。麥吉爾大學（McGill University）2018 年的研究報告顯示，紐約市的長租市場共減少了 7000 至 13500 個住宅單位，其中還包括 12200 個全年有 120 天以上開放承租，且經常都有房客的整層住家。紐

約的社區變革（Communities for Change）與可負擔住宅（Real Affordability for All）聯盟在 2015 年的研究中表示，曼哈頓和布魯克林某些區域有多達 20％ 的空屋被當做 Airbnb 房源，其中又以東村的比例最高，共有 28％的住宅單位在平台上非法出租，相當驚人。在 2015 年，StreetEasy 曾如此報導，「根據普查資料，在 2000 至 2013 年間，紐約市漲租的速度幾乎是薪資成長的兩倍。」東村社區的部落格《東村悲傷札記》（EV Grieve）也指出，當地居民花在租金上的所得比例高達 56％。

紐約市對租屋族群保護得很周到，但其他城市的人可能就沒這麼幸運了。以舊金山而言，住在租金管制區域的房客可能會面臨自有住房的問題，也就是屋主或直系親屬可要求租屋者遷離，以將房屋收回自用。雖然允許房東終止租賃的埃利斯法案（Ellis Law）為這種驅逐行為提供了合理依據，但其實空出來的房子經常都是變成 Airbnb 房源，而且每月帶來的收益比原本的房租多上好幾千美元。

不久前，《經濟學人》（Economist）刊登了一篇數位革命相關報導，著墨於少數幸運兒和普羅大眾之間越來越深的鴻溝：「從前的科技通常都能強化生產力，有助薪資提升，工作者無論技能高低，都能分享到一些成果；不管是資方、勞工或消費者，也都能受惠其中。但是，現在的科技卻替能力原本就比較強的族群，提供了前所未見的優勢，使專業和業餘人士、勞方

和資方之間的所得差距都越拉越大……這造成了嚴重的低度就業問題。」達拉斯聯邦儲備銀行也曾於近日發布一份報告，指出過去十年來的新工作多半是低技能的短期性勞動工作，「不太需要特殊技能或解決問題的能力」。雖然某些跑腿工作的工資確實不低，譬如生鮮代購平台 Instacart 的時薪最高可達 30 美元，但總不會有人買菜買八小時吧？一天工作八小時的話，每個鐘頭 30 塊似乎還不錯，但如果一整天只能賺到這些錢，那可就很糟糕囉！

在 2017 年針對美國流浪族群進行的系列報導中，《衛報》（The Guardian）介紹了幾位住在車裡的洛杉磯 Uber 司機。此外，就連《紐約》雜誌（New York Magazine）都指出許多 Handy 清潔工無家可歸，只能住在收容所，顯示新興零工經濟的低度就業問題。當然啦！即使是流浪人口也能透過共享平台找到工作，這點固然很好，但截至 2015 年 11 月，Handy 獲資的金額已達 1.107 億美元，既然公司這麼有錢，那麼工作者為什麼會流落街頭呢？

受訪者招募與研究方法

本研究的資料來自與 78 位受試者的深度質性訪談，其中有 23 位 Airbnb 房東、22 位 TaskRabbit 零工、19 位 Kitchensurfing

廚師，以及 14 位 Uber 司機或外送員。這四項服務之所以中選，是因為可以反映共享或零工經濟中的企業多元性：Uber和 Airbnb 資金充足、成績亮眼，價值高達數十億美元；新創的 TaskRabbit 已打下基礎，但營運似乎陷入掙扎；至於Kitchensurfing 則比較年輕，屬於異軍突起的公司。[6] 除此之外，會這麼挑選也是因為這些公司可凸顯共享經濟中的不同經營模式。四個平台的確都有助於使用未充分利用的實體資產（也就是「閒置產能」），但 TaskRabbit 和 Kitchensurfing 提供的是面對面的「隨需」服務，Airbnb 則讓消費者暫用或與他人分享家戶空間，至於 Uber 則著重資產使用效率，讓駕駛以私人車輛載客或透過 UberPOOL 提供共乘，藉此賺取收入。

　　最後，透過這四間公司的特徵，我們也可以看到各項共享服務不同的技能與資本門檻（詳見表 1）。舉例來說，想透過TaskRabbit 當私人助手並不是太困難，只要線上申請並參加新手上路說明即可，不需投入資本。另一方面，Kitchensurfing 這類的平台對於專業技能有要求，候選的廚師必須參加甄選，煮出餐廳等級的料理，所以套餐式的隨需服務 Kitchensurfing Tonight技能門檻高，但在資本方面並不是太嚴苛。相較之下，如果要透過 Kitchensurfing 的市場平台找客戶並到處替人烹飪，則需要可靠的運輸工具、食物貯存工具或設備及烹飪器具，因此必須同時具備技能與資本。Airbnb 和 Uber 都屬於高資本門檻的產業：

要想實際透過 Airbnb 出租，首先必須提供房客願意付錢居住的優良空間；在成為 Uber 駕駛前，也得先擁有一輛不能太舊，且符合平台規範的車，並花上數千美元來符合紐約市的證照相關規定，算是高額投資。[7] 不過，Uber 的技術門檻相當低，駕駛只要通過駕照考試及背景查核即可上路。反觀 Airbnb 房東則必須懂得與房客溝通，並以吸引旅客的方式宣傳房源，如果欠缺必要的優異技能，便難以成功。

表 1：共享經濟工作的技能與資本門檻		
	資本門檻低	資本門檻高
技能門檻低	TaskRabbit	Uber ／ Lyft
技能門檻高 （甄選／行銷）	Kitchensurfing Tonight	Airbnb ／ Kitchensurfing 市場平台

四項共享經濟服務的背景資料

接下來這節會說明上述四項服務的簡要歷史，以及這些公司對於企業精神是如何呈現。

Airbnb

在 2008 年誕生於舊金山的 Airbnb，是由兩個付不出當月房租的室友所成立。美國工業設計師協會（Industrial Designer Society of America）舉辦研討會的那個週末，他們故技重施地在

家裡擺了幾個充氣睡墊，租給訂不到旅館的人。時至 2015 年 11 月，Airbnb 的房源數量已超過 200 萬個，更在 2017 年 7 月突破 300 萬大關。透過這個網站，房東可以把自宅或閒置空間租給房客，而平台則提供刊登服務，並扮演交易中介的角色。也就是說，要等房客抵達住處並確認一切都和網路上的資訊相符後，款項才會提撥給房東。

　　要探究 Airbnb 的企業理念，最好的方法大概就是比較網站上的訂房頁面和房東專區。平台首頁寫著「歡迎回家」（Welcome Home），強調共享與社群，而企業口號則是「家在四方」（Belong Anywhere）。該公司在網站上指出，只要使用 Airbnb，旅人就可以「四海為家」，甚至還提供影片，說明「Airbnb 房東如何讓房客在全球各地都賓至如歸」。

　　至於房東專區的標題則是「成為 Airbnb 房東，開始賺取收入」，強調平台能讓使用者掌管個人房產與財務，並保證「無論是哪種類型的房屋或房間」，都可以透過 Airbnb 出租，以「輕鬆又安全地賺取收入」。如果用戶還是有所遲疑，Airbnb 也再三強調，「房源的可訂日期、價格、《房屋守則》以及與房客的互動方式，完全由你掌控。」此外，同一頁面也貼心地附上出租可帶來的收入；根據網頁上的資料，紐約市房東每月可收取超過 3200 美元的租金。

　　這個平台以自由市場自居，所以房東和房客有權掌控租賃

事宜,但同樣地,風險也必須由他們自行承擔。根據相關記錄,Airbnb 成立後的第一椿慘劇發生在一位女房東身上。她回到舊金山的家後,發現房客和一群同夥把屋子洗劫一空,於是它們在 2011 年 6 月把事件的經過張貼到部落格上:

> 我有把衣櫃鎖起來,但他們在門上砸出一個洞,找到我藏在裡面的護照、現金、信用卡和我祖母的珠寶,還把我的相機、iPod、舊電腦和備份硬碟全都拿走,那裡面存了很多照片和日記……是我大半輩子的回憶啊!他們也翻出我的出生證明和身分證,我覺得應該有盜印──我當初把印表機留給房客用,可是出於一片好意……而且明明熱浪來襲,他們卻在我家壁爐裡用了好幾根 Duraflame 木柴,把一堆東西全燒成灰(說不定是我的東西?)我希望房客睡得舒服而精心摺好的那些床單,大概也被燒個精光了。

這位房東表示她提出申訴後,還得透過有 Airbnb 相關管道的友人求助,並且在 14 小時後才終於得到回應,顯示該平台對於租賃事宜的放任、不干預政策。這起事件很快就登上了《TechCrunch》、《Slate》、《時代雜誌》和其他刊物,而 Airbnb 則開始提供 24 小時緊急專線和 100 萬美元的保險,適用於美國、加拿大和許多西方國家符合條件的房源。不過,這筆錢屬於第二順位保險,也就是說,房東必須先透過自己的房屋

或租房保險求償,但對於出租自宅所帶來的破壞,多數保險公司其實都不會理賠。

上 Google 搜尋一下「Airbnb 房子搞破壞」(airbnb trashed apartment),即可輕易找到許多住家或物品遭到毀損的案例:加拿大曾發生嗑藥縱慾派對;紐約市則有房客在頂樓公寓瘋狂開趴,搞得屋內到處都是排泄物和保險套。同樣也在紐約市,還有過一場猶如怪人秀的「肥胖者限定性愛派對」。《哈芬登郵報》(Huffington Post)在 2014 年 7 月曾刊登過一篇文章,清楚羅列出各種〈Airbnb 恐怖故事〉,其中有人吸食安非他命、有賣淫者遇刺、有房東因為經營 Airbnb 而被驅逐,也有人占屋不肯搬走。當然啦!並不是所有故事都那麼聳人聽聞,有些事件相當單純,可能就只是房客把衛生棉沖入馬桶,結果水管修繕費用要 10000 美元。不過,就連 Airbnb 自家的使用者論壇中,都有關於房源被破壞的分享與貼文;專門協助房東刊登房源的顧問 Abundant Host 也曾在部落格表示她出租自宅,結果房客卻行為不檢點、違反規定,而且還毀損物品。

的確,飯店也會遇到無禮、愛搞破壞的房客,但旅館房間是出了名的中規中矩,裝潢擺設通常也不算太有個性。相較之下,許多 Airbnb 房源是私人住宅,所以充滿獨特的巧思與個人色彩。此外,飯店會要求提供信用卡和駕照或護照,所以管理階層比較能揪出惡質住客的身分,至少財務上也不會求償無門。

反觀，房東則無法取得房客的個人資訊，必須向 Airbnb 客服申訴，才能申請賠償。再者，飯店客房若被破壞，還有其他間可以給客人住；換做是私人住家的話，Airbnb 房東通常可沒有備用公寓能接待下一組房客，甚至連自己都會無家可歸。旅館有保全措施，房間也多半比一般公寓和獨棟式房屋來得小，在紐約市尤其是這樣，所以如果要瘋狂開趴或辦性愛派對的話，通常會選擇空間較大、也較有隱私的 Airbnb 房源。最後，Airbnb 還牽涉到信任問題；房東出租自家空間，相信素未謀面的陌生人，結果房客卻真把他們當成陌生人般冷酷以待。越是願意實踐共享經濟的精神，所遭受的損失似乎就越慘重。

為了向房東保證不會有問題發生，Airbnb 很快就宣稱「房源的價格、可訂日期和房客預訂要求，完全由你掌控。」而且有了平台的「信任與安全工具後，如果不是百分之百放心，就不必接受預訂。」然而，「由你掌控」和「百分之百放心」背後所隱含的意義，是房東必須自行決定要把房子租給誰。也就是說，篩選房客是他們自己的責任。Airbnb 設有嚴格的反歧視政策，原因在於「Airbnb 是開放市場……我們禁止會對任何個人或團體造成差別待遇、偏執對待、種族歧視、仇恨、騷擾或傷害的所有內容。」但一如我先前所述，從研究結果看來，篩選房客與歧視其實還是相當常見。

要想透過 Airbnb 租房，房東和房客都必須先建立個人檔案，

並提供全名、生日、性別和聯絡資訊。雖然平台保證性別和生日資訊絕不會洩露給其他用戶，卻又請使用者上傳臉部清晰的個人相片——「清楚的正面照片可以讓房東和房客相互認識，所以非常重要。只上傳接待風景可不像接待真人那麼有趣哦！」此外，Airbnb 也會請用戶寫一小段自我介紹，來「幫助大家認識你」，建議的主題包括：你這輩子不能沒有的五項事物，最愛的旅遊地點、書籍、電影、電視劇、音樂和食物，最愛的「旅行風格」，以及人生座右銘。除了個人資料外，房東還得建立房源頁面，當中必須包含出租空間的相片、房屋守則（譬如不能抽菸），以及標有「圖釘」的地圖，好讓潛在房客了解房源與重要地標和大眾運輸的相對位置。

我所訪問的 Airbnb 房東幾乎都在東村。這個區域和紐約市其他許多社區一樣，界線多有爭議，仍有討論空間。我選擇採用《紐約時報》房地產專欄對東村的定義。確切而言，是「由第 14 街、東豪斯頓街（East Houston Street）、包厘街（Bowery）／第四大道和東河（East River）所包圍而成的區域」。

東村是一般人在曼哈頓市中心比較能負擔的區域，並以此而聞名。社會學家雪倫‧朱津（Sharon Zukin）在她關於仕紳化的著作中，表示東村的人「把抗爭視為一種生活方式，而且重視歷史，所以這個社區才會有『真實』的美名。現在，這裡依然房價低廉，公寓和小商店等社群空間也經常破舊又有怪味，

可見這些特質仍舊存在。」在潛在的 Airbnb 房東眼裡，東村特別有吸引力；根據以 2012 至 2016 年美國社區調查（American Community Survey）為資料基礎的紐約市人口查詢系統（New York City Population FactFinder），此區有一半以上的住宅存量是小型的分租公寓（建於 1939 年之前），所以很少有管理員，門房也幾乎不存在。一般而言，這樣的情況並不是太理想，畢竟這些人員，像保全、門房和其他設施一樣，缺少哪一項都算扣分。不過有些 Airbnb 房東必須匿名，所以對他們來說，沒有管理單位反而是「加分」。

有鑑於東村受歡迎的程度，我決定瞄準該社區的房東來進行訪談。共 23 位受訪者中，有 19 人（83％）在東村有房源，當中又有五人有多處出租，其他地點包括上西區、西村（West Village）和布魯克林；另有三位房東不住東村，而是把位於中城西區（Midtown West）、皇后區和布魯克林的自宅租給房客。此外，還有一名房東起初不願透露房源所在，只說位於東村，不過確切位置其實是東村北側邊界的社區格拉梅西（Gramercy）。

絕大多數的受訪者都是白人（83％），另有一位黑人，兩位混血，一位不願回答。白人房東的種族多樣，有亞美尼亞、以色列、德國和愛爾蘭移民，還有兩位加拿大人。受訪者性別約莫男（52％）女各半（48％），年齡介於 23 至 60 歲，20 到 29 歲的有 19 人，平均歲數 32。這些房東的教育程度相當高，

48％ 擁有大學學歷，22％是碩士，還有 22％曾參加或完成某些學士後進修課程，只有兩人表示自己「大學肄業」，而且其中一人目前正在社區大學就讀。紐約市畢竟生活費高昂，因此共有 12 人表示年度家庭所得在十萬美元以上，七人介於 25000 至 49999 美元之間，兩人落在 75000 至 99999 美元，只有兩人低於每年 25000 美元。

Uber

這個公司的創立故事有許多版本，根據 Uber 網站所述，「2008 年，在巴黎一個大雪紛飛的夜晚，崔維斯・卡蘭尼克（Travis Kalanick）和格瑞特・坎普（Garrett Camp）因為叫不到計程車，於是想出了一個簡單的方法，讓乘客輕鬆一按，即刻上車。」[8]

由於創辦人社會階級高，所以第一代的 UberCab 其實是豪華私人轎車服務，使用者可以透過手機按鈕或簡訊叫車，價格大約是一般舊金山計程車的 1.5 倍。這項服務幾乎從一開始就面臨法規問題，在 2010 年，舊金山大都會運輸署（San Francisco Metro Transit Authority）和加州公共事業委員會（Public Utilities Commission of California）曾發出警告信，指控該公司無照經營計程車事業，在那之後，UberCab 便將 Cab（計程車之意）這個字從標誌上移除，開始以 Uber 為品牌名稱營運，並在官方 Facebook 頁面上表示自家服務「比計程車更優質」。

後來 Uber 拓展到紐約時，也是以 APP 型派車接送服務為定位，目標客群是願意支付較高費用的使用者。在關於 Uber 進軍紐約的某篇早期文章中，CEO 卡蘭尼克曾解釋道，這項服務的價格是一般計程車的大約 1.75 倍，主要賣點在於 APP 平台「效率高，而且能提供順暢優雅的搭乘體驗。」

在 2012 年，Uber 推出了比較便宜的油電混合車服務，價格只比普通計程車高出 10 到 25％；後來，又在同年宣布合作計劃，讓計程車司機可以透過 Uber APP 接客。短短幾天後，紐約市計程車委員會馬上就提醒計程車司機：只能接受路人招攬，而且開車時不應該用手機。

不過一心搶占市場的 Uber 並未因此卻步，反而更積極地招募計程車和私人接送服務駕駛，不僅提供加入獎金，還在紐約大都會運輸署（Metropolitan Transit Authority）的公車背面打起廣告，專門給卡在車陣中的人看，位置好得不得了。這些廣告保證每月的開車收入可達 5000 美元，每半年甚至可賺 35000 美元；另外，也有其他行銷素材標榜「當自己的老闆」、「自由載客」以及「不怕派車人員偏心」等等（Drive With Uber. No Shifts, no boss, no limits.）。在那之後，Lyft、Gett 和 Via 也很快就展開了各自的宣傳。

這些 Uber 廣告成效斐然，在 2015 財政年度（7 月 1 日至隔年 6 月 30 日），相關單位每個月都核發將近 2000 張載客執照，

與 Uber 在 2011 年剛進軍紐約市時相比，私人接送服務的車輛數成長了 63%。到了 2015 年 3 月，《紐約郵報》（New York Post）引用計程車委員會的資料指出，光是與 Uber 結盟的豪華與高級接送轎車，就至少有 14088 台行駛於紐約的五個行政區，相較之下，持傳統牌照的計程車則只有 13587 輛；而且根據 Uber 自家的預測，隔年的駕駛數量還會再增加 10000 人。根據《紐約時報》2017 年 1 月的報導，在紐約市的 60000 台豪華私人接送車輛中，共有 46000 台提供 Uber 服務，而且 Uber 的總車輛數多達一般黃色計程車（13587 輛）的四倍。

有鑑於 Uber 和其他私人接送服務毫不受控地不斷成長，在 2015 年夏季，紐約市議會交通委員會（City Council Transportation Committee）的伊達尼斯‧羅格貴茲（Ydanis Rodriguez）和布魯克林市議員史蒂芬‧萊文（Stephen Levin）提議訂立法規，在政府研議交通壅塞問題的同時，限制當局核發的載客執照數量。

加州大學洛杉磯分校的社會學家愛德華‧沃克（Edward Walker）曾在《紐約時報》的社論中指出，Uber 之所以那麼快反攻，還動員用戶「在社群媒體上發動民粹式的攻擊，就是為了鞏固 500 億美元的商機。平台上還新增了『白思豪 Uber』（Blasio's Uber）功能，顯示『附近沒有車輛——了解原因』（NO CARS － SEE WHY）的訊息，讓紐約人在登入 APP 叫車時，一

再想起市長的威脅，接著還會直接跳到反抗新法規的請願頁面。此外，使用者更可以免費搭乘 Uber 到市政廳，參加 6 月 30 日的抗議集會。最後，市長和市議會總共收到了 17000 封反對信。」

除了社群媒體內容外，Uber 也透過一系列的電視廣告宣傳企業精神，聲稱公司「努力捍衛種族平等，為勞動階級的經濟流動性提供了不可或缺的工具，」同時也指控白思豪在 2013 年的競選活動中，從傳統計程車那兒收了幾十萬美元，譏笑他是計程車產業的嘍囉。

市長針對 Uber 和其他車行限制車輛數的提案很快就遭擱置，當局同意也改為執行一項為期四個月的研究，了解 Uber 和其他接送服務對紐約市交通的影響，不過這項協議的前提是 Uber 必須提供給市府一直在收集的某些重要數據，以利進行分析。後來，市府分析報告於 2016 年 1 月出爐，比預計的時程晚了六週，而且內容雖指出接送服務會造成交通壅塞問題，卻並未提出建議或針對這類車輛的數目設置上限。

一如 Airbnb 在網站上為潛在房東與房客提供截然不同的區塊，Uber 主要網站 uber.com 針對不同族群提供的行銷素材也有所差異。客戶專區的大型橫幅廣告上寫著「你的專車，隨叫隨到：打開 Uber APP，幾分鐘內就能暢行自如」（Your Ride, on Demand: Transportation in Minutes with the Uber APP）；網站上的求職頁面則只列出企業內部工作，如客戶經理。如果按下「註

冊帳號上線開車」（Become a Driver）的按鈕，系統會導向另一個網頁 https://partners.uber.com/drive/。

在主網站上，Uber 聚焦於一鍵叫車、安心接送和電子支付等便利功能，但合作駕駛網頁則把重點放在收入潛力與創業精神，相關口號包括「Uber 需要像你這樣的夥伴」（Uber needs partners like you）、「可以當自己的老闆」（Be your own boss）等等。另外，網站的其他區塊也指出駕駛「透過一個 APP 按鈕，即可賺取收入」而且系統會「自動付款」，一旦通過審核，就能「開始賺錢」。在看板廣告方面，該公司則特別著重創業理念，強調新駕駛每月或每週都有保證收入，宣揚 Uber「不必輪班、沒有老闆、毫無限制」的特性，並邀請想追尋美好未來的駕駛「跟隨我們的腳步」。

在我訪問的 Uber 司機中，有約莫一半是移民，白人和黑人的比例都是 21％，14％是西裔，還有一位混血。[9] 參與訪談的所有 Uber 和 Lyft 駕駛都是男性，反映出紐約市的整體趨勢（根據估算，男性計程車司機的比例高達 90 至 97％），年齡從 22 到59 歲都有，60％介於 20 至 39 歲之間，平均則為 36 歲。在有回答教育相關問題的受訪者中，半數人的學歷為大學以上，有兩位表示自己「大學肄業」，一位目前正就讀社區大學，一位是副學士，還有一位擁有普通教育文憑。收入方面，有四位駕駛的年所得介於 50000 至 74999 美元之間，三位少於 25000 美元，

至於年所得落在 75000 至 99999 美元和 25000 至 34999 這兩個級距的,則各有一位。

TaskRabbit

據傳 TaskRabbit 之所以會誕生,是因為創辦人莉亞 · 巴斯克(Leah Busque)和丈夫某天發現家裡那隻 45 公斤的黃金獵犬沒狗食了。巴斯克當時就覺得,一定有某個鄰居正在連鎖超市替狗兒買東西吃,要是她可以跟鄰居聯繫,請對方幫忙買一點,那該有多好?就這樣,這種社區互助精神一直延續到現在——根據 TaskRabbit 網站的描述,這項服務「其實就是延續了鄰居互助的傳統理念,並注入新意。」讓使用者可以將「跑腿雜務或技能性工作外包給社區值得信賴的人」,在「找到可靠無虞的社區幫手後,就能以更聰明的方式生活。」

一開始,TaskRabbit 是以競標市場的模式經營,幾乎就是個人助手界的 eBay。客戶刊登工作後,Rabbit(平台當時對工作者的稱呼)會自我推銷,簡要說明自己適合的原因以競搶任務。在這種自由市場架構下,工作種類十分多元,包括製作短片、拍攝大頭照這類的創作型專案,也有清潔、跑腿和水電等各式雜工。

在 2014 年 7 月,TaskRabbit 捨棄了原本的開放型競標市場,改採類似臨時工派遣的商業模式,工作者不必再競標,但必須以四小時為單位標註自己有空的時間,然後系統就會依照演算

法將名單提供給潛在雇主。至於雇主則是要選擇工作類別（清潔、送貨、Ikea 家具組裝等等）和時間範圍，並提供任務相關說明，然後從演算法挑出的最多 15 位零工當中選人。無論是在何時獲選，工作者都必須在 30 分鐘內回覆，否則就等同棄權，工作也會開放給其他人認領。在這個階段，TaskRabbit 也移除了創作型專案的類別。

如果沒能在半小時內回覆，達到一定次數以後，個人檔案就會被暫時停用。不過隨時都得待命還不是唯一的問題；系統轉型後，零工也無法選擇有興趣的工作，只會為他們在預先設定的類別上發送有開缺的通知，所以當自己老闆的自由感受很快便消失無蹤。「『繼續替 TR 做事的人，簡直和契約奴工沒兩樣，』一個知名的 TaskRabbit Facebook 社團中曾出現這樣的評論……『根本不可能發展自己的事業，只是在替 TR 鞏固市場而已。』」

在 2015 年夏天，TaskRabbit 將服務費從 20％ 提升至 30％，還外加 5％ 的信任與安全費用（由雇主負擔）；如果多次在平台上發包工作，則給予 15％ 的折扣。換言之，客戶原本如果付 100 美元，工作者可以賺到 80 美元，但制度更改後，客戶必須負擔 105 美元，零工則只會收到 70 美元，而且還要再扣掉稅金和其他相關費用。許多工作者的收入都因此減少，但 TaskRabbit 卻表示新機制可以招攬回頭客，「有助於創業」。

到了 2017 年，該公司再把「信任與安全費用」改稱為「信任與支援費用」，金額也從 5％ 提升至 7.5％，也就是說雇主每付 107.5 美元，零工都只能拿到 70 美元，剩下的 37.5 美元則歸 TaskRabbit 所有。

在以推廣共享經濟為創立宗旨的 Peers.com 上，TaskRabbit 的相關資訊也再次凸顯出該平台對於創業這件事的態度。這個非營利網站目前已停用並將內容移除，不過根據先前的網頁介紹，「TaskRabbit 零工可以善用自身技巧和空閒時間進行微型創業，打造屬於自己的業務版圖。」TaskRabbit 的工作者資源網站甚至還提供連結，讓用戶可取得可列印的高解析度標誌，以此「打造行銷素材，用於在 TaskRabbit 上自我宣傳。」此外，網站也建議工作者自訂 TaskRabbit 個人頁面的網址，藉以「建構個人事業」。

不過研究顯示，TaskRabbit 雖鼓勵用戶發展小型事業，卻也不是毫無限制。修爾在波士頓學院（Boston College）的研究生發現，在經營模式改變前，工作者普遍都給予平台正面評價，也有數位受訪者藉此創業，譬如部落格《工作進行中》（Work in Progress）的一篇文章就提到，「有位語言能力很強的 TaskRabbit 用戶成立了小型翻譯公司，把案子轉發到其他數位平台，還有一位擅長遠端個人助理工作的使用者，也是採取這樣的外包手法。」不過研究人員在後續的訪談中了解到，

TaskRabbit 轉型後，也開始取締轉包行為，所以這些剛起步的公司就無疾而終了。

我與 TaskRabbit 零工的訪談是在 2015 年 3 月至 11 月間進行，其中約有半數人是在平台首次轉型（從競標市場改為臨時工派遣機制）以前，就已經常性地使用。至於在服務費調整時，所有受訪者都已是活躍用戶。

總體來看，參與這項研究的使用者種族多元，有 48％是白人、24％是黑人、14％西裔、10％亞裔，其餘則是混血。性別方面，男女各占 64％及 6％，年齡介於 21 至 60 歲，落在 20 至 35 歲區間的有 66％。

在 2013 年，TaskRabbit 的報告指出在使用市場型平台的工作者中，七成的人大學畢業，兩成是碩士，還有 5％擁有博士學位。而我所調查到的教育程度也相當高；41％的受訪者表示擁有大學學歷，29％正在就讀；18％碩士畢業，博士則有一位。大多數人的家庭年所得都低於 50000 美元（68％），介於 50000 至 74999 美元的有 18％，75000 至 99000 美元的有一位，還有兩人不願透露。

Kitchensurfing

這個平台成立於 2012 年，供使用者聘請專業廚師到家中幫忙舉辦餐會與派對，一開始和 TaskRabbit 一樣，也是以市場機制經營。廚師必須到 Kitchensurfing 的測試廚房煮一頓飯並接受

評估，通過審核後，即可在網站上刊登個人資料和菜單樣本（從私人晚餐到 50 人的雞尾酒派對皆可），以及相關的食物照片。除了行銷與廣告服務外，Kitchensurfing 也為廚師與客戶提供第三方付款處理服務，並收取 10% 的中介費用。

在 2015 年，該公司決定轉型，雖然仍保留以廚師為本位的市場機制，但同時也推出並開始大量宣傳 Kitchensurfing Tonight 服務——客戶不想外出用餐或叫外賣時，就可以選用這項隨需型的新方案。Kitchensurfing Tonight 一開始只適用於曼哈頓的特定社區，不過後來也於布魯克林公園坡（Park Slope）的部分地區推出，提供每日更換的三套不同菜色讓用戶選擇，而廚師則得在約定好的時間，帶著所有必要食材與工具到府烹飪、上菜。每位用餐者的最低價格是 25 美元，內含人力、食材、交通、小費、稅費、清理等各項費用，就連免洗餐盤都包括在內；[10] 份量方面則給得相當大方，有主菜和配菜，而且通常會附上沙拉和飯後小點心。從廚師抵達到完工離開，整個流程一般耗時 30 分鐘左右。每輪班四小時的酬勞是 60 美元，即使工作提前結束也一樣。此外，如果每週輪班四次以上，還可獲得價值 31 美元的地鐵七日票。

後來共同創辦人暨 CEO 克里斯・穆斯卡瑞拉（Chris Muscarella）退位，由 Zynga 的資深副總裁約翰・田恩（John Tien）接手，Kitchensurfing 也很快就越來越把重心放到隨需型

的烹飪服務。在這樣的策略性改變後，使用者只要輕按一鍵就能預訂，不必再與廚師透過電子郵件協商討論，餐費同樣可以壓低，所以回頭率也因此提升。最後，平台完全廢除了市場機制，專營 Kitchensurfing Tonight。

該公司自成立之初，就一直很強調創業精神。共同創辦人暨 CEO 穆斯卡里拉在 2010 年協助朋友於布魯克林開設義大利餐館 Rucola 後，發想出了 Kitchensurfing 的點子。他在過程中結識許多天賦異稟的廚師，但也認知到這些人可能一輩子都無法擁有自己的餐廳，因為開店費用實在太過高昂。部落格《Mashable》的一篇文章就曾引述他這句話，「上餐廳吃飯很開心……但經營餐廳可就沒那麼愉快了。」

或許是因為創始人一開始就希望能讓用戶發展小型事業，所以 Kitchensurfing 對創業精神特別強調，我認為可以稱做「進階版創業主義」（entrepreneurialism plus）。該平台的主要網站是以客戶為導向，職缺專區也和 Uber 一樣，只涵蓋產品設計師和資料分析師等後端工作的相關資訊，不過廚師招募頁面可透過 Google 搜尋找到，上頭也刊登了主廚使用心得，說明這項服務為何能讓小型創業變得輕鬆又簡單。「Kitchensurfing 讓我可以在完全不同的環境下複製餐廳體驗，而且不必面對在紐約市經營餐廳時，必定會遭遇的那些混亂與不確定性，簡直太完美了！」餐廳 Casa Mno 的行政主廚安東尼・薩索

（Anthony Sasso）這麼說。此外，廚師沃倫·席倫貝克（Warren Schierenbeck）也說：「Kitchensurfing 包辦了行銷、宣傳和收費服務，讓我們不必再處理餐飲界這些必要但無聊的工作，可以專心煮菜，做自己最擅長的事，根本就是食物之神賜予的禮物！」

好像是擔心主廚見證說得不夠清楚似的，在這些不斷重複出現的心得下方，也還有其他文字再次強調 Kitchensurfing 能讓用戶「完全免費地在網路上曝光」，藉此「拓展事業」。該公司轉型成每晚更換菜色的固定菜單隨需烹飪服務後，仍持續強調使用者未來創業的可能，並在徵求兼職廚師的廣告中，指出這份工作有助培養「私廚技巧」，是「傳統餐廳職涯之外的另一條路」。

我和 Kitchensurfing 廚師的訪談是在 2015 年 3 月至 11 月間進行，該平台在這段時期歷經了服務模式轉型和其他許多變革。2015 年 9 月，Kitchensurfing 宣布臨時工作者的身分將從獨立承攬人員（屬 1099 類工作者）變成員工，原本輪班四小時 60 美元的薪水也改為每小時 15 美元。雖然這些廚師會因此而可以享有保險，但公司並未清楚說明何時開始提供，也沒有制定明確的政策。此外，原本為達到特定服務標準的主廚提供最多 200 美元獎金的「祕密餐館」計劃（The Secret Diner）同樣遭到終止，最後平台更在 2016 年 4 月宣布倒閉。

在受訪者中，提供兩種 Kitchensurfing 服務的都有，有幾位是原本透過平台市場接案，但後來因為 Tonight 方案人手不足而去幫忙。我依據主要使用方式將廚師分為市場組和隨需服務組，有五場訪談是在該公司倒閉之際或結束營業不久後進行。

參與研究的受訪者相當多元，58％是白人，26％是黑人或非裔美籍，11％是西裔，還有一位不願作答。男女各占 68％及 32％，年齡介於 20 至 56 歲，並有 58％落在 20 到 35 歲之間。教育程度方面差異很大，共三分之一的受訪者表示擁有文科或理科的大學學歷，三位碩士畢業，三位「大學肄業」，兩位有高中文憑，兩位為副學士，一位「碩士肄業」，還有兩位不願透露。大多數人每年的家庭所得都低於 50000 美元，介於 50000 至 74999 美元的有六位，75000 至 99999 美元有三位，還有三位表示高於十萬美元。

許多人將共享經濟吹捧為萬靈丹，無論是職場政策僵化、欠缺社群連結、貧富差距惡化，甚至是社會安全網有漏洞等諸多問題，似乎都能解決。不過如果深入探究工作者的實際經驗，卻會發現零工經濟之下的風險與責任轉嫁會造成危害，美國勞工的價值也因而貶損。事實上，這種經濟模式不僅無法消除現代社會的困境，還會在科技的推波助瀾下，使零工彷彿回到欠缺工作安全保障措施與求償管道的工業時代早期。在下個章節中，我會詳細說明。

Chapter

3

不進反退，重返工業時代早期

現年 55 歲的白人男性唐納是掙扎組的典型，他任職金融業 20 多年，卻在 2008 年初經濟大衰退最嚴重時被「淘汰」。「我跟人資開完會後，就馬上被踢出去了，甚至連下樓跟同事道別的機會都沒有，」他說，「後來所有事都不太順利，我已經很久沒全職上班了，是從什麼時候開始的呢⋯⋯其實我有過幾份工作，在大銀行六個月、在非營利教育組織九個月、在保險公司六個月，甚至無酬當過四個月的室內設計助手，所以我是真的有在努力⋯⋯還有經營 eBay，替人家賣東西，總之，我一直都在找事情來做。」

我和唐納約在曼哈頓東 14 街的聯合廣場（Union Square）見面，他個子很高、氣色紅潤，手指上有許多因為拔倒刺和剝繭留下的舊痂，顯示出他的焦慮。

為了維持生計，唐納已動用個人退休金帳戶，因為提早提領，必須支付 10％的罰款，還會被課所得稅，所以認識到 TaskRabbit 這個平台後，他就希望能藉此在財務上止血。「要是早點發現 TaskRabbit 就好了，我是三個月前才知道的，」唐納這麼說，並表示他提出申請的兩個月後才獲得平台核准，「如果七年前就曉得，那我或許就不會像現在這麼缺錢了。」

不過 TaskRabbit 帶來的並不只有唐納亟需的收入而已，「冬天外面很黑，我常常起不來，但 TaskRabbit 可以激勵我起床，這是我喜歡這個平台的原因之一，」他說，「隨時都可能有客

戶會跟你聯絡，所以一定要讓他們找得到人才行，就是因為這樣，我才有起床出門的動力。冬天一到，我有時就只想躺在床上，什麼都不做，那種感覺陰暗又憂鬱，而且會越來越嚴重，就連我這種平常還算開朗的人也都會這樣。」

零工經濟的多數工作者都相對年輕，可能是大學剛畢業時得償還學生貸款，或是要補貼剛出社會時的薪水。以麥克阿瑟基金會（MacArthur Foundation）贊助的共享經濟研究而言，內容就幾乎完全聚焦於 18 至 34 歲的族群，另一個原因則在於這個年齡層很早就開始使用相關平台。[1]話雖如此，在我的研究中，其實大約有四分之一的受訪者都超過 40 歲，甚至連 60 歲以上的都有。我發現，年長的工作者容易陷入掙扎狀態，比較少有人已經成功或正在奮鬥的路上。由於市場上存在年齡歧視，企業也不太願意聘請長期失業的人，所以共享經濟對年紀大的零工來說，是萬不得已之下的選擇，在 TaskRabbit 和 Uber 這兩個平台上，情況又特別嚴重。

對於掙扎組的唐納而言，即使 TaskRabbit 指派清潔和跑腿等卑微的任務，他都不得不接，但最後結束他打工生涯的，卻也是這些工作。我們要進行訪談前的那晚，他寫電子郵件給我，「我不太確定你還會不會想訪問我。今天晚上，我收到 TaskRabbit 的信，說我已經被社群除名，原因是『行為舉止不專業』，但我不知道是為什麼，而且在下星期前都得不到答案。

我真的想不出他們指的到底是什麼事，也不曉得該怎麼回應這項指控（應該算指控吧……我找不到更好的詞來形容）。」

隔天在訪談時，唐納苦思他到底做了什麼「行為舉止不專業」的事——也許是有人抱怨他打掃得太慢或不夠乾淨？還是因為客戶問他能不能透過平台以外的管道支付酬勞（TaskRabbit的服務條款有明文禁止）？[2] 我們碰面時，他把公司寄來的電子郵件唸給我聽：

你違反了以下的 TaskRabbit 規定：「不得以任何不專業或不得體的方式溝通或行動……」因此，TaskRabbit 社群已將你除名，請不要繼續與客戶聯絡或進行已安排的工作，如果已開始某項任務但尚未完成，請立即通知我們。此外，尚未結清的款項會全數在下個付款週期撥付，請務必確認。如果你對這封電子郵件有問題或疑慮，請先預約，然後再透過電子郵件或電話與 TaskRabbit 政策團隊聯絡。

唐納馬上就回覆，表示想盡早與當責團隊討論這項指控，但好幾天後都還是沒收到回音。

在許多人眼中，人資是個充滿繁文縟節又討人厭的部門，會要求員工接受內容全是基本常識的性騷擾訓練，並無止盡地發放一大堆文件，還會制定煩人的辦公室規定，但對共享經濟

中的零工而言,有人資團隊可以聯絡卻是一件很奢侈的事。

　　許多共享服務工作者都表示遇到問題時,很難找得到人幫忙,譬如 Uber 最惡名昭彰的就是只提供一個電子郵件地址,無論是駕駛或乘客,都只能透過這個途徑與平台聯繫。Airbnb 原本也僅限用戶透過電子郵件與平台聯絡,結果在首起公寓洗劫事件爆出後因而面臨公關危機。不過,後來推出的 24 小時緊急專線在馬德里某位房客被囚禁時,也沒能發揮什麼功效。[3] 以 TaskRabbit 而言,零工提出的多數問題都是透過線上服務與電子郵件處理,但有時得等上好幾週才能收到回覆。平台的網站有提供緊急支援專線,可是服務時間僅限於平日早上 7 點至下午 5 點,週末或國定假日則是早上 9 點至下午 3 點(太平洋標準時間)。反觀,零工卻必須從早上 8 點到晚上 8 點隨時待命。而且 TaskRabbit 明明鼓勵大家在假日和週末接案,還為此提供現金獎勵及 iPad 競賽做為誘因,結果自己反而縮減服務時數,顯得格外諷刺。

　　有鑑於唐納的財務狀況,能否透過服務專線與平台聯絡上對他而言格外重要,畢竟他需要錢和工作,所以「我對這種處理方式真的很生氣,但又沒有任何門路可以求助,莫名就被定了罪,還得證明自己的清白,而且根本沒人先問過我,完全沒有⋯⋯也沒人出來說明我究竟做錯了什麼,這種做法實在很惡劣。如果有別的方法可以賺錢,我一定會去做,但偏偏我現在

沒有其他工作，所以還是需要他們。」

唐納希望可以恢復會員資格，但為了預防萬一，也已開始
了解 Kitchensurfing 等其他共享經濟服務，以及 TaskRabbit 的競
爭平台如 Thumbtack。

包括 TaskRabbit 在內的許多共享經濟平台都號稱可以改變
工作市場的現況，讓勞工掙脫老闆的專制管理、公司規定的漫
長工時，以及僵化的固定薪資，但現實似乎並非如此。雖然許
多服務都強調「創業精神」，並以「讓大眾都能創業」來自我
宣傳，但只要回顧一下勞工發展史，就會發現共享經濟雖著重
現代科技，實際上卻會使工作者彷彿回到過去。

美國勞工史

從許多角度來看，美國歷史都可以說是勞工運動史的縮影，
早在美國獨立革命之前，紐約市的拖車工和麵包師傅，就已分
別在 1677 和 1741 年發動過小型罷工，不過當時的美國還只是
大英帝國剛開發的殖民地，所以勞工示威多半很快就平息，而
且也並未彼此串聯。西元 1794 年，紐約的印刷工人為了「追求
幸福」，決定透過罷工手段來要求提高薪資、縮短工時，後來
櫥櫃工人、費城木工及製鞋匠也分別在 1796、1797 和 1799 年
以相同的手段抗議。

　　在 19 世紀初，勞工如果企圖透過集體協商來提升工資、縮短工時或改善整體工作條件，有可能會因密謀罪名而遭到刑事起訴或控告。雖然美國法律並未明文禁止勞工組織，但早期法院是遵循英國的普通法系，所以只要有工作者聯合他人，圖謀做出傷害其他勞工或社會大眾的事，就可以用刑事共謀罪起訴。因此，即使無法獨力說服雇主讓步，也不得夥同其他員工來進行集體談判。在 1805 年的一個案件中，費城的八名鞋匠就被控共謀調薪，而辯方律師則指控雇主不當沿用英國在 1349 年制訂的《勞工法》（Statute of Laborers）。在黑死病大流行後，當局為了保護雇主，進而頒布了這道法令，規定存活下來且身體健全的所有勞工都必須工作，並接受政府規定的薪資。最後製鞋工匠敗訴，每人處以八美元的罰金。

　　在 19 世紀上半葉，路易斯安那州、馬里蘭州、麻州、紐約州、賓州和維吉尼亞州至少有 23 起案件，都是勞工因共謀罪名而遭刑事起訴，最後也幾乎全判有罪。當局聲稱判罰只是為了「給人民一點警告」，所以罰款金額並不大，但這樣的裁決仍顯示政府有意「讓工會主義在美國滅絕」。話雖如此，勞工仍繼續串聯，到了 1810 年，已有好幾個工會開始進行集體協商、要求最低薪資及會員就業保障、號召專業與一般勞工合作，並呼籲工會團結。當時，美國史上的第一個職業工會也才成立不到 20 年而已。

　　西元 1819 到 1822 年間經濟蕭條，摧毀了這些曾挺過罷工與密謀罪名的工會，不過到了 1820 年代中晚期，勞工團體便又捲土重來。波士頓的木工在 1825 年發動罷工，希望每日工時能縮減為 10 個鐘頭，結果要求被拒，理由是這對勞工有害，會「對情緒造成負面影響」，使人「遭受誘惑，喪失遠見，並沉迷於奢靡的活動。」到了 1829 年，紐約市的勞工已實現 10 小時的目標，但雇主仍持續企圖恢復 11 個鐘頭的制度。在 1833 至 1837 的那四年間，全國共發生了 168 場罷工，主要原因有二：其中 103 場是為了調高薪資，還有 26 場是以每天工作 10 小時為訴求。1835 年時，多數都市的專業技工都已適用 10 個鐘頭的新規定，但如果是在工廠，一般工人的勞動時數還是很長。同年，紐澤西州派特森（Paterson）一座紡織廠的童工發起罷工，要求將工時縮短為週一至週五 11 小時、週六 9 小時，最後雇主雖未完全答應，但確實有將每週時數調降至 69 個鐘頭，每天減少了 90 至 120 分鐘。[4]

　　在 1760 年，大英帝國的工業革命尚未開始前，所謂的「非技術型」勞工多半從事農業，或在家做些零碎的外包工作，在英文中有個古怪的名字，叫 cottage industry（cottage 為村舍之意），不過它其實就是家庭手工業。這種模式又稱為分包制（putting-out system）或散包制（giving-out system），也就是在家中做手工。商人和村莊的店主會把原料發放給女性，由她們

製成商品，供創業家販賣，譬如用亞麻和羊毛紡成紗線，然後再織成布料和襪子，或用於衣物和手套；又或者將稻草編成帽子，也有人是縫製襪子、編綑鞋類。對窮困的女性而言，早期的這種居家工作機制就像救命仙丹，從1734到1812年戰爭（War of 1812）結束前的這段期間，慈善捐助人都持續為需要的女性提供紡車，幫助她們解決經濟上的困難。

　　大英帝國發生圈地運動後，佃戶原本耕作的農田紛紛被圈入籬笆，用來牧羊，再加上農地整治，導致國內大量人口流離失所，失業的佃農也一窩蜂地湧入城市，替方興未艾的工廠提供了勞動力。1781 年，理查・阿克萊特（Richard Arkwright）在英國曼徹斯特建立了史上第一座以蒸汽為動力來源的紡織廠，不到一百年後，該區域便已發展成全世界最大、生產力最強的棉紡中心，棉製品產量更逼近全球的三分之一。

　　根據英國法律規定，本國專業紡織工不得移民到國外，但在 1793 年，曾任紡織學徒的英國人塞繆爾・斯萊特（Samuel Slater）到羅德島（Rhode Island）開設了斯萊特紡織廠（Slater Mill），並打造成美國最早成功的棉紡工廠之一。不久後，黑石谷（Blackstone Valley）的數間工廠也急起直追，[5] 在巔峰時期，黑石河（Blackstone River）及其支流有「美國最勤奮的河川」之稱，在從麻州伍斯特（Worcester）流到羅德島普洛威頓斯（Providence）的大約 72 公里途中，為 1100 多間工廠提供電力。

到了 1823 年，波士頓的一群投資人在梅里馬克河（Merrimack River）利用普塔基特瀑布（Pawtucket Falls）將近 10 公尺的高度差，建造了美國第一個規劃完善的大型紡織中心，後來也將那個小鎮取名為洛厄爾（Lowell）。

　　和其他紡織市鎮不同的是，洛厄爾仰賴垂直整合，紡紗與編織工作都在同一座工廠進行。在工人當中，女性約占 75%，成人和兒童都有，最年輕的才 13 歲；1840 年時，受雇的女性共有 8000 人。這個小鎮完全為企業所有，勞工全都住在雇主提供的宿舍，一舉一動都受嚴格管控，根據布特棉紡工廠博物館（Boott Cotton Mills Museum）的記錄，「行為放縱、粗野，與男性關係不當，或是經常缺席安息日禱告者」都是解聘並從宿舍驅離的原因。這些女性每週工作約 80 小時，一週六天，早上 4 點 40 分聽工廠的鐘響起床，5 點準時上工報到，一直到中午才有 30 到 35 分鐘可以休息、吃午餐，然後廠房於晚上七點關閉時，才能回宿舍。

　　當時的社會大眾相當反對女人拋頭露面、參與公共活動，不過女性勞工在 1834 年面對新罕布夏州多佛（Dover）和洛厄爾的雇主削減薪資時，仍決定發動罷工，多佛有 700 人參與，洛厄爾則有 800 人。後來，洛厄爾的工廠於 1836 年再度減薪，又引發了另一波罷工，而且帶頭的是 1500 位年輕女子。她們上街遊行，一邊這麼唱道：

啊……多麼可惜！我這麼漂亮的美女

竟然得在工廠凋零、死去？

啊！我不能做奴隸，

我不要做奴隸，

我熱愛自由的洗禮

沒辦法做奴隸。

　　洛厄爾的罷工事件以失敗收尾，但麻州埃姆斯伯里
（Amesbury）的工人受到鼓舞，也發起類似的罷工行動，抗議
雇主要求每人看顧兩台織布機，薪水卻沒有調漲，最後反抗成
功，工廠老闆很快就恢復了原先的規定，讓每位勞工只須負責
一台紡織機。

　　在 1815 年時，工廠制度在美國東北已相當普遍，不過仍未
擴及紐約市。當時，紐約的地租已相當昂貴，而且還隨著人口
越來越多而不斷上漲──在 1820 至 1860 的那 40 年間，總人口
數從 123706 人上升至 813669 人，暴增了 550％。[6] 此外，紐約
和東北各州不同，沒有流速快的河川可用於發電，所以沒能建
立大型工廠，而且分包模式也就留存了下來，並繼續擴張，使
得勞動市場的性別界線越來越根深蒂固。雖然男性有時也會擔
任分包散工，但這種情況通常只會發生在男女勞工都有的產業，
譬如縫紉和鞋類編綑等等。到了 1850 年代，就連其他女性產業

也開始採行外包制，在紐約，即使是工廠的女性員工，都經常會根據分包模式來安排工作。對此，歷史學家克莉絲汀 · 斯坦索（Christine Stansell）表示：「雇主透過外包制，將女性勞工分散在數千個各自獨立的工作空間，導致她們幾乎不可能聯手抵抗低薪與剝削。」

在全國各地，企圖罷工的工人都經常被警方和平克頓偵探事務所（Pinkerton National Detective Agency）或鮑德溫 · 費爾茨偵探社（Baldwin-Felts Detective Agency）的成員攻擊，其中，又以礦工和鐵路工的遭遇特別血腥。舉例來說，1894 年時，普爾曼豪華車廂公司（Pullman Palace Car Company）的員工在芝加哥發動罷工，同時美國鐵路工會（American Railway Union）也呼籲成員不要處理該公司的車輛，但偏偏所有火車幾乎都使用普爾曼的載客車廂，罷工導致全國鐵路因此癱瘓。最後，總統格羅弗 · 克里夫蘭（Grover Cleveland）派遣聯邦部隊出兵芝加哥，州屬民兵也在罷工團體焚燒幾百節火車後進駐，並因工人丟擲石塊而開火，造成 13 人死亡，53 人重傷。罷工結束前，就已有 30 多人喪命，700 人被逮捕，根據《芝加哥時報》（Chicago Times）的報導，「抗爭發生處就像戰場一樣，工人被軍隊和警方槍擊後，如木頭般癱瘓在地上。」[7]

到了 19 世紀末，罷工抗爭越來越多，1890 年代每年都大約有 1000 場，1904 年更多達 4000 場，而政府也很快就表示「當

局已做好準備，隨時會鎮壓罷工抗議，情況許可的話，會依法行事，但如果有必要，也不惜使用武力。」

如果要說哪一次的鎮壓最為慘烈，那大概是 1914 年 4 月發生在科羅拉多州南部的那場罷工。在那之前，11000 位移民就曾在 1913 年 9 月拒絕上工，這些人任職於洛克斐勒（Rockefeller）家族經營的科羅拉多燃料與鋼鐵公司（Colorado Fuel and Iron Corporation），因為薪資低落、工作環境危險，加上生活在企業管控的礦業小鎮就像身處封建時代般處處受控，所以決定發出抗議，但也馬上就被公司從資方所擁有的宿舍踢了出去。不過，因為有聯合礦工工會（United Mine Workers Union）幫忙，他們落腳當地山區，以帳篷為家，並繼續罷工，即使鮑德溫・費爾茨偵探社用格林機槍和一般步槍攻擊他們，也毫不讓步。

最後，美國國民兵（National Guard）在洛克斐勒家族支薪聘請下進駐，不僅出動許多工賊幫忙（並未事先告訴他們當地有罷工行動），還狠毆、逮捕了數百名礦工，更派出所謂的「死亡特快車」（death special），用這種經改裝的裝甲車定時以機關槍漫射。在 1914 年 4 月 20 日，兩連的國民兵在礦鎮拉德洛（Ludlow）用機關槍對一個帳篷聚落進行掃射，當中共住了 1200 人，男女兒少都有，礦工負責反擊，而婦孺則在帳篷底下挖洞以躲避砲火。當天傍晚，國民兵拿著火把來到紮營處旁，對帳篷放火，家家戶戶紛紛逃到山間，其中有 13 人中槍身亡。

隔天眾人在清除聚落的殘骸時，發現 11 具燒焦的童屍，也從一頂帳篷底下的洞裡挖出兩名女性。這場事件後來稱為拉德洛大屠殺（Ludlow Massacre），引發了全國的關注，《紐約時報》對此發布多篇社論，也因此有 5000 人到丹佛的議會大廈前遊行抗議。最後的死亡總數為 66 人，男女和孩童都有，但卻沒有任何國民兵或地方性民兵遭到起訴，且當局對礦工工會也不予承認。

在 1919 年 2 月，世界產業工人組織（Industrial Workers of the World，簡稱 IWW，又稱為 Wobblies）曾於西雅圖發動十萬人的罷工，不過整體而言，一戰期間的勞工運動並不那麼盛行，這是因為政府在 1921 年對移民人數設限，又在 1924 年縮減限額，所以並沒有太多的新進勞工能讓雇主剝削。另外，由於股市在 1929 年崩盤前，眾人多半都專心地在拚經濟、衝景氣，因此勞工運動也比較沒能持續。

如果要探究最原始的共享或實物交易型經濟，那大概非大蕭條期間的勞工組織莫屬。特別是在西雅圖，工會漁夫會拿魚和採收工人交換蔬果，也有人會用食物換取木柴。在賓州，無業的煤炭工人在企業所有的土地挖出小型礦井，並將從中挖到的煤炭以低於市價的金額賣出，最後靠著這種非法手段開採並賣出了 500 萬噸的礦產。到了 1932 年底，全國共有 330 個自助組織，分布於 37 州，成員超過 30 萬人，不過隨著經濟惡化，

許多組織也因而瓦解。[8]

在 1934 年，罷工人數多達 150 萬人，包含西岸的碼頭工人，南方的 32.5 萬名紡織工人，以及洛厄爾的 2500 位磨坊工人。西元 1935 年，《華格納法》（Wagner Act）通過，全國勞資關係委員會（National Labor Relations Board）也因而成立，讓勞工開始有權組成、加入工會，並參與集體協商及罷工。在 1938 年，羅斯福總統簽署了《公平勞動標準法》（Fair Labor Standards Amendments），禁止壓迫童工，並規定時薪不得低於 25 美分，且每週工時不得超過 44 個鐘頭。後來，1966 年的《公平勞動標準法修正案》（Fair Labor Standards Amendments）又將時數縮短為 40 小時。[9]

雖然鋼鐵企業推翻《華格納法》，但最高法院以聯邦政府有權規範遭受罷工危害的州際商業活動為由，判定該法並未違憲。1936 年，基層勞工發想出「霸占式」罷工的做法，在工作場所直接坐下，拒絕離開。採行這種抗議型態後，勞工可以聚集在同一個地方，讓工賊難以攻破，而且環境也比在戶外遊行來得舒適。霸占式罷工在那個年代相當盛行，光是 1937 年就有 477 場。

這些草根式罷工的參與人員經常都是到行動結束，才想到可以請工會的領導階層幫忙，而地方性工會也多半是在事發以後，才知道勞工一直在醞釀，所以企業終究接受了《華格納法》，希望能藉由這個方式直接掌控勞工動向，至於全國勞資關係委

員會和工會也都表示，將負責「透過合約、協商以及工會討論來減少勞工反叛，盡量避免罷工發生。」《全國勞資關係法》在 1935 年通過後，加入工會的勞工人數與比例都迅速大增，原本只占總就業人口的 7％，到了 1954 年時已逼近 35％。

從許多層面來看，這波勞工運動相當成功。從經濟大蕭條之初到 1970 年代前期的近 50 年間，美國的所得分配漸趨平等：在鍍金時代（Gilded Age）達到高峰的 1928 年，全美最富有的 1％人口掌握了國內總所得的 23.9％；二次大戰結束時，比例則已幾乎折半，跌落到 12.5％；到了 1950 年代中期，則又再降至大約 10％，並維持了將近 25 年。

聘雇機制不進反退

現今的許多勞工都受益於早期工會與罷工前輩爭取來的規定，譬如最低工資及每週工作 40 小時等等，就連工會也是歷經一番努力，才取得代表勞工的權利。不過，換做是共享經濟之下的工作者，可能會覺得那些事件好像根本沒發生過，也當然感受不到勞工運動的勝利。在勞動的世界裡，零工經常像是次等公民，主流經濟體的勞工視為理所當然的許多權力，他們都無法享有。舉例來說，雖然《全國勞資關係法》在 1935 年就明文確立了發起、組織工會的權利，但多數零工都只有獨立承攬

人員的身分，所以不受這條法律保障，也因此，在本文寫成時，只有西雅圖的 Uber 駕駛因當地市議會立法規定而有權組織工會。

不過諷刺的是，Uber 卻因為不願讓駕駛組成工會、成為正式員工，而被指控以相關技術非法調整車費，並實行尖峰時段加價，來進行大規模的價格壟斷。早期的資方主張勞工不得透過統一協商，來爭取他們無法以一己之力求得的權利，而 Uber 遭到起訴的原因也很類似；控方認為該公司使駕駛無法相互競爭，只能依據平台演算法收取統一的費用，就禁止勾結式定價與價格操控的反壟斷法而言，有違法之嫌。

紐約是 Uber 最大的市場之一，所以該公司也決定在當地主動出擊，防止駕駛團結。在 2016 年 5 月，Uber 與國際機械師及航太工人協會（International Association of Machinists and Aerospace Workers）合作，創立了獨立司機協會（Independent Drivers Guild），駕駛加入後，如果帳戶遭到停用，可以提出申訴，並由協會人員代表處理。不過，這個組織和傳統工會不同，成員無法提出集體談判，也不能針對薪資、福利與保護措施進行協商——這些事項都還是由 Uber 單方面決定，只是駕駛表達意見的機會比以前多而已。協會的初步協議具五年效期，但並不鼓勵司機團結、罷工或發起行動以取得正式員工的身分。此外，組織也不給予任何福利，只會提供相關資訊，讓成員知道

可以從哪些管道以折扣價格取得法律服務、壽險、傷殘保險及道路救援。

提供服務相關資訊、但不給予實際服務的策略，其實已行之有年。草根性團體 Peers 在 2013 年以「拓展共享經濟」為宗旨成立，共有 22 個合作夥伴提供支持，其中包括 Airbnb、TaskRabbit、Lyft 和數個基金會。雖然這些夥伴並未直接提供金援，但共享平台的管理階層與投資人卻以「理念相同」為由捐款，因而引發質疑。[10]

一開始，Peers 主要是提供請願管道，鼓勵成員「挺身而出，捍衛共享經濟」，但到了 2014 年，則將重心轉移至幫助勞工，並為此推出了「收入探索」工具，方便工作者發掘符合自身資產、技能與興趣的平台。另外，還有討論專區和為平台打分數的評價工具；至於「支援市集」則有健保、會計等各項服務。但是，在這所謂的「支援中心」裡頭，其實全都是付費型服務，而且有好幾項是由其他共享平台提供，譬如 YourMechanic 的汽車維修、Guesty 的 Airbnb 房源管理，以及美國自由工作者工會（Freelancers' Union）的保險。此外，還有企業為了增加 APP 工作者人數，而在收入探索區塊打廣告。

根據相關報導，Peers 在全盛時期擁有超過 25 萬名使用者，自詡為「全球最大的獨立共享經濟社群」，並宣稱自家工具可以「改善共享經濟提供的工作機會，讓勞工受惠。」但到了

2016 年底，平台卻似乎已不再運作；自 2016 年 3 月起，就沒有在推特發表過任何內容，9 月之後，Facebook 也毫無動靜。最後，就連網站都在 2017 年底消失了。

據傳被共享平台抓在手裡的，並不只有 Peers 而已。譬如某些人就認為，UberPeople.net 這個駕駛論壇當中，其實藏著 Uber 的許多管理人員，再不然也至少有該公司的員工在監控，甚至有人指出某些討論之所以會發起，就是為了「引蛇出洞」，誘使某些司機現出蹤跡。[11]

從前的企業城鎮是以公司代價券來支付薪資，並將勞工安置於自家宿舍。相較之下，多數共享經濟服務的運作模式卻截然不同，不過 CrowdFlower 是很明顯的例外。這個線上平台類似亞馬遜的 Mechanical Turk，提供資料清理服務。Mechanical Turk 曾因給薪低廉而招致批評，但其實 CrowdFlower 有時根本不付工資，而是用線上獎勵方案和電玩遊戲的點數來代替。[12]

美國的企業城鎮最常見於 1800 年代末期，不過 Uber 的招募手法則彷彿是取經自更早以前的年代。在 2013 年，Uber 和 Santander 銀行合作推出「首選融資方案」（Preferred Financing Program），強調「每週還款金額低廉」，會從開車收入中「自動扣除」，但從 Uber 推出的宣傳影片來看，這項車貸計劃十分可疑，似乎有次級貸款之嫌。影片旁白是這麼說的：「就算曾經貸款被拒，就算信譽不佳或完全沒有信用記錄，我們也可以

讓你在一週內上路。」該公司的 CEO 卡蘭尼克解釋，方案的還款金額會直接從開車收入中扣除，也就是說，駕駛「至少必須持續與我們合作一段時間」。但事實上，用債務綑綁零工的行為，根本無異於契約奴工制，這種制度早在美國大革命後就已式微，而且也已在 1917 年遭當局立法禁止。[13]

在 2015 年中期，Uber 曾暫停這項方案，但後來又在同一年開始透過租賃公司 Xchange 提供。Xchange 的租賃計劃包含無上限的里程數，以及換油、輪胎互換和空氣清淨機更換等等。根據《Verge》的報導，租約期長三年，也可以提前終止，無論如何，合約結束時駕駛都必須支付 250 美元。向 Xchange 承租無益於提升信譽，提早解約也不會危害信用分數，但利率很高，如果租滿三年，最後支付的總金額會比一般購車價格多出好幾千美元。在彭博社的一篇文章中，艾瑞克 · 紐康莫（Eric Newcomer）和奧莉薇 · 查列斯基（Olivia Zaleski）曾就一位租用 2016 款雪佛蘭 Cruze 的司機進行探討，「如果租到期滿，必須付給 Uber 的金額是 31200 美元，要是想買下來的話，因為車子有殘餘價值，所以還得多付 6000 美元，但根據《凱利藍皮書》（Kelley Blue Book），這台車的合理價格卻是 16419 美元。」

一開始，Uber 的管理階層預估每出租一輛車會損失 500 美元，但為了提升平台的駕駛人數，這樣的代價並不算太大。但在短短兩年後的 2017 年 8 月，他們就發現實際損失金額竟高達

將近 18 倍，也就是大約 9000 美元，是新車價格的一半。根據《華爾街日報》的報導，「知情人士指出，Uber 為了預防風險而收取高額貸款費用，導致許多駕駛因此拉長工作時間，最後還車時車況惡劣，轉售價格也因而大跌。」此外，Uber 也發現，許多知名經銷商會鼓勵駕駛承租比較貴的車輛，使獲利空間受到限縮。Uber 是否會繼續提供租賃方案，在本書寫成時尚不明朗。

在從前的企業城鎮，丟了工作後也會沒地方可住，社會安全網形同不存在。就許多層面而言，現代共享經濟的勞工同樣也只能自食其力。在各工作地點間移動的交通費，以及執行任務和開車時的開銷都必須由他們支付，健保得自掏腰包來買（或是由 Medicaid 以稅金補助），還要親自根據收入計算應付的社會安全稅和醫療保險稅，生病、放假或接不到任務時的花費也只能自行吸收，而且工作時如果受傷，同樣得自付醫療費用（下一章會更詳細地討論）。零工雖然可以透過網路論壇分享經驗，但與其他低收入勞工相比（譬如到美國當保母的中美洲移工），其實仍顯得相當孤立無援。

現在，我們大概很難想像 TaskRabbit 的零工組成工會，或是 Uber 司機因罷工而被國民兵鎮壓。不過罷工多半是起因於幾個廣泛的問題，譬如薪資調降、工時過長，以及政策改變、突然解雇等專橫的職場決策，而這些情況在當今的共享經濟中仍經常發生。零工和礦工及磨坊工人一樣，經常遭遇嚴重砍薪、

案源不穩定的窘境，或許今天有錢賺，明天就完全接不到工作，而且收入多寡並非視個人努力而定，反而是取決於平台業主的心情與目的。

在 2014 年 1 月，Uber 光是在美國就調整了 16 個城市的駕駛薪資；在 2015 年 1 月及 2016 年 1 月，變更範圍更分別擴增至 48 及 100 個城市。如果不計入保證金、紅利和每週促銷活動（譬如搭乘 uberPOOL 往返曼哈頓和布魯克林只要 2.75 美元），該公司在 2014 年 7 月將紐約的費率調降了 20％，2016 年 1 月則又再下修 15％。雖然在許多城市，Uber 決定暫時減少駕駛必須繳納的傭金，以做為費率降低後的補助，但 2014 年 7 月時，這項措施並未在紐約實施，即使費用調低，平台仍繼續收取 20％。另一方面，同時使用 Uber 和 Lyft 的司機多半偏好後者，不過其實 Lyft 也曾在 2014 年 4 月調降全美駕駛的薪資，且幅度高達 30％。

表 2　紐約市 2014 至 2018 年的 UberX 費率				
	2014 年 6 月	2015 年 12 月	2016 年 1 月	2018 年 4 月
基本費用	6.00 美元	3.00 美元	2.55 美元	2.55 美元
每英哩費率	3.00 美元	2.15 美元	1.75 美元	1.75 美元
每分鐘費率	0.70 美元	0.40 美元	0.35 美元	0.35 美元
最低車資	12.00 美元	8.00 美元	7.00 美元	8.00 美元

★〔資料來源〕2014：Uberdriversdiaries.com ／ 2015 至 2016：《紐約郵報》／ 2018：Uberestimate.com。

從表 2 當中，我們可以看到 UberX 費率在紐約市的變化歷程。司機每分鐘的薪資在短短四年內被砍半，每英哩費率下降 42％，基本費用暴跌 58％，每次載客的最低車資也減少了約三分之一。

除了下修費率外，前述的兩個平台在傭金方面也都有所調整。Lyft 在 2014 年減薪時，決定「暫停收取 20％的傭金，希望能在費用調降期間，讓『持續成長茁壯的駕駛社群感到安心』。」同年，Uber 也曾短暫地將傭金從 20％調為 5％，不過 4 月就恢復為兩成，2014 年 9 月更針對新駕駛與特定市場，將 UberX 傭金從 20％提升至 25％，並很快就擴大這項規定的適用範圍，而且這筆金額還不包括平台叫車費用（依市場而定，從 1.40 至 2.15 美元不等）。網站「共乘專家」（Rideshare Guy）指出，在某些市場，因為費率下跌、傭金上漲，再加上叫車費用，所以就僅收取最低車資的短程載客而言，有超過 40％的費用其實都進了平台口袋。

更慘的是，根據《華爾街日報》2017 年 5 月的報導，Uber 在計算 25％的傭金時，因為忘記先扣除銷售稅與豪華轎車接送服務基金（Black Car Fund）費用，所以實際付給駕駛的酬勞有兩年多都低於應付金額。為此，Uber 計劃將超收的部分連本帶利退還，據估計，每位駕駛大約可拿到 900 美元，甚至至少有一位駕駛預估會收到 7000 多元。

此外，Uber 也曾嘗試對部分駕駛實施分級傭金制度，並在 2015 年將舊金山及聖地牙哥的傭金比例提升至 30％。在這個所謂的「試點計劃」中，舊金山的新駕駛必須為一週內的前 20 次載客支付 30％的傭金，第 21 到 40 趟 25％，之後都是 20％；在聖地牙哥的話，則是以 15 趟為級距。但事實上，Uber 對於豪華轎車和 SUV 等較高級的車型，也只收取 25％到 28％的傭金而已。

提升費率是企業擴充收益的途徑，對此，《富比士》雜誌作者艾倫・懷特（Ellen Huet）曾解釋：「堡壘投資集團（Fortress Investment Group）的總裁麥可・諾沃格拉茲（Michael Novogratz）在星期天的一場討論上表示，Uber 的財務長布蘭特・卡里尼克斯（Brent Callinicos）說得很明白，他認為藉由增收傭金來提高收益與公司估價，是很正當的方法。他說 Uber 今年冬天提高收費時，卡里尼克斯就是這樣跟他描述公司運作機制的。根據諾沃格拉茲的說法，他有向卡里尼克斯詢問 Uber 為什麼敢冒著激怒駕駛的風險，將費率拉高 5％，結果對方毫不猶豫地就回答：因為這是我們的權力啊！」此外，《衛報》也曾指出，有鑑於駕駛的不滿，許多人認為 Uber 的未來堪慮，據傳 Uber 產品總監傑夫・霍頓（Jeff Holden）在被問到此事時，給了這個答案，「用機器人來取代他們就好啦！」

一般而言，企業是在快要撐不下去時才會調降工資，有

時也會透過小規模或個人減薪的方式來暗示員工離職,但是,許多共享平台的資金其實非常充足。根據 Crunchbase(專門追蹤新創公司的群眾外包式資料庫)數據,截至 2015 年 8 月,TaskRabbit 從 13 位投資人手上取得了六輪資金,總額達 3768 萬美元,後來還在 2017 年由 Ikea 收購。同年 8 月,《紐約時報》也報導 Uber 的企業估價超過 680 億美元;到了 2018 年 2 月前,該平台已從 93 位投資人募集了 21 輪資金,總額達 211 億美金。

共享經濟之外的許多傳統型企業雖然不會突然減薪,但會以裁員的方式替代,所以其實也沒有好到哪裡去。不過,共享平台明明保證工作者可以決定自己的收入,卻又突然以「為零工著想」為由調降費率,簡直就像甩了他們一巴掌。

舉例來說,Uber 在 2016 年 1 月將紐約市的 UberX 費率下修 15% 時,在網站上發表了聲明,表示降價以後,五大區的乘客都會更能負擔車資,而「駕駛也會從中獲益,因為需求增加後,每趟行程之間的空檔會縮短,載客時間也會增加……所以時薪自然會增加。我們在 2014 年 7 月降價後,平均閒置時間下降 42%,合作夥伴的平均時薪則上升了 33%。」[14]

對於 Uber 的費率變更,駕駛看法不盡相同。舉例而言,非裔美籍的 59 歲男性傑洛德從 2012 年就開始擔任駕駛,費率調降後,他的收入也馬上縮水:「他們 7 月砍掉 20% 的費用後,乘客也說:『現在搭車比較便宜耶,而且小費都含在裡頭了。』

但我跟他們說：『其實沒有，以前有含，可是現在已經改掉了。』你自己算算看就知道，從 7 月起，費率就低了 20%，那這些錢從哪裡來呢？他們有可能自掏腰包嗎？」

許多人誤以為小費已涵蓋在車資內，也是駕駛收入縮減的原因。CNET 的記者達拉 · 可爾（Dara Kerr）認為，這樣的誤解是起因於 APP 的註冊程序。使用者建立新的 Uber 帳戶時，系統會詢問要在每趟行程的車資中納入多少「計程車小費」，而在下拉式選單中的百分比從 0 到 30% 都有。「很多人可能以為他們每次搭車時，都是根據這個選項來給小費，但仔細讀過附加條款後，就會發現其實這只適用於 UberTaxi……是只有在紐約和舊金山等特定城市才有的服務。」

在 2017 年的一段影片中，UberBLACK 司機法奇 · 卡莫（Fawzi Kamel）與當時的 Uber 執行長卡蘭尼克激烈交鋒，指控該公司藉由削減駕駛收入來實現降價。在影片當中，卡莫與卡蘭尼克對峙，「你提高標準，又壓低價格……害我損失了 97000 美元，我會破產都是你的錯，你就是這樣，每天一直在改規定，一直改，改不停。」

在影片中，卡蘭尼克表示 UberBLACK 的費率並未改變，只有 UberX 和其他某些服務調降，以便和 Lyft 競爭，但他後來卻失去耐性、大發脾氣，叫司機為自己的財務困境負責，「有些人就是不懂得收拾自己的爛攤子，遇到什麼事都要怪別人，

我也只能說祝你好運！」

根據彭博社的報導，在 2012 到 2017 年間，UberBLACK（Uber 的尊榮版本）在舊金山的每英哩費率下降了 23.5％，每分鐘費率則下修 48％。像卡莫這樣的司機買了昂貴的豪華轎車，希望能賺取較高的費用，結果酬勞卻不如預期，還因駕駛增加而面臨更多競爭。

在某些人看來，造成財務問題的並不是降價，而是政策變更，以及某些並未在一開始就溝通清楚的規定。43 歲的已婚男性布萊恩有四個孩子，先前從事修繕與焊接工作，後來因為想找個有彈性的方式賺外快，所以就在紐澤西開起了 Uber。全職工作沒了之後，他把戶口遷到紐約市，希望可以透過 UberBLACK 和另一份豪華轎車接送工作來增加收入。不過，布萊恩覺得他終究會找到其他差事，所以並沒有打算長期跟 Uber 合作。

我們進行訪談的那陣子，布萊恩多次收到 Uber 的電子郵件，提醒他要多載客，否則帳戶可能被停用。即使他開的是豪華 SUV，應該要收取 UberBLACK 較高的費用，但 Uber 還是希望他也接受費率調降後的 UberX 工作。

　　我不知道連 UberX 的工作都要接，也不知道註冊之後，拒接的工作要是達到一定數量，合作關係就會被終止……他

接單人生

們實在太貪心了。如果是搭美國航空升等到頭等艙的話，費
用是由航空公司負責，但 UberBLACK 則是因為附近沒車而
要我去支援 UberX 工作，卻只能收 UberX 的費用，而且成本
也得由司機自行吸收。

　　布萊恩自認是「合作駕駛」（Uber 是這麼告訴司機的），
以為自己有權選擇乘客，「但其實公司的態度根本是『不載客
就滾蛋』，」他說，「可是我錢都砸下去投資了，他們怎麼可
以現在才說這種話呢？」

　　同樣地，TaskRabbit 也曾在 2014 年改變經營模式，從競價
市場轉型成臨時工派遣機制，造成了用戶的問題。在第一章曾
出現的 29 歲零工莎拉就表示：「好多人都哭著申訴，說他們現
在一點收入都沒有，原本明明表現非常好，結果卻被 TaskRabbit
當成垃圾，感覺就像被背叛一樣。」

　　平台轉型後，關於回覆率與接案率的要求也變得很嚴格，
「他們訂了一些標準，但用這種方法來評估表現，其實不太合
理。在平台指派的工作中，我們至少得接受 85％ 的任務，但指
標卻是以 30 天來計算，所以有時候數字就是不對，而且我們也
不知道什麼時候會有工作，內容又會是什麼？」莎拉這麼說。
因此，零工如果不在短時間內接受多項任務的話，就可能被盯
上。「帳戶會被停用，然後得參加一個考試，基本上就是要確

定你了解規則。他們也會安排約談，而且是用跟青少年講話的那種語氣，實在有點汙辱人，最後還會強調如果這種情況一直發生，你就有可能被除名。」她解釋道。

　　這項轉型並不是 TaskRabbit 唯一的改變，在 2015 年夏天，平台把服務費從 20％調成 30％，還多加了 5％的信任與安全費用，由雇主支付。TaskRabbit 表示之所以會調整費率，是為了激勵零工打造自己的事業並加強自我宣傳，但有些人卻認為，就是因為有些人想脫離平台，所以公司才會調漲服務費。28 歲的娜塔莎這麼說：

　　這真的是很糟糕，好笑的是，我才剛下定決心要繼續努力用這個 APP 打工，費用就上升了，當時我就心想：為什麼不先從 25％開始，然後慢慢調呢？突然漲到 30％，卻說是為了吸引客戶回頭，實在很不合理。我的雇主幾乎都是新客戶，很少有誰會重複在平台上找人，就算真的有……我也很難接案，因為我的時間不太固定，通常都是想工作時才去，而且我也會出去玩，也有其他的事要做，所以如果有人要我每個月的第三個星期日都去幫忙，那我實在做不到，結果我的拒絕率超過 15％，就這樣被開除了。說起來有夠諷刺，因為 TaskRabbit 多跟我們收的錢，也剛好就是 15％。

　　規定修改時，TaskRabbit 多半是透過電子郵件告知，上述的費用架構變更也不例外，不過少數生產力很高的零工確實有接到電話通知，但即便如此，他們對於費率調漲還是很難接受，曾經任職金融業、現年 50 歲的理查就是其中之一。公司將他視為頂尖工作者，他原本覺得很榮幸，但致電的人其實也只是用些「冠冕堂皇的說詞」，告知服務費上漲的消息而已。

　　我很專業，所以就先聽對方說，結果只聽到一堆廣告說詞，像是「你在社群中會得到優勢，而且如果是服務過的客戶，傭金就只有 15％，這你知道嗎？」我讓她說完後這麼回應：「我已經做三個月了，所以大概可以猜估客戶的回頭率，基本上大概就只有 3 到 4％ 而已，怎麼算都划不來……」然後我又說：「公司要怎麼做當然都可以，但既然你想知道我的看法，那我就告訴你，公司這麼做，不就是自肥了 50％ 嗎？」她說：「50％？」我說：「對啊！」她後來應該搞清楚了吧！費率從 20％ 調成 30％，就是漲了 50％ 啊！

　　我數學很好，對這比例很確定，所以就跟她解釋……「假設費用是 100 美元好了，我原本可以拿到 80，現在卻只能分到 70，而且我還是表現最好的工作者之一耶！結果你們卻告訴我這種消息。假設公司不是虛擬平台好了，如果現在有 100 位零工坐在辦公室裡，那你打這通電話給我，基本上就等於當面跟我說：『理查，抱歉！我們要砍你薪水，你做得非常棒，但還

是得減薪。』」我跟她說：「你想了解我的看法是吧！我的看法就是這樣。」

　　那為什麼不乾脆離開呢？如果我們沿用理查的例子，一般員工突然被減薪的話，應該會覺得上頭是想逼人辭職吧？但在共享經濟之中，零工可能基於兩個理由而繼續堅持下去：第一是因為背負長期無業的汙名、屆入中年、缺乏經驗或需要彈性工時而缺乏其他工作機會；第二則可能是已經投入大量時間、心力或資源，譬如取得 Uber 核可的車輛，或為 Airbnb 房源購買新的床單等等，在這樣的情況下，重新來過的機會成本就會大大提升。再說，在沒能定期加薪的情況下，即使通膨會造成實際年收縮水，多數人也不太會隨便辭職，所以零工當然同樣不會輕言放棄。

　　勞工在提倡改革時關注的另一個問題，則是工時長短。雖然共享經濟聲稱能讓零工自行安排工作時間，不過實際情況通常都不是這麼單純。Uber 司機是可以決定何時要載客沒錯，但一般而言，如果想確保每月有一定收入，就得接受九成以上的工作，而且通常都必須在特定時段開車，每週時數也有最低門檻。自 2016 年 4 月起，Uber 在紐約的 6000 美元最低保障月薪僅適用於上路後的第一個月，而且根據網站說明，駕駛還必須遵守下列規定：

- 開車時數至少 50 個小時，其中 15 小時必須落在尖峰時段（週一至週五早上 6 點到 9 點及晚上 9 點到 12 點；週六凌晨 12 點到 1 點及晚上 10 點到 12 點；周日凌晨 12 點到 3 點及早上 10 點到下午 3 點）。
- 每小時至少完成 1.3 趟行程。
- 接受平台發派的九成載客工作，包括 UberPOOL 行程。

受制於這些要求的駕駛喪失了自主性，反而變得像企業員工，但卻完全沒有一般勞工該有的保護與福利，只適用於第一個月的最低收入更是特別令人覺得毫無保障。到了 2018 年 1 月，Uber 甚至取消了最低月薪，以 800 美元的新駕駛汽車花費抵用金來取代。至於其他共享平台或許並不這麼要求工作時數，但卻經常希望使用者隨時待命。舉例來說，在 Kitchensurfing 發出潛在工作通知以後，自由接案的廚師必須在 24 小時內回覆；Airbnb 房東的時限比較長，但要是回覆得太慢，帳戶就有可能暫時被停用。

現年 27 歲的嘉布拉曾因週末帶兒子出城，便把公寓出租。一開始，她讓房源頁面一直顯示在網站上，但低廉的租金吸引了許多房客，導致她收到一大堆電子郵件，「真的、真的很煩！」她這麼說，「有時候我沒辦法在時限內回信，Airbnb 就會停用我的權限，只要沒在一兩天內回覆就會這樣，他們有規定一

個⋯⋯好像是 40 小時吧！甚至不是用天數來算，超過後就會被封鎖，然後大家就看不到房源了⋯⋯得要我去解除封鎖並把所有信都回完才會恢復。」因此，嘉布拉只有計劃要出城或真的很需要錢時，才會開啟房源頁面。

換做是 TaskRabbit，回覆相關規定則更嚴格。一如先前所述，該平台在 2015 年的政策變更中，有一條是要求使用者在 30 分鐘內回應。對此，TaskRabbit 的網站提供了相關說明，「工作者應於當地時間早上 8 點至晚上 8 點回應任務指派要求，」但也很快就在相同頁面上指出他們「可自由決定休息時間」，可是休息的話，卻會導致「工作者無法透過平台直接受雇，也不會出現在搜尋結果中。」

聘用過某位零工的客戶如果想再次把工作發給同一個人，可以直接和零工聯絡，但對多數人而言，能否透過演算法出現在搜尋結果中，才是接不接得到工作的關鍵。此外，如果沒在 30 分鐘內回覆的話，不僅會失去任務邀請，接案率也可能會滑落 TaskRabbit 規定的 85％，因而面臨帳戶被停用的風險。30 歲的克莉絲緹娜這麼向我解釋：

　　我的接案率本來還滿高的，但有一次──對了，他們是規定半小時內一定要回應。總之有一次我收到邀請，原本想說還有時間回覆，結果明明還不到 30 分鐘，任務卻已經消失，

我想接也沒辦法，不知道為什麼會這樣。後來，TaskRabbit
就說我有一個任務沒回應，我打去想解釋，可是他們態度非
常差，幾乎不聽我說，也完全不想了解當時的狀況，只是一
口咬定我沒有在半小時內回覆。我說：「但我當時正好在用
手機，很確定沒有超過時間，所以並不是你講的那樣。」後
來對方就說：「好，那我們會寄表格給你寫，之後會有人跟
你聯絡。」我有在表格裡解釋，結果根本沒人處理，就因為
那次的事，我的接案率到現在都還是很糟糕……而且這規定
根本就太離譜了，30 分鐘對誰來說都不夠，一般人上班時也
會吃午餐、開會或去一趟地下室吧！到底為什麼設這種時限，
我真的不懂。

　　克莉絲緹娜和 Airbnb 房東嘉布拉一樣，決定暫時停用
TaskRabbit，等到需要工作時再重新開始：「我這幾個星期的週
末和晚上都在忙別的事，所以檔案上都顯示沒空。在上次事件
之後，我不希望同樣的情況再發生，就因為那件任務，所以我
把上幾週的有空時段都取消了。」

　　即使正在執行任務，或人在收訊通常不太好的地鐵上，回
應規定也同樣適用，導致零工陷入每週必須待命 84 小時（一週
七天，每天早上 8 點到晚上 8 點），否則就無法接到任何工作
的困境。白領階級接到任務指派時，也經常得快速回個訊息或

電子郵件，但即使是最嚴苛的老闆，也至少會給一個鐘頭，而且很少有人會因為幾小時後才回應而被開除。許多 TaskRabbit 用戶都表示，30 分鐘的時限讓他們壓力很大，譬如 50 歲的唐納就說：「這有時候真的很讓人緊張，因為你總不能隨時隨地都想著 TaskRabbit 吧！一般來說，我手機幾乎都是全天開著，所以半小時其實不算太短，但如果我在家打掃浴室的話，可能就會忘了時間。你當然也可以把狀態改成沒空，可是這樣就接不到任何指派，所以實在難以兼顧。」23 歲的潔思敏看法也類似：「這種規定真的很蠢，也很沒必要，因為我有時候就是會猶豫要不要接案，也有時候就只是剛好沒看到而已。他們這樣根本是強迫大家每天都要緊抓著手機不放，只要在資料裡填了有空，就非得馬上回覆不可。」

普遍而言，白領階級如果必須隨時隨地迅速回覆電子郵件，雇主通常會提高薪資來補償員工被占用的時間，但 TaskRabbit 用戶卻得先無償待命，才有可能賺到錢。他們每週在心理上處於值班狀態的時間長達 84 小時，超過一般工作時數的兩倍，而且還沒加班費。對此，49 歲的麥可這麼說：

如果把坐在那邊等任務上門的時間也算進去，那工時真的不知道有多長⋯⋯大概是收費時數的三倍吧！但那些時間可能也不太算是在工作⋯⋯因為我通常都是邊玩填字遊戲、

吃午餐或做其他的事，邊看有沒有工作可接。除非我對這整個機制的認知錯誤，不然就是這 APP 有個很大的問題！想知道有沒有新任務，就一定要一直重新整理，系統不會自動更新……它似乎沒有什麼功能讓我們可以把時間拿去做比較有趣的事。反正就是得不停地一按再按就對了……通常我都是按一下，然後去填字，接著再按一下，再去填字，就這樣不斷重複，實在有夠耗時。

半小時的回應規定只適用於零工，客戶不必遵守，這特別會對掙扎組的零工造成困擾，因為他們可能得用零碎的工作把時間填滿，也或許得靠 TaskRabbit 過活，所以沒辦法留時間給最後接不成的任務。34 歲的蕾貝卡這麼告訴我：

我動作很快，平均回應速度是三分鐘，但基本上只要你哪次沒在半小時內回，公司就會不爽，然後不知道用什麼方法讓你的回覆率降低。不過回了也並不代表一定要接受，像我雖然會馬上回訊息，但通常不會立刻答應，而是會先詢問確切的工作時間。有些資訊很重要，所以我總是會先快速透過訊息發問，再決定要不要接案。可是即使我三分鐘內一定回傳訊息，有些客戶卻會讓我等很久，我就覺得，「不能趕快把時間定下來嗎？我不是一天到晚閒著沒事、等你差遣

欸！我還有別的事情得處理，這只是其中一件小事而已，不是我人生的全部，你也不是我的主人，所以我們何不趕快把這鳥事安排好，這樣我就可以替你排出兩到三小時的時間啦！」但他們就是不回，就是不可能順你的意。

目前，蕾貝卡個人的因應策略是等客戶三到四個小時，如果超時之後還是沒收到回覆，她就會打給 TaskRabbit。「我會跟他們說：欸⋯⋯這樣不行啦！我得馬上答覆，但客戶就不用，哪有這種道理？工作就直接取消吧！我不想接了。」

使用者必須時時待命、分秒必爭也就算了，不透明的演算機制卻讓情況變得更複雜。零工知道自己可能會從搜尋結果中消失，可是不曉得該怎麼做才能重新出現，有時似乎要把連續好幾天的全日時段都改成有空，個人檔案才能躋身搜尋頁面，但在那之後，工作又會排山倒海而來。28 歲的娜塔莎說：

菁英級會員資格對我的確有幫助，但他們的演算法真的很不公平，只要拒絕兩三次，之後就很難再接到指派。譬如我有時候幾天沒用 TaskRabbit APP，再打開時就會兩三天都沒工作，要等到我終於收到任務，或是演算法不知道基於什麼標準把我重新歸類後，我才會變回活躍用戶，但接著系統就會用一大堆工作把你淹沒，讓人措手不及，但我又不敢拒絕，怕這樣會被懲罰。

對此，34 歲的蕾貝卡也有同感：

我也不太想這麼說，但有時候這種新的工作型態確實比較輕鬆一點，可是不能挑工作真的很讓我不滿，煩死了！每次我打開那玩意兒，就只能在心裡猜：「我會分到辦活動這種有趣的工作嗎？還是得去摺內衣褲或搬很重的箱子呢？」我實在很討厭那種感覺……收到邀請後雖然可以傳訊息問問題，再決定要不要答應，但拒絕的話可是會被懲罰的，不算太嚴重啦！畢竟不是先接下來才反悔，可是如果收到指派後拒接任務，評價還什麼的分數會退步，出現在搜尋結果中的頻率也會降低，中選的機率就會下降，反正整個演算法之類的都會亂掉。總之就是，他們丟什麼工作給你，你都要接就對了，這樣客戶才搜得到你，我很不喜歡這樣。當然啦！真的很需要錢，心裡覺得「糟糕，我得每天工作，不然會沒錢」的那種時候，就會覺得一直收到任務當然很好，因為只要打開 APP，基本上就一定有事情可做。可是……真希望我可以直接在電話上跟他們說：「我明天有空，但只想做某個類型的工作，明天拜託不要派我去幫忙包裝或送貨。」但這根本是癡心妄想——要就全接，不要就拉倒吧！

有些工作者會乾脆把狀態改成沒空，但如果持續太久，也

會有問題。TaskRabbit 期望用戶在平台上保持活躍，所以要是長時間未接案，帳戶有就可能被停用，或「從社群中移除」，38歲的演員威爾就遇過這種狀況。

　　這真的是有史以來最扯的事。我斷斷續續用了兩年，從來都沒聽過這項規定……某天我突然收到電子郵件，裡頭寫說：「如果接下來 30 天內再不接受任務，帳戶就會被停用。」我打去跟他們說：「我是演員，人在德州奧斯汀巡演，有一陣子都沒打開 APP，因為我沒辦法……」結果對方竟然回答：「喔！德州奧斯汀也有任務可以接啊！」我回她：「我是來演戲的欸！天啊……我在巡迴演出，今天就要演兩場，而且我總要吃飯睡覺吧？所以我怎麼可能去幫人家組裝 Ikea 家具呢？我根本沒……算了，總之我最近沒空，一月才會回去。」她聽完後也只說：「喔！好，沒問題。」

　　我一月回來後，原本也沒去想 TaskRabbit 的事，因為一直把這種事放在心上很煩，結果呢？就發現帳戶被停用了。我打電話過去，客服代表說：「喔！沒問題的。你之前是會員，但會籍被停用了，如果想恢復的話，必須先參加社群訓練計劃才行。」「不好意思，你說什麼？」我這樣問，然後她竟然回：「對啊！因為你很久沒用 TaskRabbit 了嘛！所以必須……」她當時是說了什麼？反正就是一個超級官僚而且汙辱人公關用語，是「回歸社群」嗎？不對……是「重新定位」。

　　威爾一直跟那個客服代表爭論，最後更要求轉接其他負責人。

　　我說：「我喜歡透過平台工作，喜歡幫客戶的忙，做得很開心，也樂於說 TaskRabbit 的好話，但你們要我重新參加兩小時的訓練，不付薪水，又說不出這到底有什麼意義，那我實在完全無法接受。我當演員就是這樣，有時候會長時間無法接案，但我加入的時候，你們明明說過平台就是最適合我這種人，結果現在為什麼搞成這樣？」對方說：「好吧！其實你說的沒錯，別擔心，我會幫你把帳戶復原，不過如果你要去巡演，或是接了什麼工作，希望可以事先讓我們知道一下。」於是我告訴他：「其實呢！我的確有工作在身⋯⋯」所以囉！我也不曉得這次會怎樣，之後再看吧！我星期一就要去上州參加另一場演出了。

　　雖然 TaskRabbit 標榜彈性，聲稱「用戶可以自行決定時薪，以及工作的時間與區域」，但零工的自由度顯然還是受限，即使是基於不可抗力的因素而有一段時間沒接案也不例外。譬如29歲的莎拉就說：「我有兩個月都沒收到任何指派，甚至更久，只要三個月都沒接案，帳戶就會被停用⋯⋯我有跟他們反應說：你們說我沒在工作，但其實是根本沒有任務可接，我已經連續

兩週都把狀態設成有空了。可是他們沒有積極幫忙,只說:是喔!不然再去更新一下你的時間表吧!」

最後,零工不僅是經常得把任務排滿而已,就連工作時都不一定能休息。以全職或非最低薪資員工而言,多數人上班時如果要去抽菸、上廁所或吃午餐,並不會有什麼疑慮,但共享經濟的零工卻和 19、20 世紀之交的勞工一樣,並不總是那麼自由。

一直到 1890 年代,許多商店最多都還是只有準備一張硬板凳,讓勞工在休息時坐,不過實際上究竟能不能休息,則沒有人能擔保。多數女店員都是站著吃午餐,而且即使是最高級的店家,也經常沒有員工廁所,「雇主認為生理需求是員工『自己的事』,所以希望他們在早上出門前就先處理好。」提倡改革的記者瑪莉‧蓋依‧亨弗里斯(Mary Gay Humhreys)十分關懷女工的困境,所以「女孩子下班後,經常會一小群人一起簇擁著她回家,到她家『使用各項設施』。」

同樣地,共享平台也希望零工在非工作時段處理生理需求。譬如 Kitchensurfing 就要求廚師在抵達客戶家後立刻洗手,並盡量不要在完成餐點前使用廁所,以維持乾淨衛生的形象。38 歲的黛曼拉平時透過市場機制接案,但偶爾也會支援 Kitchensurfing Tonight 服務。她表示公司的人員建議廚師「盡可能不要上廁所,因為一次的服務時間不過半小時,忍一下應該

也還好。」

廚師提供 Kitchensurfing Tonight 服務時，的確只會在客戶家待 30 分鐘沒錯，但每次輪班長達四小時，最多可能有四組人要用餐，而且每組之間也只有半個鐘頭的通勤時間，所以如果無法憋到輪班結束的話，就經常得到咖啡店借廁所，或向客戶家的大樓管理人員求助。譬如 29 歲的法蘭西斯可就和門房交上朋友，請他們充當現代的亨弗里斯贊助洗手間。可是即便如此，由於 Kitchensurfing Tonight 時間緊湊，所以廚師有時也會陷入別無選擇的窘境。

「有幾次我結束工作後，真的很想上廁所，但又有下一組客人，實在很狼狽，偏偏我又很遵守規定，」29 歲的喬這麼說，「所以也只能去找有營業的店家。如果是晚上而且情況許可的話，我會直接尿在小巷子裡，因為我敢，而且方便嘛！再說也不會有誰看到，尤其是在下城。但當然啦！換做是在中城，就不可能這麼輕鬆，那邊人實在太多了，不過有時候到處狂奔找地方上廁所，也還滿刺激的。」其實喬可以在煮完飯後借用洗手間，但他怕客戶因此而不打賞，所以不太願意開口。「有些客戶可能會給小費，像我就偶爾會拿到，」他解釋道，「所以我總覺得，要是我在最後一刻開口借廁所，說不定他們就不會給了。」

洗手間的窘境和共享經濟的其他許多層面一樣，經常與身

分有關。一般而言，Airbnb 房東不太會遇到這種問題，即使和房客共用衛浴時也不例外。「我會直接跟客人說我女朋友很早就得出門，所以某個時段會需要用廁所，通常他們都不會有意見。」31 歲的 Airbnb 房東丹尼爾說。相較之下，TaskRabbit 和 Uber 等平台的工作者則因為經常在移動，得臨機應變，所以每天都得花時間找新的地方上廁所。對此，29 歲的 TaskRabbit 零工莎拉有一套策略，「基本上，只要有星巴克都可以，但久了以後，也會知道怎樣可以進到華爾道夫（Waldorf）和廣場飯店（Plaza）這些地方上洗手間，華爾道夫的隔間裡竟然還有個人梳妝台，實在很誇張。」54 歲的 Uber 兼 Lyft 司機賴瑞則說：「我手機有裝麥當勞的 APP，很多分店都是 24 小時營業，還滿可靠的，不像 Dunkin Donuts 和很多餐廳、速食店都沒有廁所，麥當勞幾乎是最不會出錯的選擇。」

某幾位受訪者都表示，可以找個有許多場館的健身房並申辦會員，但曾在本書開頭出現的 TaskRabbit 用戶唐納卻表示，到健身房上廁所可能是他帳戶被停用的原因之一：

某天我有 12 個包裹得送，從下城一路往上送到上西區……中間有停在紐約運動俱樂部（New York Sports Club）上廁所，可能是被平台發現了吧？但他們可以問我為什麼要去健身房啊！這樣我就可以解釋說只是去用洗手間而已，我

現在才想到可能是因為這樣⋯⋯我知道可以去星巴克，但在那邊光是上個小號大概就要等上 10 分鐘。或許是他們覺得工作時不能中途去上廁所吧！不過我當時沒問到這個就是了。

能不能上洗手間不只牽涉到方便性與衛生而已，憋尿還可能會造成健康問題，而且有多不舒服就更不用說了。但即使身體因為工作而出狀況，共享經濟之下的勞工仍得獨自承擔相關費用，一如他們也必須自行處理健保、薪資稅、各項工作間的通勤費，以及因生病或度假而損失的薪資。

誠如本章所述，美國勞工從許久以前，就已開始爭取提高薪資、縮短工時及改善工作條件。《華格納法》在 1935 年制定後，全國勞資關係委員會也隨之成立，讓員工得以組織、加入工會並參加集體協商，而且《公平勞動標準法》及後來的修正案分別在 1938 及 1966 年通過後，也長期獲譽為是能改善勞工市場的推動力。然而儘管有這些進展，區區 80 年後的共享經濟零工，卻又被歸類為獨立契約工，完全沒有上述法規保障的權利，加上他們在工作上經常遇到各種困難，而且這還只是其中一小部分而已。一如 17 到 19 世紀的前輩，現代零工也可能遭遇危險的工作環境並因而受傷，可是卻求助無門。

Chapter

4

職場慘況

現年 26 歲的艾瑪身材嬌小，看起來大概不到 45 公斤，有點像迪士尼卡通裡的奇妙仙子（Tinker Bell），所以擁有大學學歷的她說自己在 TaskRabbit 接過許多搬家和勞力工作時，我覺得應該是我聽錯，沒想到她後來又說起背痛的問題。

她看我露出驚訝的表情後這麼說道：「我的背是真的有問題，沒開玩笑，已經痛一陣子了。第一次做完後就開始痛，最近又再接了一次，兩個禮拜前吧！醫生問我有沒有特別去做什麼事，我說我在幫人打掃，他聽完後說：那大概就是這個原因了。」

艾瑪身為按鐘點計費的零工，很需要正面評價，所以詢問是否能休息時，必須非常謹慎。在一般零售商店，老闆一次能看到的員工有限，所以工作時多少能偶爾放鬆一點，但 TaskRabbit 零工幫雇主打掃時，現場通常不會有其他人，所以得獨自承受客戶的監督。「某幾次我有暗示客戶，像是隨口說：天啊……背也太痛了吧！」她說，「而且是真的有講出來，但他們好像沒聽懂，只回我說：喔！你清得很乾淨。」

相較於傳統的清潔及搬家服務，TaskRabbit 不同的地方在於零工難以匿名。顧客如果對清潔公司 Merry Maid 不滿，或許會在 Yelp 刊登負評，不過評價仍是針對整個公司，而非個人，所以潛在客戶可能會認為他們不一定會安排到同一位清潔工。但是換做是在 TaskRabbit 的話，客戶是直接雇用艾瑪，評價內容

就是針對她的表現與個人態度。因此，遇到工作造成的不適等各種問題時，她必須很小心地表達。「我說：『那個，我真的很痛⋯⋯』但口氣很好，只是想暗示我需要休息並喝點水，」她說，「結果對方完全沒反應。這真的很看客戶，有些人非常好，會拿茶水或什麼的給我喝，但從來沒有人主動讓我坐下。有時候我倒也覺得還好，可是打掃真的很費力，如果每天都接連安排好幾個工作的話，就更不用說了。」

勞工在上工時無法進食的情況並不罕見，清潔工尤其是這樣。在《我在底層的生活：當專欄作家化身為女服務生》書中，芭芭拉・艾倫瑞克詳細記錄了打掃住家時必須不吃不喝，甚至連口香糖都不能嚼的狀況。在她工作的一個月之中，只有一位雇主發現她在流汗，並倒水給她喝，而她也滿懷感激地接受，「無視屋內不得有任何飲食行為的規定。」

艾倫瑞克在全國性的連鎖清潔公司任職一個月後，詳細寫下了過程中的點滴，據她所述，同事簡直身處「充斥各種止痛藥的悲慘世界，只能靠抽菸尋求撫慰，也有一兩個人週末會豪飲來自我犒勞。」這些同事必須趴在地上刷洗地板，背負沉重的肩背式吸塵器，而且每天有好幾個鐘頭得重複相同的動作，所以經常背痛、關節炎加劇或舊傷復發。艾瑪透過 TaskRabbit 接案後，生活也開始被止痛藥綁架——「我還年輕，也經常運動，平時身體都沒什麼問題，所以這實在很誇張，」她說，「我

有吃止痛藥、看整脊師，也有請常看的醫生幫忙，但效果不大……情況還滿糟糕的，有時我甚至痛到睡不著。」

艾瑪的痛和艾倫瑞克所寫的很類似，不同的地方在於清潔公司的同事是算鐘點的員工，適用企業的勞工賠償規定，但艾瑪則是獨立契約工，不能求償、請病假時沒薪水可領，也沒有健保，如果工作時受傷，根本求助無門。最後，她不情願地選擇了唯一的解決方式，決定不再替人打掃。「做這個錢最多，所以我內心才一直掙扎，但又覺得：這樣真的值得嗎？」她說，「總之我真的很氣餒，但還是辭掉了，後來也做了一些復健，現在背已經慢慢恢復。」

勞工在工作時受傷，並不是什麼新聞。從我進行研究的社區，走路就可以抵達艾希大樓（Asch Building）──在 1911 年，那裡發生了臭名昭彰的三角內衣工廠大火（Triangle Shirtwaist Factory Fire），造成 143 名年輕男女喪生。那場火災是美國史上最嚴重的工作事故之一，許多人也視之為促成美國勞工法規變更及羅斯福新政（New Deal）的驅動力。[1]

勞工賠償簡史

勞工賠償的概念存在已久，這方面最早的規定可追溯至西元前 2050 年，出自蘇美城市尼普爾（Nippur）的第 3191 號石板，

內容顯示只要有骨折等特定受傷狀況，即可獲得補償。同樣地，西元前 1750 年的漢摩拉比法典（Code of Hammurabi）以及古希臘、羅馬、阿拉伯及中國的律法，也都有針對喪失身體部位的情況規範賠償流程。但是，相較於古代文明給予勞工的職災保險，現代的經濟制度顯得相當小氣。

美國的法律架構依據英國普通法系確立後，一直沿用到工業時代早期。當中有三個約束性極強的漏洞，一般稱為「三位一體的邪惡辯護事由」（unholy trinity of defenses），包括共同過失（contributory negligence）、同伴規則（fellow servant rule）和風險承擔（assumption of risk）。共同過失的意思是，如果勞工本身有任何招致受傷的行為，雇主就不必負責。在這樣的架構下，如果危險器械缺乏必要的安全設施，但勞工因為自己滑倒而跌入，那就不算在保險給付範圍內。另一方面，員工若因同事的行為而受傷，雇主則可以鑽「同伴規則」漏洞。要是這兩條規定都沒用，還能主張風險承擔原則，聲稱勞工執行勞務，就等於同意承擔工作可能帶來的風險。

從歷史觀點來看，在美國工作算是相當危險：在 1904 年，死於製造、運輸及農業職災的勞工多達 27000 人，而且光是在紐約，一年的工廠意外就有 50000 件，歷史學家霍華德‧津恩（Howard Zinn）更表示：「製帽工人染上呼吸道疾病，採石工人吸入致命化學物質，印刷工人則因砷化物而中毒。」產業關

係委員會（Commission of Industrial Relations）的報告也指出，在 1914 年死於工業事故的雇員多達 35000 人，另有 70 萬人因而受傷。

在 1900 到 1910 年，美國興起了所謂的「扒糞運動」（muckracking），由倡議改革的記者所主導，讓大眾逐漸開始支持組織化的勞工行動。在發動這波運動的記者中，最著名的是《屠場》（The Jungle）的作者厄普頓・辛克萊（Upton Sinclair）。他在書中描寫芝加哥屠宰場的工作環境有多駭人，帶有疾病的腐肉是如何分銷到各地，便宜的填充物又是怎樣製成黑心食品。此書使得《食品與藥物法》（Food and Drug Act）和《肉類製品檢驗法》（Meat Inspection Act）在 1906 年通過，食品藥物管理局（Food and Drug Administration）也因此成立，但這樣的發展卻讓辛克萊有點失望，因為他寫《屠場》一書的目的是幫助肉品包裝工人，而不是為了改善肉的品質。「我希望能觸動大眾的心，」後來他這麼寫道，「但成果卻進了大家的肚子。」雖然國會的確在 1906 和 1908 年通過了《雇主責任法》（Employers' Liability Act），縮減共同過失方面的限制，但勞工的處境還是很少獲得關注。

在 1911 年初，華盛頓州和威斯康辛州通過了全面性的勞工補償法規，但一直要到 1911 年 3 月的三角內衣工廠大火後，職場安全措施及傷害賠償才真的開始受到重視。[2] 火災發生後的那

一年，其他九個州相繼頒布相關法案，到了 1920 年，另外 36 個州也都已跟進。

在那場火警後，紐約成立了公共安全委員會，由後來成為美國勞工部長的弗朗西絲・珀金斯（Frances Perkins）指揮，並通過數項新規範來保護勞工。譬如確保工時縮短的「54 小時法案」（54-hour bill）。紐約州議會也要求設立工廠調查委員會（Factory Investigating Commission）來「調查本市及其他城市的工廠狀況」，並「透過立法管道提供補救措施，避免員工因火災、衛生條件不佳及職業疾病而陷入危險或喪生。」州立委員會的報告有助當地的勞工法規翻新，使紐約州成為「在勞工改革方面最進步的州分之一」。此外，60 道新法規也相繼誕生，使建築出入口變得較為安全、規定必須裝設警報系統及自動灑水器、實施更嚴格的防火措施與滅火器相關要求、改善勞工的飲食環境及廁所措施，並限制女性與兒童的每週工時。

即使是現代也未能繼承累積好幾世代的工作保障

殘酷且諷刺的是，共享經濟雖獲譽為時代尖端的工作型態，但在這種經濟模式之下，勞工卻連曾祖父母那一代就已存在的保障都無法享有。工作場所的保護措施僅適用於全職與兼職員工，偏偏零工算是獨立契約工，於是就被摒棄於社會安全網之

外，就連最基本的防護都沒有。

近年來，由於企業刻意改變勞資關係結構，捨棄傳統的雇傭模式，以逃避社會責任，所以被歸類為「獨立承攬人員」的工作者人數一直在增加。在美國，獨立承攬人員無法享有職災賠償、失業給付、帶薪假、退休金、加班費、殘障特殊安排、家庭照顧假和歧視相關保障，也不能組成工會。

多數的共享服務都把平台工作者視為獨立承攬人員，或稱為「1099 契約工」，之所以會有這個名字，是因為他們年末會收到詳列各項收入的 1099 稅務表單。將這批人列為獨立契約工後，企業不僅不必支付失業保險基金的費用，以及占員工薪資7.65％的社會安全和醫療保險稅，更可以實行雙軌制的福利規定，而不怕遭到歧視相關投訴。全職員工可提撥 401k 退休金，還擁有健保和認股選擇權，反觀契約工則什麼也沒有。因此，也難怪美國律師協會（American Bar Association）會在 2011 年引述聯邦政府的研究指出，明明應該算做員工，但卻虛報為獨立承攬人員的勞工估計共有 340 萬人；財政部在 2009 年的稽核長報告也顯示，這種錯誤分類的情況，導致美國政府因企業少付雇用稅而損失了約 540 億美元。

在不適用勞工賠償險的情況下，即使工作時受傷也無法求償，得自行支付醫療費用。仰賴止痛藥的 TaskRabbit 零工艾瑪很幸運，符合聯邦醫療補助（Medicaid）的資格，也表示這對她

而言「不可或缺」。可是其他勞工如果受傷的話,不僅得自行負擔昂貴的醫藥費,還會失去工作與收入,可說是雙重打擊。

舉例來說,54 歲的 Kitchensurfing Tonight 廚師大衛就曾在工作時受傷。這項方案為客戶提供隨需型的到府服務,廚師必須身穿黑色主廚夾克或圍裙作為制服,背著包包,還得拖著最重可達 20 公斤左右的保冰袋,裡頭的食材有時是多達 16 人份的牛排、魚類、蔬菜及必要的鍋具、刀鏟和砧板等等。然而,廚師雖得穿制服,卻經常不能穿鞋。

從事餐飲工作,經常會遇到熱油滴落、滾水潑灑、地板濕滑的情況,而且必須忍受長時間站立的不適,所以合適的鞋款在多數專業廚房中,都是不可或缺的配備,也因為前述的這些危險,在全美排名數一數二的烹飪教學機構美國廚藝學校(Culinary Institute of America),容易吸水的球鞋和木屐等後開式鞋款都是禁止穿著的。然而,Kitchensurfing 卻要求廚師在進入住家時,得詢問客戶是否應該脫鞋,而且在「祕密餐館計劃」藉由獎金來鼓勵廚師遵循的數項守則當中,脫鞋也是規定之一。此外還有說明餐點內容,以及讓用餐者選擇肉類的熟度等等。

在 2015 年 2 月,剛加入 Kitchensurfing 兩週的大衛來到客戶家準備烹煮晚餐。當天外頭濕冷又泥濘,所以對方自然接受了他的提議,請他把弄濕的鞋子脫掉,但大衛煮完飯準備離開時,意外就發生了。「那天我是穿雪靴,」他說,「我已經背

好塞滿東西的背包，然後用跳的要去把放在門口的靴子穿上，結果好像就扭到了。我硬撐著走出客戶家後，膝蓋再也負荷不住，整個人摔倒在地上。」

　　但他輪班的時間還沒結束，還有兩戶人家等著他去煮飯。Kitchensurfing 的演算法會依據地點指派工作，讓廚師可以走路或只搭一線地鐵就抵達所有客戶家，而大衛那天傍晚正好就是得搭車去煮下一頓晚餐。「實在好艱辛啊！我當時在豪斯頓街，從前一組客人家出來後，要走好久才到地鐵站，要是攔得到計程車的話，我一定會搭，」他低聲笑道，「更悲劇的是那一站有一大堆階梯，真的是……我跌倒了兩次，膝蓋完全崩潰，麻木到沒有知覺，我也只能慘叫。那天晚上真是太漫長了。」

　　隔天他打給 Kitchensurfing 說明事發經過，「她很客氣，聽我說需要看醫生後，叫我不用著急，休息多久都可以，還說：我們會保留這份工作，等你回來。」大衛說。「他們很和善，也處理得很好，讓我不用急著回去工作，所以情況變得簡單許多。」

　　在 Kitchensurfing 的管理條文中，並沒有任何關於支薪病假和就醫給付的內容。大衛休息了一週半，完全沒有收入，回歸後則是一週工作三天，慢慢重新適應。照過 MRI 後，醫生說是椎間盤突出，證實了大衛的猜測，但他不想動手術，所以就去針灸和物理治療，每週大概要花 100 美金，全都是自掏腰包。「我

只希望手術的侵入性不要像以前那麼高。90 年代的時候，我後頸就有椎間盤突出，但我當時得賺錢撫養女兒，沒辦法請假去動手術。不過那時候醫生就說過術後恢復需要六週，所以其實我現在也無法去做。」他輕笑著說。「而且你也知道的，我必須簽同意書，說我知道可能會癱瘓之類的，反正只要跟脊椎有關的部位都有風險，所以我真的很希望物理治療和針灸並用會有效，這樣就不必動手術了。」

由於身分是獨立承攬人員，所以 Kitchensurfing 的廚師不適用勞工賠償，也不符合雇主提供的失能給付資格。「我們只是人家請去幫忙的而已，就像自由接案一樣，」大衛說，「要是工作上發生這種意外時，可以拿到一些理賠金，那就會比較輕鬆了。」

雖然的確是工作時受傷，但大衛只是暫時去幫忙的獨立契約工，所以不在補償範圍內。因共享經濟而面臨長期健康問題的，並不只有大衛而已，37 歲的尚恩透過 TaskRabbit 接案時也傷到了背。「我受傷之後，不得不暫停所有搬家工作，」他說，「心智上我還是自認 25 歲，但身體已經老了很多啊！（笑）我一直告訴自己：你就減個幾公斤吧！讓肚子消下去，或者至少也要找回以前的柔軟度，這樣才能再接那類的工作。」

尚恩是在替人搬家時受傷的。「我當時要把衣櫥搬上階梯，總共有兩個，雖然有人幫忙，但我還是得搬 60 公斤左右，偏偏

我只搬得動大概 20 公斤，所以背就拉傷了。我那天離開時跟大家說沒事，但一走出來就痛得哇哇大叫。」

隨需時代，預先規劃

遭遇上述這些憾事的，並不只有尚恩、大衛和艾瑪而已。雇主在將風險轉嫁給勞工的同時，也等同是把「認清自我極限」的責任加諸在他們身上。換言之，零工必須預測自己在什麼樣的情況下可能會生病、受傷，在數小時內又能完成多少工作，並據此制定計劃。要預先規劃這些事相當困難，就連工作穩定的白領階級都不一定能勝任，換做是工作場所多變、每天還得面對不同雇主的零工，則幾乎是不可能的任務。

對於 TaskRabbit 零工而言，這個問題特別嚴重。在 P2P 的經營模式之下，上平台找人的經常都是個體戶，但有些雇主並不是非常清楚工作內容，也有些人會刻意對此輕描淡寫，以免嚇跑有意願接案的零工。舉例來說，28 歲的娜塔莎遇到令她不放心的工作時，會盡量不接，可是有時候，客戶卻不願對細節坦白。

我最近接到一份工作，對方說：「我家剛施完工，你只要來幫我清理就好。」但其實她要我用的是化學清潔劑，還

買了手套和口罩，跟我說：「施工後有很多粉塵，所以請你拿吸塵器清一清，但主要還是用抹布居多。」她要我用的化學藥劑是跟承包商拿來的，因為她不肯付錢，所以承包商不願留下來幫忙。總之，她叫我拿那種液體把灰泥粉末擦掉……我們一起擦了一會兒之後她就說：「我要走了，我開始想吐了。」我心想，「什麼鬼啊！你有沒有想到我，我也很想吐啊！」

昨天也是，我很不舒服，一擤鼻涕，結果出來的竟然是粉塵。反正就是會有這種事啦！而且他們根本不在乎，那種人才不管你呢！

這麼說大家可能很難以置信，但娜塔莎已經算幸運了，畢竟客戶至少還有提供口罩和手套，並陪她擦了一下子，換做是其他 TaskRabbit 零工，則可能得在連基本防護措施都沒有的情況下，獨自執行任務。譬如 25 歲的賈莫就曾受雇到布魯克林雷德胡克區（Red Hook）的住宅清理小型魚池，根據他的說法，雇主是電影造型師。

他家很漂亮，後院有池塘，但好幾年沒清了，所以真的——呃……我也不知道裡面到底都是些什麼……感覺到處都發霉，而且有一大堆蚊子。總之，他要我進去把裡頭的東西

都挖出來，然後放入乾淨的水，就這樣。那種小池塘應該是養魚用的，有個小瀑布在流，感覺很平靜，可以幫助你冥想的那種。不過雖然很小，但卻非常深，我爬進去之後，覺得應該有將近一公尺高吧？裡頭淤積的東西大概到我這邊（他指向膝蓋下方）。

「那大概是我這輩子做過最噁的事，黏黏滑滑的東西一直穿過我腳趾，害我都反胃了起來，」他笑著說。幸運的是，池塘裡並沒有水，但賈莫還是不知道他光腳踩著的究竟是什麼。「他已經很多年沒放水了，所以裡面就只有一堆不知名的物質，」他說，「綠綠黏黏的。我捲起牛仔褲，脫下鞋子跟襪子……然後就進去開挖了。我到現在都還會做惡夢呢！」那次的經驗實在太噁心，所以結束之後，賈莫決定拍下來。在照片中，他的雙腳包覆了薄薄一層棕色和綠色的淤泥。

小池塘通常要靠馬達或吸汙機來清理，而不該請人站到裡頭去挖，而且即使真的非站進去不可，也通常都要穿上橡膠製的長筒連靴褲，以保護腿部與雙腳，免得被水或泥巴裡的東西弄傷。

讀完這些經歷後，各位應該不會訝異「我們負責幹活，讓你享受生活」（We do chores. You live life）這句最新的 TaskRabbit 廣告標語。這句新口號捨棄了「鄰居互助」的精神，

顯示客戶可以「將討人厭的工作外包」——這種概念修爾稱為「僕役經濟」。的確，娜塔莎和賈莫是可以直接拒絕客戶沒錯，許多 TaskRabbit 零工也表示平台的入門課程有強調人身安全，並請他們在身體不適時務必要離開，可是這樣的建議並沒有考慮到掙扎組和某些奮鬥組零工的實際處境。如果財務上必須靠打工過活，那他們真的有辦法掉頭就走嗎？而且工作者抵達現場前，多半都已至少花上一個小時來通勤並與客戶溝通，所以平台雖宣稱用戶有「選擇」，但會決定無酬離開的人大概不多。

危險工作，由 APP 牽線

許多人應該都曾在全職工作中遇到不太想做的事：白領階級員工或許得處理卡紙的印表機，水管工人可能必須擠進狹小的空間修繕管線，某些老師則是覺得為研究報告評分很煩。TaskRabbit 和 Kitchensurfing 工作的危險程度的確遠遠不及漁業、伐木，甚至是一般工程，但共享經濟既然打著「徹底翻轉生活與工作模式」的名號，那不也應該讓勞工從討人厭的差事中解脫嗎？不然也至少應該讓這些事變得安全一點吧？

另一方面，也有人認為 P2P 平台可以讓勞工「收入大幅增加，而且更能自主決定要接受哪些工作。」但事實上，共享經濟並沒有帶來自由，反而重現了工業時代早期的許多陋習，導

致零工幾乎不受任何保障。這是為什麼呢？

　　某些工作就是有其危險性，譬如勞動統計局就指出，每十萬名計程車司機之中，就有 18 人因傷致命，在 2014 年，開計程車是美國最不安全的十項工作之一，比員警和警長級的巡警（第五名）和電工（第九名）還危險。職業安全與健康局在 2010 年的資料顯示，計程車和私人接送服務的司機遭遇他殺的機率，分別是全國勞工平均的 21 和 33 倍。雖然 Uber、Lyft、Via 和其他共乘服務的司機不會攜帶大量現金，但車上仍有智慧型手機、平板電腦和 GPS 等貴重物品。此外，接送服務的駕駛如果是開自家車輛的話，車裡也多半缺乏有助於防範危險事件的管控設備，譬如監視攝影機、無聲警報器，以及車內加強照明系統等等，而這些全部都是職業安全與健康局推薦的設施。[3]

　　駕駛與乘客間的隔板是避免突襲狀況的重要設備，巴爾的摩的研究人員發現，「在當局要求全市計程車都必須於前後座之間加裝隔板後，隔年駕駛遭到攻擊的事件就減少了 56%……而且從隔板普及率只有 5% 的 1991 年到所有車輛都已裝設完成的 1998 年，攻擊事件減少了 90%。」

　　因為前後座沒有隔開的緣故，有駕駛在維吉尼亞州的阿靈頓（Arlington）被攻擊；在同一州的切斯特菲爾德（Chesterfield）被勒頸；在喬治亞州的奧古斯塔（Augusta）被突襲；在加州橘郡（Orange County）被毆打、賞耳光，也有人在伊利諾州的聖

查爾斯（St. Charles）被虐待，而邁阿密同樣發生過類似情事。在 2015 年 1 月，波士頓甚至有一名 Uber 司機被員警在非值勤時段襲擊。針對紐約和波士頓的接送服務比較兩地司機經驗的研究指出，某些 Uber 駕駛會攜帶武器（違反 Uber 規定），或採行緩和策略（譬如拒絕和乘客衝突），藉此保護自己。

　　不少攻擊事件有影片佐證，張貼到 YouTube 後也廣為瘋傳，引起公憤。譬如邁阿密有個女醫生在襲擊 Uber 司機後被醫院開除；橘郡連鎖速食店 Taco Bell 的一位主管也因毆打 Uber 駕駛而遭到解雇，但這些都只是剛好有拍到而已。Uber 和 Lyft 並未將攝影機列為必要裝備，許多人的車裡也確實沒有，或許是費用使然，也或許是擔心合法性問題。此外，Uber 也一直以縮減職災保險為目標在進行遊說，所以駕駛的困境更是可想而知。

　　其實 Uber 並非完全無視工作風險，只不過相關保護費用一律得由駕駛或乘客來承擔。在為了改善公關形象並提振駕駛士氣而發起的「180 天變革」（180 Days of Change）行動中，該公司宣布與保險公司 Aon 合作，推出駕駛傷害保險計劃，針對收入損失提供意外失能給付，也負擔事故醫藥費，另外還有生還者福利。不過，Uber 將乘客的每英哩費率提升了 5 美分，並要求司機每英哩須支付 3.75 美分，為的就是轉嫁這項試行計劃的花費。起初，計劃只有在八州試行，但在 2018 年 4 月時已推廣到 32 州，雖然對駕駛收取的費用不高，卻還是可能會導致某

些人不願加入。

除了上述這些記錄在案的肢體攻擊事件外，2016 年 3 月還曾有三名 Uber 司機遭到殺害，底特律兩人，洛杉磯則有一人，警方認為兇手是為了行搶。同年 3 月，波士頓也有兩位 Uber 司機被乘客搶劫；在 2016 年 6 月，布魯克林一名車上有 Uber 貼紙的接送服務駕駛被謀殺。此外，在加州洛杉磯和西科維納（West Covina），同樣有數人陳屍在貼有 Uber 貼紙的車輛之中。

不過，如果沒有視覺畫面做為佐證，大眾也就比較不會那麼群情激憤地打抱不平。2015 年 11 月，西雅圖的 Uber 駕駛梅姬・楊（Maggie Young）行駛於州際公路上時遭性侵害，後來她投書《Bustle》雜誌公開事發經過，當局卻只以輕罪起訴乘客，罪名是帶有性意圖的侵擾行為。不過被侵犯的女駕駛並不只有她而已；在 2016 年 2 月，威斯康辛州的梅諾莫尼弗斯（Menomonee Falls）也有另一名受害者，不過許多人遭受性侵害後並不會通報，所以遇襲的駕駛應該更多。在《Bustle》雜誌的那篇文章中，楊也確實有提到：「那不是我第一次被男乘客侵犯，只是我之前從來都沒舉報而已（這次我會提出告訴，不過審判日期還沒確定）。事實上，曾有一位名為阿圖爾・札瓦達（Artur Zawada）的司機被密西根大學的學生以反同志言論連番攻擊，發聲後卻反而被 Uber 開除，在那之後，駕駛即使遭受

攻擊，大概也都比較不敢通報或以其他管道公開自身經歷了。

在我訪問的駕駛當中，並沒有人碰過肢體攻擊，但有幾位提到他們會盡量避免在週末晚上開車，免得要應付酒醉的乘客。另一方面，好幾名司機都很詳細地向我闡述被客人言語暴力的經歷，35 歲的歐貝克就是其中之一。他曾被數名乘客欺負，提到時甚至紅了眼眶。

昨天我載到五個荷蘭來的男生，他們很醉……一上車就開始嘲笑我，但人家就已經喝醉了，我又能怎麼辦？所以我就開我的車，盡量不聽他們說話。他們講荷蘭文，因為是荷蘭人嘛……可是偏偏我又聽得懂一點點。

總之他們開始笑我，但那也就算了，後來他們竟然又問我：「喂！你是非洲人嗎？」我說：「為什麼這樣覺得？」「因為你的皮膚……」我現在滿腦子都還是昨天的那些乘客。

我訪問歐貝克時，他開車才四個月，但週末晚上卻已經不載客了，因為曾有人酩酊大醉地吐在車子的門窗上，害他得十萬火急地去洗車。「我每次都很怕讓喝醉的人上車，怕他們會做出可怕的事，」他說，「像是尿尿、嘔吐之類的。」

更慘的是，危機還不只存在於車內而已。「禮拜五有很多人會喝醉……你停紅燈的時候，他們就會踢你的車，扯你保險

桿，」他說，「我還遇過有人拿水瓶猛敲我的引擎蓋，還一直刮……真的很嚴重。世界上怎麼會有一大堆這種人，我實在不懂。」

我問他有沒有考慮辭掉 Uber 的工作，甚至完全不再從事接送服務？「沒那麼簡單……所以我經常很緊張。」他說，「但這對我來說很不容易，我有帳單要繳、有房租要付，還得處理財務，各種花費實在太多了。」

開不完的車，載不完的客

即使駕駛有辦法避免與乘客衝突，但開車這項職業還是有一定的風險。譬如必須久坐，還有因為餐點平價又容易停車的地方不好找，所以飲食較不健康等等。有好幾位駕駛都表示，他們從事載客服務後，由於活動得少，健康也開始出了問題，如體重上升、關節疼痛等等。

舉例來說，54 歲的賴瑞在加入 Uber 前是競技跑者，他說：「我以前每週都會很激烈地訓練六七天，但開車工作讓我的狀況變得很糟。運動完以後，我的腿會很緊繃，但又得出門去載客，即使腳很痛，還是得在車裡坐上八小時，實在很難維持下去。」

除了上述問題外，醫界也曾提出所謂的「計程車症候群」

（taxicab syndrome），意指排尿障礙、生育力異常、尿路結石、膀胱癌和尿道感染等等，與平時會開車的民眾相比，這些健康問題比較容易發生在職業駕駛身上，起因就是沒辦法隨時上廁所。多數計程車司機對此難題都不陌生，但對 APP 駕駛而言，這項挑戰又特別艱鉅。

根據規定，傳統計程車司機的駕駛範圍僅限於紐約市的五大區，以及郊區的西徹斯特郡和拿索郡（Nassau County），如果目的地超出這個範圍，可以拒絕載客。相較之下，Uber 則沒有這項限制，所以雖然長途客或許不是太常見，但確實有駕駛曾開車長征，把乘客從賓州斯克蘭頓（Scranton）載到紐約水牛城（Buffalo），也有人從加州聖塔芭芭拉開到帕羅奧圖（Palo Alto）。截至 2018 年初，創下最遠記錄的是從維吉尼亞州威廉斯堡（Williamsburg）到紐約布魯克林的「殘酷路途，將近 640 公里，耗時 7 小時 42 分鐘」，車資是 294.09 美元。如果把回程也算在內的話，總共是 15.5 個鐘頭，再加上 32 美元的油資和過路費，駕駛時薪大約是 9 美元。

多虧了 2.75 倍的加乘費率（也就是原價的將近三倍），前跑者賴瑞有一次從紐約市下城開到賓州郊區，就賺了 700 美元。這趟路雖然只有 140 多公里，但他多半都卡在車陣中。「我當時已經在荷蘭隧道（Holland Tunnel）東側了，」他說，「但一大堆車要進隧道，塞得很嚴重，那天紐新捷運（PATH）沒有

行駛，所以大家一定都開車，總之車子真的很多，從克里斯多弗街（Christopher Street）到荷蘭隧道就花了一個半小時。一路上我都在想：天啊！希望這位老兄不要取消。因為我知道可以大賺一筆，而且他也只能跟我一起等，所以哪裡也去不了。」賴瑞對於那次的收入很是感激，反觀就讀紐約市立大學（City University of New York）的阿莫德則因為怕上課遲到，所以得在課堂開始前的兩小時就停止載客。

除了長途客以外，UberPOOL 和 LyftLine 的興起也可能導致駕駛沒辦法用洗手間。這兩種服務基本上就像「快速公車」一樣，駕駛會在多個上下車地點接送數位乘客。這樣的載客模式獲譽為環境救星，號稱可以「改善交通，並減少汽油用量及廢氣排放。」然而，把多趟行程合併在一起，卻也會把時間拉得很長。譬如就曾有駕駛開了「將近一小時，在舊金山各處繞了超過 15 公里，並停了九次讓乘客上下車。」

長途旅程有利提升載客時間與收入，讓駕駛不必停在路邊，或是無酬地開車到處繞，但休息的機會也會因此減少。此外，在車上已經有乘客的情況下，駕駛就不能拒絕 LyftLine 或 UberPOOL 的叫車要求，所以又更無法控制工作時長。傳統計程車司機讓客人下車後，可以馬上熄滅空車燈號，但 APP 駕駛一旦遇上「公車型共乘」，就非得開到所有人都抵達目的地後才能下班。在 2017 年 8 月，Uber 推出了長途通知功能，在路途

的預估時間達 45 分鐘以上時發出警示訊息，讓駕駛決定是否要接受，不過這項工具仍未解決 POOL 服務的問題。

　　再者，長途開車也可能導致駕駛只能到洗手間管制特別嚴格的地方上廁所，有時就算跟商家買了東西也還是不能借。歐貝克表示，找不到洗手間的問題從他成為 Uber 駕駛的那天起就一直存在，「我第一天回家後，就立刻跟我太太說：天啊！我要上廁所。」

　　即使有洗手間可用，也不一定找得到停車位。「就算想上廁所，車也不能亂停啊！」歐貝克說，「我當然可以找咖啡店，問題是不一定有位子，所以我得付停車費，等到找好車位停好後，才能去用廁所，但有時候洗手間又不外借。」許多商店和餐廳都會張貼顯眼的「廁所僅供顧客使用」標示，不過星巴克因為店面眾多而且較沒有這方面的限制，所以經常有人稱為「城市公廁」。話雖如此，該公司的政策授權經理決定哪些人能使用店內的洗手間，再加上星巴克算是比較高價位的咖啡店，所以如果不到較為富裕的社區，大概也很難找。「有一次我去星巴克，跟他們說我會買咖啡，就讓我上個廁所吧！結果有些人就一直說不行，」他說，「我把錢包，把錢都拿出來了，我說：請給我咖啡好嗎？我需要用洗手間。但他們還是拒絕。」

　　「在曼哈頓真的太困難了，」歐貝克解釋道，「所以我都會想說再半個小時後就要休息，開去布魯克林隨便找間加油站

就能上，加油站最棒了。」

非常時期的非常手段「邊開邊上」

　　駕駛如果真的走投無路，有時也會訴諸極端手段，31 歲的海克特就表示：「上廁所是我們身為司機最大的困難，因為沒有公廁，去麥當勞也需要鑰匙，所以得買東西當他們的顧客才行，像我就花了很多錢買冰沙和小漢堡，反正既然都要花錢了，不如買點東西來吃嘛！結果體重也就這樣增加了。如果時間太晚，連這些地方都已經關門，那就更難找廁所了，這時候就得用杯子。有人跟我說計程車司機通常都會準備杯子，用完就直接開門丟出車外。昨天有個一起開車的駕駛跟我說他的窗戶是有色玻璃，所以他都邊開邊上小號。」[4]

　　「這樣不會灑到座位上嗎？」我問。

　　「應該很難不灑出來吧！我也不知道，我只用過一次，而且覺得很糟糕，」海克特說，「那個杯子很大，容量大概有 600 毫升，我差點打翻。當時到處都找不到廁所，而且我又在紐澤西，那裡的店都很早關，所以我才不得不用杯子。」結束後，他把東西丟出窗外。「我就只用過那次而已，現在我⋯⋯昨天，啊！不是昨天，是兩天前，我憋了五小時吧？因為真的很忙，我就告訴自己：忍住繼續開車就是了，不要去想。但憋到後來

實在很折磨，」他說，「真的忍不住得停下來找廁所時，我必須把 APP 關掉，才不會收到叫車要求，而且開去麥當勞或漢堡王這類的地方，可能也要半小時，我覺得就是因為這樣，我的收入才會變少。」

然而，雖然駕駛努力憋尿，某些乘客卻無法像他們一樣自制。計程車的座椅是採用壓紋塑膠布料，無法吸收水分或髒汙，至少在紐約市這樣；多數的 UberX 是私人車輛，使用的是布面內裝，而 UberBLACK 的座位則多半是皮料。這些材質都不能防水，說得更直白一點，就是不能防尿。在某些私人 Facebook 駕駛社團和公開的 Uberdrivers.net 論壇中，有許多司機分享相關故事，表示乘客下車後，才發現他們尿在車上。

有些批評人士認為貼文一定是作假，畢竟自重的成年人哪會胡亂在車裡尿尿呢？但我訪問的好幾位駕駛都表示，他們曾處理過應該只會出現在廁所或診間的體液，譬如傑洛德就是這樣。不過，那天晚上被那趟 Uber 車程給嚇到的，並不只有他而已。

我在西哈林區接了一對夫婦，先生穿西裝打領帶，不怎麼說話，太太話可就多了，幾乎都是她在講，不過聽起來是個好人。他們那天要去……我是把他們載到哪裡啊？可能是康州或紐約上州吧！路彎來彎去，到處都是樹，反正就是那

種要一路往山上開，每層都只有一間房子的社區，住在那邊可不便宜。總之，我開了好一陣子，那位先生整路上都沒作聲，多半是他太太在說話，有時他甚至對她毫無回應，所以我心想他應該是睡著了。

我在山上又開了一段，把他們送到一棟漂亮的房子後，就往回開去接了另一個女生，她穿迷你洋裝……還是迷你裙，不管啦！反正就是晚上要出去的裝扮。她坐到先前那位先生的位子後跟我說：「這裡是濕的。」可能是手摸到吧！當時我就想：「糟糕了，怎麼會是濕的？剛才那對夫婦沒帶酒瓶，沒有在喝東西啊？」我的腦子一直轉，最後終於被我想到了──座位會是濕的，只有一個原因。

但我當然不能告訴她，不然事情可就大條了，她可能會控告 Uber，或是找我麻煩。總之我沒辦法說實話，實在很苦惱。

後來她說位子真的很濕，所以我請她移到另外一邊，就是剛才那位太太坐的那邊，還跟她說：「剛才的乘客有帶酒上車，一定是灑出來了。」我不能告訴她那是什麼，所以只好撒謊，心裡真的很過意不去，更糟糕的是……她換座位後，我竟然還拿消毒水給她，「洗一下手吧！我不知道你剛才碰到的是葡萄酒或什麼，怕害你身上有酒味。」雖然愧疚得要命，但我也只能這樣。讓她下車之後，我停在路邊，傳了電

子郵件和訊息給 Uber，通報有人尿在我車裡。

後來我又去了加油站，他們通常都有捲筒式衛生紙。為了確認，我拿了一大堆帶回後座去擦，發現位子濕得不得了，而且擦起來都是黃色的，看得我不禁罵出一聲：『靠！』都是大人了，而且看起來是成功人士，結果竟然⋯⋯那個女生手碰到尿，我卻還騙她，真的覺得好自責，但如果我說出真相的話，可就要倒大楣了。

從公共衛生的角度來看，尿液和嘔吐物大體上並不算危險，但以基本的衛生防範措施而言，一般處理這些物質時都應該佩戴手套和眼部防護。可是如果是乘客意外發覺座位是濕的，或是司機開到加油站清理時發現這些東西呢？駕駛確實是可以找 Uber 投訴乘客沒錯，但 Uber 可是出了名地難以聯絡，要想和平台接洽，只能透過電子郵件和推特。而且，車子一天不整理乾淨，就會少掉一天的工作和收入，所以即使最多可以申請 200 美元的清潔費，有些人也覺得把時間耗在這事情上不值得，寧願自己收拾，以盡快重新上路。最後，傑洛德不僅得自掏腰包洗車，整個晚上也都在等車子乾，沒辦法載客。「我氣死了，她下車之後，我就沒辦法再接其他客人了。」

新經濟形態下的勞工保障

這些故事顯示，所謂的共享經濟不僅提高了職災風險，也導致勞工在受傷或財產毀損時，必須自行擔負所有財務責任。但是，這並不是唯一的經營之道，也並非所有共享服務都以這種獨立承攬模式經營。譬如有些新創公司就決定將契約型零工全都視為員工，並給予同等的薪酬與保障，而且事實上，這些企業的商業模型也並未因此崩壞。

位在紐約的隨需型清潔服務 MyClean 就是一個例子。這個平台原本是與雇用 W-2 員工的本地清潔公司簽約合作，但很快就改為自行聘雇清潔人員，該網站上的一篇部落格文章指出，MyClean 原本是一間欠缺資源、單打獨鬥的新創公司，但開始雇請員工後，得以將清潔團隊拓展至 100 多人，並在短短三年內讓每月收益從 15000 增加至 30 萬美元。此外，契約工得到與員工相同的薪酬後，顧客滿意度也有所提升，進一步降低了客戶獲取成本，並強化了公司的架構與聲譽。MyClean 的執行長麥可 · 夏夫（Michael Scharf）解釋道：「我們認為獨立契約工在法律上有風險，而且也希望能掌控——這麼說或許不是最貼切，但意思是我們想要親自負責管理、派遣、訓練等工作，並制定相關流程，以確保服務品質優異且穩定一致。」

此外，食物外送平台 Munchery 也是將獨立承攬人員視為員工，而且把工程師和外送員等所有職缺都列在網站的同一個頁

面，不像 Uber、TaskRabbit 和 Airbnb 那樣，把外包工作全都放在獨立的網站。此外，每個職缺旁也都有註明，「我們和某些載客、外送平台不同，Munchery 的每一位成員都是員工，不是契約工，也都能享受員工的所有福利與補貼！」

　　某些新創公司並未完全將承攬人員視為員工，但也已開始導入職災保護措施。在 2014 年 7 月，共享型配送平台 Postmates 就宣布將為快遞員提供完整的綜合責任險、汽車超額責任險，以及給付職災費用的工作意外險。Uber 和 Lyft 等多數載客與外送服務的確也有綜合責任險沒錯，但在本文寫成時，Postmates 的工作意外險仍是業界唯一，沒有任何競爭者能與之匹敵。這項保險的限額為 50000 美元，只要是因工作受傷而產生的醫療費用，都算在給付範圍內。

　　非裔美籍的男性快遞員寇弟現年 22 歲，在我們進行訪談的幾個月前曾發生腳踏車意外，但幸運的是，他當時是在替 Postmates 送東西。「我人在第五大道上，要轉 22 街。那條街是直行車道，所以我得切到外線……但你也知道曼哈頓的人就是這樣，老是喜歡在變綠燈前就先走，還覺得不會有事。」相關資料早有記錄他說的這種現象，基本上就是紐約人喜歡在行人燈號亮起前就先過馬路。[5]「所以我只好朝一對情侶大喊：『走開！』結果男生馬上跑到對街，女生卻站在原地不動。」

　　寇弟試著閃她，「我往左，結果她也往左，我往右，她又

跟著往右，後來我終於完全煞住，但腳踏車還是有殘留的衝力，所以就撞到她了。我把她抓住，以免她撲倒在地上，可是拉著她調頭時，自己也後腦勺著地，還好我頭髮很多，沒有摔得太嚴重，不過她還是昏倒了。」

「當時我旁邊還有一台車，所以如果我撞到她，代表車子也會一起撞上去，那可就嚴重了，」寇弟解釋他為什麼要帶著那個女生轉向，「所以我才要拉她。我撞到她以後，就趕緊把她拉起來調頭，但也因為這樣而把背撞到地上。」

雖然他在沒戴安全帽的情況下頭和背著地，但受傷最嚴重的反而是腿。寇弟跌倒時，腳卡到輪胎並因此向後折，導致韌帶拉傷，讓他在醫院待了兩天，而且後來的兩個月都得使用硬梆梆的膝關節護具。那次意外後，他不僅單車壞掉，戴護具也根本沒辦法騎，等於同時喪失了收入來源和到大學上課的交通工具，就連走路都得用拐杖。

「我只能搭公車，但上車又很困難，其他乘客還會一直要我趕快，」他說。寇弟有做物理治療並嘗試針灸，最後也不顧腳痛地再度開始騎車，當作休閒活動。「物理治療師說：『會痛的話就告訴我，』我說：『是會痛沒錯，但我不想承認。』他說這樣很不好，不過我回他：『我知道不好，但我這輩子都是這樣的，因為我是足球員。』我上場後不會因為腳痛就隨便下來……一定得撐到比賽結束才行。」

現年 22 歲的寇弟是全職學生，在母親保單的適用範圍內，另外也有 Postmates 的保險，所以治療費用是由母親的醫療險和 Postmates 共同給付。「Postmates 有幫我們保險，所以如果工作時出了意外，要趕快寫電子郵件給公司；要是有人想告你，他們也會幫忙處理，」他說，「畢竟我們替平台工作，當然要有保障。」

反對為零工賦予員工身分的人經常主張這麼做會限縮自由度，導致接案人員每週必須工作 40 小時，或者得為了輪班而調整個人生活作息等等，但從寇弟騎單車為共享服務 Postmates 送貨的經驗來看，為職災提供保險給付，與這種工作型態最吸引人的「彈性」並沒有衝突。套句寇弟的話，「我們替平台送貨時如果發生了什麼事，所有相關需求他們都得負責幫忙處理。」

共享經濟非但沒有推動勞工權益進步，反而還使零工彷彿退回工業時代早期；幾乎毫無職場安全保險，即使在工作時受傷，也無法針對身體損害與收入損失來尋求救濟。不僅如此，在面對性騷擾時同樣沒有任何保護措施。「分享就是關懷」這話說得好聽，也有許多人聲稱這是他們使用免費或廉價共享服務的動機，但某些人卻認為「共享」一詞代表他們有權以帶有性意味的手段侵犯他人，導致工作者陷入不自在的窘境。在這樣的情況下，共享經濟真的還有關懷的成分存在嗎？

分享就是關懷

「要回我家嗎？」

一般而言，家是很私密的地方，我們很少會讓外人進臥室或坐自家沙發，也會吩咐孩子在父母去上班時要鎖門，而且不能替陌生人開門；會邀約他人到家中，通常都是友誼、情慾關係或家人般緊密的象徵。話雖如此，由於共享經濟著重 P2P 服務，所以用戶如果不願意讓陌生人到家中煮飯（Kitchensurfing）、睡覺（Airbnb），或是清潔、修繕或組裝家具（TaskRabbit），那服務便很難運作。另一方面，Lyft、Uber 和其他 APP 接送服務則使得用戶必須坐進陌生人的車裡，完全違反了許多小孩都學過的「陌生人最危險」守則。

有鑑於一般大眾對陌生人的防範與猜疑，共享企業經常會標榜背景審查機制，譬如 TaskRabbit 網站就強調零工必須通過身分查核和身家調查，確定沒有犯罪記錄後，最後還得參加新手上路課程。在紐約市，Uber 駕駛也得通過這樣的背景審核，計程車司機則必須捺印指紋建檔，不過換到其他城市與州，則可能只會查證過去七年內是否有犯罪記錄，但即使是這種最低程度的身家調查，據說也經常沒能確切執行，所以招致不少批評。另一方面，Airbnb 是仰賴 Facebook 或 LinkedIn 來進行身分驗證。至於 Kitchensurfing 的市場方案則似乎是以甄選來取代查驗，廚師只要到企業內部的測試廚房試煮即可。

此外，多數企業也都會強調自家零工有保險做為後盾，即

使真的不幸出錯，像是 TaskRabbit 零工摔壞平板電視，或乘客搭 Uber 受傷等等，相關的損害也都在給付範圍內。舉例來說，TaskRabbit 的網站就指出每項任務都有投保，最高給付額為 100 萬美元，但也很快就附註這是「次要保險，用戶既有的保單應優先提供給付，如醫療、租客、房屋和綜合保險等等。」

零工得接受審核且有投保，但客戶卻不必。TaskRabbit 的服務條款明文禁止客戶設立多個帳戶，但其實只要有不同的電子郵件地址和數張信用卡，要捏造多重身分一點都不難。工作者的個人資料通常比客戶檔案來得完整，而且包含相片和簡短的自我介紹，TaskRabbit 更特別規定零工必須先提供額外的個人資料，才能「通過」新手上路訓練。因此，顧客基本上都能大致掌握自己雇用或請到家裡的是怎樣的人；不過零工可就沒那麼幸運了。此外，為了保護身分隱私，TaskRabbit 也只提供雇主的名字和姓氏的第一個字母，除非拼字特殊或有其他細節，否則要在網路上查到額外的資訊，幾乎是完全不可能。

去陌生人家確實有危險性，好幾位 TaskRabbit 用戶都告訴我，有位女性零工曾接了一份替人清船隻的工作，但在與雇主進行後續討論時，開始對任務敘述起疑，於是透過網路調查，結果發現對方有性侵害前科，所以就馬上取消了那次工作。

這個故事的真假我們不太可能確認，但即使只是眾人的口耳相傳，卻仍有那麼多位受訪者向我提起這些事，代表大家對

於背景查核的質疑與雙重標準,以及因此潛在於共享經濟中的風險,都感到擔憂。譬如 23 歲的零工潔思敏就說:

　　我不知到現在的規定是怎樣,但之前我總覺得好像誰都可以到網站上徵人,可是如果想接案的話,條件卻非常嚴格。他們這樣很不好,因為我有時候會遇到沒照片、也沒評價的客戶,個人頁面上什麼都沒有,卻想請我去做事。我們必須拚盡全力地賣命工作,但平台竟然完全不篩選客戶,這樣公平嗎?嘴巴上說關心我們的安全,可是其實根本沒挑過雇主,這樣不行吧……所以我覺得公司真的應該實施背景審查之類的,來確定客戶是真有其人……我自己是沒遇過什麼壞事啦!但其他人可能有啊!也或許是上工前才覺得可疑,所以取消沒去。總之,為了安全起見,兩邊都應該接受查核才對。

「任何機會都不放過」

　　在我研究的四項服務中,沒有任何受訪者曾在工作時遭受性侵害,但令我訝異的是,雖然訪談指引並未涵蓋任何關於性騷擾的問題,卻有許多人提到曾有某些帶有性意味的情況讓他們感到很不自在。潔思敏說她到客戶家工作時,某些人會特別大方,「問我要不要喝葡萄酒、抽大麻等等,但我都會說:『不

用了，謝謝，我之後還有工作，所以要先回家了。』會這樣的通常都是男性。」

潔思敏也表示她有時會被搭訕，通常對方都是在工作結束後才傳簡訊來。不過有次她去打掃時，雇主雖然沒有直接勾搭，卻在桌上留下暗示性的訊息。

之前我接過一個工作，第一次去時雇主不在，我拿了他留下的鑰匙進去打掃，結果看到桌邊擺著潤滑液，床單上也有髒汙，顯然是有人翻雲覆雨過。這應該算第一次試探吧！第二次我又去時，他也不在。這份工作我接過三次，每次的情況都一樣，床單很髒、床邊有潤滑液和整盒保險套，桌上還有葡萄酒，總之很明顯就對了，但我還是心想，管他的，裝做沒看到，戴上手套就清吧！反正我是來工作的。

結果第三次他在家，我也不知道怎麼會聊到這個，他竟然問我：「有人跟你搭訕過嗎？」就直接這樣問欸！場面真的很尷尬。我說：「有時候這種事會讓我很不自在。」那時我只是把心裡的感覺說出來，並沒有考慮到當下的情況。「我去替人打掃時，有些男雇主會想跟我搭訕或什麼的，讓我覺得不太舒服⋯⋯」大概就是這類的，然後他也只說：「這樣啊！好。」

兩分鐘後，他說：「我東西都拿好了，現在要去對街的

咖啡店，這樣就不會干擾到你打掃了。」我跟他應了一聲後才想到，「天啊！他該不會是想⋯⋯？」所以我覺得他前兩次都是在試探我。我也不知道欸⋯⋯這些人好像就是任何機會都不放過似的。

會在工作時被搭訕的，並不只有女性而已。在我訪問的 TaskRabbit 零工之中，唯一不住在紐約市的是 20 多歲的奧斯丁，已婚的他是奮鬥組的典型，平時以工程師為正職，收入相對頗高，只有晚上或週末會上 TaskRabbit 接案。「輕鬆地賺些外快來買啤酒之類的。」奧斯丁三週內就完成了 20 多件任務，曾幫人買枕頭送到府上，也曾到客戶家把 110 多公斤的儲物架安裝到車庫的天花板上，而且下方就是保時捷和好幾台 Range Rover，據他所說，那次的工作「實在有點可怕」。

我接過的這 20 個任務多半都是——其實差異性很大——雇主類型都不太一樣。某些是體力不夠，沒辦法自己處理那些工作的年長女性；某些人就只是懶，有些中年男子不知道該怎麼處理，但也確實有幾個年輕女子⋯⋯我覺得啦！我如果還是單身的話（咯咯笑），她們應該會想跟我出去吧！

坦白說，那好像就是她們的目的⋯⋯感覺她們確實是希望可以得到一些什麼，每次我說我已經結婚，對方就會給我

那種「喔⋯⋯好吧！」的回應，所以我覺得有些人一定把這當成交友軟體在用，畢竟長得不錯的男人到家裡來幫忙，何不好好利用呢？

另一名男性零工尚恩原本只是去幫忙裝箱搬家，但看似尋常的工作，卻因為他不小心聽到一段他「用盡一切辦法想忘掉」的私密對話，而完全變了調。

那次的客戶是一個年輕男子，和一個年紀比較大的女性。我在裝東西時，他們在吵架，不過是在臥室裡，沒在我面前吵。我聽到幾句奇怪的話，但並沒有太去注意，我原以為他們是情侶，沒想到是母子，而且對話的內容竟然是亂倫⋯⋯兒子出來後看著我問：「你應該沒聽到什麼吧？」我說：「沒有。」他說：「那就好。」

工作完成後，兒子走了出去，這時他女朋友進到公寓來跟他說話，也跟他母親聊了一下，看起來都很正常。我離開後，女朋友卻跟了上來，說她剛才有看到我。我說：「不用管我啦！我只是來幫忙搬家而已，這就要離開了。」結果她卻說：「我跟你講，我男朋友跟他媽親得要命。」我回答：「這不關我的事，我要離開了。」同時也心想：不要煩我，我一點都不想知道。

但她又說：「你也曉得他們要搬家了吧！」我說我知道後，她竟然說：「我一直想報復他們！」我馬上就心想：絕對不行。

我心裡一直告訴自己不要繼續跟她囉嗦，而且後來她甚至開始顯露出一些怪癖，讓我覺得再這樣下去不妙，所以只好說：「我還有約人要討論關於馬匹的事……」加了句不好意思後就離開了，那次的事真的讓我很不舒服。

許多提供跑腿服務的 TaskRabbit 零工都只是本地公司派遣的臨時工而已，所以即使必須到私人住家幫忙，也只會和客戶共處一下子。相較之下，Kitchensurfing 主打在舒適的自家環境享用主廚料理，所以廚師經常得在客戶家與對方一對一互動。或許就是因為這樣，也有較多受訪者表示曾遇到帶有性暗示的互動，或使他們感到不自在的情況。

羅珊就是其中之一。27 歲的她是 Kitchensurfing 主廚，髮色鮮豔，還有各式各樣的身體藝術，好幾位顧客都曾想跟她自拍，據她所說，其中某個傢伙實在「詭異」到讓她很不舒服。

那個想跟我自拍的客人先是幫忙我煮飯，後來又說他女朋友爽約，問我要不要一起去屋頂上吃飯，但我說：「不行，我要離開了。」他實在是太超過了啦（笑）！太離譜了（笑）。

我說：「希望你滿意今天的餐點和服務。」他回答：「我非常滿意，你就留下來吧！」似乎是剛搬新家，所以很興奮，但我還是不太想跟他去屋頂吃晚餐啊⋯⋯（笑）

所以我找了個藉口：「太可惜了，我還有下一組客人，所以不如下次吧！或許我們還會再見面。」我好聲好氣地講，不希望撕破臉，最後也跟他說：「總之謝謝你，但我要離開了。」大概就是那類的話，不過其實我心裡想的是：「你實在詭異到讓我很不舒服，我要閃人了。」只是沒有直接講出來而已。

零工在工作時，如果想說出身體受傷或哪裡在痛，必須要字斟句酌。同樣地，要是遇到客戶搭訕，或因為對方的某些提議而感到不自在，也得小心翼翼地回應。以羅珊的經驗而言，顧客根本就是要約她到屋頂上晚餐約會，導致她必須謹慎而禮貌地委婉拒絕。

事實上，Kitchensurfing 會請客戶提供服務評價並加以審核，只不過廚師通常都看不到。雖然並沒有受訪者表示拒絕客戶會使他們被平台解雇，但這種邀約與性騷擾相去無幾，仍經常使工作者不堪其擾。

性騷擾簡史

　　根據《1964 年民權法案》（Civil Rights Act of 1964）第七條的規定，性騷擾是性歧視的一種。美國公平就業機會委員會（Equal Employment Opportunity Commission）指出，「無論是對方不歡迎的性挑逗、性方面的要求或其他帶有性意味的口語說詞或身體行為，只要會明顯或暗中影響個人的就業狀況，以不合理的方式干預個人工作表現，或造成充滿害怕、敵意或侵犯性的工作環境，皆應視為性騷擾。」

　　性騷擾的歷史由來已久，在奴隸制度中，性要脅和上司逼迫下屬發生性關係的情事就經常發生。同樣地，在主人家幫傭或在工作坊、商店工作的女性也常舉報男性雇主騷擾。在 19 世紀末期，婦女基督徒節制會（Women's Christian Temperance Union）曾試圖修法，以防止女性成為性獵物，不過是把焦點放在法定強姦罪，希望能透過全國性運動來提高合意年齡。

　　即使在《1964 年民權法案》通過後，法院仍經常拒絕偵辦性騷擾事件，有時也會主張那些案子屬於私人事務或工作上偶發的侵犯行為，甚至表示性騷擾「是不可避免的正常行徑，法律無法以合理的方式從職場上完全根除。」法院主張性騷擾是以性別為依據的歧視，因此經常聲稱男女都有可能遭遇這種情況，而且即使女性真的受害，被歧視的「也只有拒絕上司的那

些女員工，並不是所有人都會成為目標。」在 1977 年的巴恩斯對卡索（Barnes vs. Costle）一案中，法官史巴茲烏 · 羅賓森（Spottswood Robinson）就曾判定，如果是雙性戀主管對下屬提出性方面的要求，那就不算性歧視。原因在於其目標並不僅限於特定性別的下屬，而且員工之所以會成為歧視對象，並不是性別所致，而是他們拒絕與上司發生性行為的後果。

共享經濟工作者＝現代臨時工

許多作家與學者都進行過相關研究，探討性騷擾和帶有性意味的行為是如何被用來維持職場上的性別隔離。舉例來說，經濟學家芭芭拉·柏格曼（Barbara Bergman）曾詳細說明對女性的性騷擾多半是汙辱與「假意的性邀約」，象徵蔑視的態度，「動機是希望對方會困擾到願意離職。」在 1975 年創造出「性騷擾」（sexual harassment）一詞的琳恩·法利（Lin Farley）認為，「性騷擾在非傳統職場的功能，是讓女人不得其門而入；在傳統職場的功能，則是讓女人無法爬到上位。」以職場性騷擾的其他分析模型而言，組織內部如果存在結構性或形式化權力不平等的情況，可能會導致上級濫用職權來騷擾員工。不過研究顯示，被同事騷擾的情況其實更常見，而且有些人甚至會侵犯上司。[1] 在以 P2P 服務為賣點的共享經濟中，即使雇主與零工雙

方是對等個體，雇傭關係仍會導致權力不平衡，進而引發因帶有性意味而使人不自在的情況。

　　某些學者曾聚焦研究「組織的性別化過程」（gendered process）與「分性別」（doing gender）的現象和工作及性騷擾的框架有何關聯。舉例而言，臨時工沒有權力，且經常被冠上女性化的形象，所以擔任這種工作的人通常都必須畢恭畢敬、聽話順服，這樣的情況會使得權力失衡的問題加劇，導致工作者更容易被性騷擾，也更加脆弱。許多臨時工必須整天工作，有時一做就是數週或好幾個月，但偏偏又只算臨時性的契約工，所以常會遭到孤立，有些雇主甚至連他們的名字都不記得。

　　共享經濟之下的現代零工和 1990 年代的臨時工很像，而且就某些層面而言，根本一模一樣。由於許多人也常把臨時工叫成「跑腿的」（runner），所以在西雅圖和舊金山等西岸城市，甚至有公司把這個詞標在門上，代表那是臨時工專用的門。《Wired》雜誌指出，「在舊金山那些人手不足到病態程度的新創公司，管理階層對 TaskRabbit 特別上癮。在那些企業，『我們可以請跑腿的幫忙』已成了常聽見的行話。」TaskRabbit 起初僅針對一般消費者進行宣傳，但大約一年後就拓展業務範圍，開始提供 B2B 的企業級服務 TaskRabbit for Business，主要瞄準需要短期人員幫忙執行街頭團隊行銷（到街上推銷產品或服務）、遞送貨品及舉辦活動的公司。根據《TechCrunch》的報導，

TaskRabbit for Business「比網路分類廣告來得可靠，費用也比傳統的派遣機構便宜。」目標在於幫助企業輕鬆快速地招募到短期工作的人手。這項服務一度有多達 16000 家企業註冊，而且 TaskRabbit 也會幫忙處理得遵循法規的文書工作，譬如企業臨時雇員（一般稱為 W2 員工）的薪資稅、勞工補償和失業保險等等。

　　除了工作的暫時性以外，臨時打雜工和共享服務的零工還有其他幾點非常相似。舉例來說，某仲介機構就曾要求派遣人員把自己視為客人，而不是員工，還「提醒他們，有禮貌的客人不會質疑主人，相處時也會小心不要冒犯到對方。」除了迫使臨時工要付出情緒勞動，隨時保持微笑並聽話合作以外，「客人」的身分也會「強化他們的被動性，因為只要在工作時抱怨或堅持己見，就會被駁斥行為不當。」[3] 說到這裡，各位應該不禁會想到共享平台的零工吧——無論是工作時受傷，或只是想休息一下，向雇主提出要求或說出身體不適時，都必須小心翼翼地字斟句酌，以免顧客留下負評，影響到將來的生意。同樣地，臨時工如果不夠順從，客戶也或許會跟派遣機構抱怨，導致他們接不到工作。此外，由於只是短期人員，所以某些雇主如果認為以後不會再見面，也可能以惡劣的態度對待，把禮儀與專業度等社會標準完全拋諸腦後。

亂象百出──「反正只是暫時的」

工作者以順從、友善的態度待人，是為了維持良好表現，但卻可能被解讀成對調情行為有所回應。伊蘭・霍爾（Elaine Hall）曾對五種餐廳的男女服務生進行研究，並發現兩性雖然都必須為了工作成效而展現魅力，但較多人會期待女性在工作時施展性吸引力，而顧客似乎也會因此受到鼓勵，以帶有性意味的方式騷擾女服務生。

羅珊曾為一對夫妻做飯，從她的經驗中，我們可以清楚看到友善的態度確實可能會被人以有色眼光解讀。

羅珊：我有一次（大笑），遇到一對很酷的夫妻，又是那種表現得好像是朋友，會跟你打成一片的。那是當天的最後一組客人，大家就坐在那兒聊天、分享自己的故事，他們也有問一些關於餐點的問題。我不知道他們倆是開放式性關係，結果太太竟然開始跟我搭訕，場面超級尷尬。她是很性感沒錯，但我還是說：「哇！我真的沒想到會這樣。通常我都還滿順其自然的，但你們已經結婚了耶……我還未婚，我不做這種事的。」

訪問者：情況怎麼會變成那樣？

羅珊：（大笑）或許是因為我說話的方式吧？他們可能

以為我在跟她調情，有些人好像會這麼認為，但其實我真的沒有，我只是很親切而已（大笑）。我這個人是不太會去挑逗任何人的，只是對大家都很親切罷了，但可能他們誤會了吧！總之，兩人私下討論了一會兒，回來之後，太太坐到我旁邊。

羅珊：然後她就開始問我對他們的事有什麼看法，講了一大堆，但我只說：「我沒意見，這是你們的人生，你們自己決定就好。」結果她的問題卻越來越私密，所以我就明說了：「你現在是想跟我搭訕嗎？我應該沒搞錯吧？但你丈夫就在旁邊耶！而且雖然我很感謝你的厚愛，但很抱歉，我並不想，我現在要離開了，謝謝你們請我喝酒，也很高興你們喜歡今天的餐點。」

訪問者：所以她的問題有多私密呢……

羅珊：像是問我喜不喜歡某些特別的床事安排之類的。

就一般規定而言，客戶並不能在受雇者工作時詢問對方的性癖好，或邀請對方發生性關係，但共享經濟似乎是個法外之地，什麼事都有可能發生。此外，在我訪問的工作者中，並沒有任何人以「性騷擾」一詞來描述這類遭遇。不過，這樣的現象並不反常；一如羅傑斯（Rogers）與漢生（Henson）所述，「口頭上或惡劣環境中的騷擾特別容易被忽略，而且臨時工可能根本就沒資

格去認為什麼是性騷擾。」他們之所以會輕忽這種行為，或是告訴自己「沒什麼大不了」並拋諸腦後，就是因為覺得「反正只是暫時的」——我訪問的許多共享經濟零工都這麼說。事實上，受訪者在描述帶有性意味而使他們不自在的相關經驗時，經常使用「奇怪」和「詭異到不行」等說詞，並笑著形容，顯示他們確實因為當下的狀況而感到不舒服，而且也覺得自己似乎有點「被當成目標」。

零工的用語在在凸顯出共享經濟帶來的挑戰。這種經濟模式強調社群、互信和 P2P 服務，所以工作者在情緒勞動層面所面臨的期待也變得更嚴苛。共享經濟之所以有吸引力，其中一個原因在於受雇的是「一般人」，因此客戶可能會期待從中體驗到「真實」的互動。另一方面，由於許多工作都是在家戶內進行，而住家又是親密關係的象徵，適用不同的行為守則，在這樣的情況下，問題就有可能產生。舉例來說，今天如果有個維修工人到辦公室來換燈泡，我應該不會花太多時間跟他互動，若換做是到家裡來換冷氣濾網的話，我大概就會倒杯水請對方喝，並隨口聊一下天氣。私家工作型態也會造成權力失衡，就是因為關起門來沒人知道，所以詢問性癖好等職場禁止的行為才會讓人覺得沒那麼嚴重。

除此之外，在男性主宰的矽谷世界，性騷擾的問題似乎更加嚴重。山姆‧雷文（Sam Levin）曾指出，「女性工程師和創

業家怕被報復或失去資金，所以經常不敢舉報騷擾行為。同樣地，零工的處境也很不穩定。」工作者如果通報相關事件，可能會被視為眼中釘，也有許多人擔心申訴後帳號會被停用。最後，由於某些平台會拿「社群」與「信任」當噱頭，導致零工遭到性騷擾卻不自知，只覺得「不舒服」。為什麼呢？各位仔細思考這兩個概念後，應該就會理解——既然是在與社群互信的環境下工作，那理當應該感到自在、安心才對，所以零工陷入不合期待的處境時，才會以「不舒服」來解釋。

羅珊有把客戶要求和她自拍與邀她吃晚餐的事告訴Kitchensurfing，但並沒有提到開放式性關係的那組客戶。她說自己平時多半在曼哈頓中城區活動，而那對夫妻住上城，所以不太可能再見到。「他們似乎不知道可以自己選廚師，所以我還滿慶幸的，要是得再去一次，我實在無法想像會是什麼感覺，我大概會裝沒事，跟他們問好吧！」她用尷尬的語氣說。

或許是因為 Kitchensurfing 廚師幾乎都必須直接與客戶接觸，所以和其他共享平台的工作者相比，他們更容易遭遇帶有性意味的行為。43 歲的藍道爾是 Kitchensurfing 市場型服務的廚師，我問到「印象非常深刻的經驗」時，他說有次去煮飯簡直就像誤闖「情色俱樂部」，然後又進一步說明其實是「交換妻子的那種開放式性愛派對，實在是詭異到極點。」

打雜的臨時工經常必須穿著比較有魅力的裝束，以呈現特

定形象。同樣地，藍道爾的客戶對穿著也有特殊要求——那是第一個徵兆，當時他就覺得那次的晚餐可能會不太一樣。「討論完前菜後，他叫我要穿廚師服，偏偏我穿了 25 年，早就已經不想，也沒有在穿了。但我拒絕後他卻說：『我要你穿上廚師服，』他居然說『我要你……』耶，講得很明確對吧！通常我會可能回答：『我不想穿，』但那次我卻突然覺得，『好吧！算了，有什麼大不了的？就試試看還穿不穿得下吧！』」他笑著說。「然後他說帶去幫忙的助手也務必要穿廚師服，我也答應了。」

　　但除了服裝規定以外，藍道爾說他並沒有在與客戶的電子郵件往來或其他討論中，察覺到其他線索，所以也不知道當天的派對竟然會是「那種調調」。

　　我抵達後，發現是上西區那種戰前就有的經典老公寓，裡頭很有歌德風，客人看起來都滿酷的，可能有 25 人吧？大家都在聊天，結果我發現他們其實是在商討之後要進行的性愛活動，那時我就心想，「啊！原來是伴侶交換派對。」

　　屋子裡有許多房間和遊戲室，也有束帶和那一類的東西，所以我就在想，「在這廚房煮飯，是不是應該戴手套啊？」（大笑）

　　藍道爾看見助手不可置信的模樣後，馬上提醒他們無論如何都不能涉入。他說那次的經驗「很特別」，也很快就補充說：「客戶人很好、很親切，小費給得很大方，還滿好玩的。」

　　看到藍道爾這麼快就把那次的事件給解釋掉，甚至還笑著轉述，我不禁想起馬文・史考特（Marvin Scott）和史丹佛・萊曼（Stanford Lyman）的「解釋」（account）理論。根據他們的定義，解釋是「社會角色是為了解釋自身或他人出乎意料或難以處理的行為，而發表的陳述。」藍道爾先說他不知道那是性伴侶交換派對（顯示他原先的預期可作廢），但之後又很快地強調參加者都很親切、友善，小費也給得很豐厚，藉此合理化他們的行為，基本上就是一種解釋。

服務賣點——「家裡的陌生人」

　　共享經濟下的零工雖然會有數位足跡，也必須接受背景查核，但對客戶而言，他們就只是臨時受雇的陌生人而已，如果沒有特別要求的話，不太可能會再見面。藍道爾認為，這種「家裡的陌生人」的身分也是他吸引客戶的原因之一。

　　藍道爾：另外還有一件事，他們老是喜歡挑我在的時候上床。

訪問者：真的假的？

藍道爾：對啊！這很流行耶！假設有對情侶邀了 10 個朋友好了，通常我會提早兩小時過去，所以朋友大概還沒到。這時其中一個人可能還沒梳洗，就會說：「廚房在那邊，你儘管用，我去洗個澡。」然後兩個人都不見，接著就開始發出一些嬉鬧聲。一開始我只覺得……「呃……好吧！」但我現在發現，好像有些人就是喜歡這樣。

訪問者：真的？你說像暴露狂那樣嗎？

藍道爾：對，似乎是。

訪問者：那你做何感想？

藍道爾：我是沒差啦！誰管他們啊！我才不在乎，如果他們非得這樣不可，那我也沒辦法囉！這種事已經發生過好幾次了，第一次還有一個同事在場，我跟他說：「他們好像在裡面幹起來了，」結果他很嚴肅地回了一句，「沒錯。」

由於這種情況並不少見，所以藍道爾現在甚至會跟助手打賭，賭他們到府上備餐時，客戶會在「幹那檔事」。「贏的通常是我，客戶通常都不出我所料，」他笑著說，「或許有些人就是有這方面的幻想吧！希望家裡有陌生人之類的，剛好我就出現了。他們大概覺得我去幫忙煮飯，就有一定的保密責任吧！而且這種事我也實在不能到處亂說呀！可能是因為這樣，他們

才不怕曝光；我的話也覺得沒問題啊！挺有趣的。」

　　雖然藍道爾一直說這些經驗「有趣」，並強調他不介意，但卻在訪談中不斷提及，所以或許他內心深處其實有點在乎。在美國，收入非常高的雇主常會採用「『樓上樓下』的美式版本，以距離的遠近之分來區隔主僕。」但藍道爾是專業廚師，並不是僕人，而且他聊到客戶的行為時，說他們「大概覺得」他去幫忙煮飯，所以有一定的保密義務。由此可見，他也不太確定自己該與對方親近到什麼程度，又是不是該幫忙守密。

　　值得一提的是，某些使人不自在的騷擾情境並未直接牽涉到工作者本身。藍道爾表示，有時候他會到 Airbnb 提供服務，而客戶就會在現場與人搭訕。

　　藍道爾：通常都是年輕男子，他們會在蘇活區用 Airbnb 租頂層公寓，假裝是自己家，然後請我去煮飯……用這種手法來把妹。我一直都是反對的啦！因為這種方法不長久嘛！

　　訪問者：你常遇到這種情況嗎？

　　藍道爾：常常啊！遇過好幾次。

　　訪問者：所以是他們告訴你的嗎？

　　藍道爾：沒有，但我不用幾分鐘就看出來了，房子很空，所以一看就知道是 Airbnb，而且照片或什麼的都沒有，很明顯是平常沒人住。男方很多都是在華爾街工作第二年或

從事金融業的小夥子，在女方進門後就會開始說：「這是我家……」什麼的，不過人家對他可能沒興趣，這種時候就很精彩了。有些人則是會因為男生胡謅而受到吸引，像是「剛加入德拉瓦州或東南邊的鄉村俱樂部，才從華盛頓搭火車回來」之類的，這種場面也很有看頭。男方去洗手間時，女生經常會打給閨密吐露心聲，實在是太有趣了……

　　訪問者：所以你通常會在什麼時候離開？

　　藍道爾：通常我都會問客人還需不需要什麼，然後男生就會說：「呃……不用。」不過有時候我也看得出女生很想離開，我可能得幫忙……基本上就是不想再繼續，需要逃離現場，所以我會問她還需不需要什麼，這時她可能就會說：「哦！我跟你一起去買吧！」

　　訪問者：那出去後女生會跟你說些什麼嗎？

　　藍道爾：我會問，「剛才的約會如何？」然後她可能會說：「我的天啊！」這類的（大笑）。男方租 Airbnb 大概得花 500 美金吧？請我去煮飯也要 500 美金，總共 1000 美金，結果換得女方落跑的下場。有時候確實會成功啦！但 80％的人都是失敗收場。

　　藍道爾用約會的花費來計算性愛投資報酬率，聽起來或許很無情，但這種觀點其實並不罕見。譬如瑪麗娜・艾德謝德

（Marina Adshade）就曾在《金錢與性：經濟對性與愛的影響》（Dollars and Sex: How Economics Influences Sex and Love）一書中，引述心理學家蘇珊‧巴索（Susan Basow）和亞莉珊卓‧米妮艾里（Alexandra Minieri）的研究，指出女性受訪者雖不認為男性請吃昂貴的晚餐後，就必定有權利得到性關係，但卻會覺得約會時花越多錢的對象越有資格和她們發生性行為。相較於女性，男性則比較強烈地認為自己大手筆帶女方去約會後，就應該得到性關係來做為回報。

最後，有時讓工作者覺得被騷擾的，甚至是任務本身。22 歲的黑人男性寇弟透過 UberRUSH（Uber 的遞送服務）和 Postmates 接案，我問到他覺得最離奇的經驗時，他說是有一次要買東西送到 40 個街區外的曼哈頓中城區。當時是晚上 10 點，他預估 20 分鐘內可以送到，即使慢慢來也一樣，所以很快就接下了下來。Postmates、UberRUSH 和 TaskRabbit 的許多任務都是這樣，搶得快最重要，如果猶豫或先把敘述全部看完才決定，很容易就被其他零工奪得先機。「結果我竟然得去假陽具店，」寇弟告訴我，「當然啦！我對別人的性癖好完全沒意見，所以就覺得，反正只是去商店嘛⋯⋯簡單。」到了以後，我才發現我沒看到客戶要求的最下面那行，我看著那三個字，不敢相信自己的眼睛──「長黑屌」，「長黑屌？我沒看錯吧？」

寇弟覺得說出來尷尬，於是把說明拿給店員看。

我說：「可以幫我拿這個嗎？」結果他說：「哦？你想要長黑屌啊！」我心想，「不是啦！我已經有了，才不需要再多一根。」總之他把東西包起來放在袋子裡後，然後我又發現說明的最底下還寫著：「我需要吃的……」就是用來吃的東西，不過是情色的那種吃……我不知道……抱歉！我就直說了，那個東西是要放在女生的陰道上，然後讓人家去吃。

我心想，這是在開玩笑嗎？我從沒接過這麼詭異的送貨任務，而且更讓我驚訝的是，對方竟然是女生。她看著我說：「你是寇弟嗎？」我說：「對。」她左右張望了一下之後問我：「我要的東西你有帶嗎？」「有的。」「我可以……」反正我交給她以後，馬上就準備離開。

沒想到她還說：「你不想留下來看嗎？」我說：「不用了……我不想進去。」裡頭是性愛派對……所以我只說：「不好意思，我要先離開。」然後就走了。我從來沒做過那麼奇怪的事。

寇弟和其他共享經濟零工一樣，即使遭遇令人不舒服的騷擾情境，仍謹慎而有禮貌地說了「不好意思」，婉拒性愛派對的邀約，然後才離開客戶家。

工作者的情慾經驗

關於共享經濟的許多議題都是一體兩面，本章討論的範疇也不例外。雖然前述的很多例子似乎都是零工遭遇尷尬的情境，但也有些工作者把共享服務當成性愛吃到飽，譬如自稱旅館業者的 27 歲 Airbnb 房東約瑟夫就是如此。

我所訪問的 Airbnb 房東多半不太願意透露住處，我通常是在東村的不同咖啡廳和他們進行訪談，聊到住在哪裡時，多數受訪者的回應都有些模糊。譬如「住在第 10 街的某棟樓」或我們碰面的咖啡廳「轉角」之類的，有時則會邊說邊大致指向某個方向，從來沒有人把確切的住址或公寓號碼告訴我。

所以約瑟夫回覆我的訪談邀請時，我相當驚訝，但也不禁感到擔憂，因為他提議在他西村的住處見面，還說要帶我參觀他的 Airbnb 房源。跟陌生人在對方家中見面畢竟不太妥當，而且他提到西村的房子，讓我有點困惑——在曼哈頓，東村是 Airbnb 數量最多的地方，所以我邀請的明明就多半都是這個區域的房東啊！

我上網調查後，發現約瑟夫曾積極參與 Airbnb 在紐約的一些公關活動，所以開始覺得比較放心。於是，我把碰面地點告訴我丈夫，並詳細交代許多事項：何時該以什麼方式確認我的狀況，我如果沒即時回應，又應該怎麼做。

　　我早了幾分鐘抵達約瑟夫家，結果他不在，不過很快地就從轉角出現，提著一袋為訪談準備的果汁和餅乾。上樓之後，他簡要地帶我參觀，那是間設有租金限制但沒有電梯的房子，是他家，也是他的第一個 Airbnb 房源──現在，他每晚接待的房客人數最多可達到 25 人。約瑟夫希望有朝一日能成為專業的旅館業者，所以並不因為年紀輕且沒學歷而退縮，反而在家人的協助下，在曼哈頓上西區租了兩間三房公寓，以類似青年旅館的模式經營，每次出租 30 晚，每個房間最多可睡兩人。此外，他也替合夥人管理另外十個房源。

　　那是我的最後一場 Airbnb 訪談，所以我原以為研究已達理論飽和，沒想到照例問了最後一題後，卻得到了出乎意料的答案──「有沒有什麼你覺得我該問但卻沒問的事？」

　　約瑟夫很快就說：「嗯！因為 Airbnb 而發生的浪漫經歷，這你好像沒問。」

　　「你有什麼浪漫經歷嗎？」我問。

　　他確實有。第一個故事還算是最平凡無奇的：他跟一個年輕女孩子「來電」，然後在接下來的三週內，他們一起煮飯，約瑟夫也帶她認識自己的朋友，甚至約她在猶太安息日和父母共進晚餐，並一同參加 Airbnb 會議。「浪漫的部分在於我們一起睡，可以抱在一塊兒，但其實我還是把她當成妹妹來疼，因為她才 20 歲嘛！我妹雖然只小我兩歲，但在我心裡，她永遠都

是 19 歲的孩子。當然啦！我和那個女孩子之間的情愫很濃烈，但就某種程度而言，我只是把她當成房客、當成親愛的妹妹來照顧。」

約瑟夫講完這個故事後，我覺得他似乎還想說些什麼，於是就問他是不是還跟別的房客有過肢體關係。他說還有另外兩次。

第一位房客在租了約瑟夫家閒置的房間不久後，便和交往七年的男友分手了。在她住宿期間，約瑟夫並不知道自己有機會，所以曾帶了兩名女子回家。

她要離開前的那晚，我們去了一間酒吧，忘記可不可以跳舞了。總之，她說我「很活躍」，還說她在垃圾桶裡看到保險套。我跟她說不好意思，但她說：「沒事的，你這樣很好啊！」

我們回家後，她──哎……反正就是那樣──所以我大概十秒內就把保險套戴好，嚇了她一跳，但我們已經開始了嘛！而且我這個人是很有求必應的。準備好之後……可能是我戴得太快，讓她有點驚嚇。她說：「等一下，慢一點……」結果我就睡著了。

我醒來之後，卻不見她的蹤影，於是我就心想，「天啊！太糟糕了，慘了，現在她對我不知道做何感想？」但她說那

天跟我睡得很愉快，而且我還得跟她確認我們有沒有發生關係，因為我真的不記得。

我正準備要離開時，約瑟夫問我有沒有時間再聽一個故事，還說那是他「最離奇的經驗之一」。

約瑟夫：那次訂房的是一對情侶，其實我只有看到男方的個人資料，但也沒多想，反正就是情侶嘛！沒問題。他們抵達後，我覺得男方看起來大概 40 多歲，女生則是 20 幾，長得很漂亮、很前衛的那種，頭髮有藍色挑染，身上也有穿洞跟刺青，那時我就心想，這傢伙跟這麼年輕性感的女孩子在一起，還真幸運啊！沒想到五天後她卻跟我說：「喔！我們不是情侶，只是他想來紐約，又說要幫我買票，所以我就一起來了。」我問她：「但你們不是睡在一起嗎？」她說：「對啊！但他很噁心欸……天啊！你該不會以為我——」「所以你們沒有在一起囉？」

我原本以為她是那種跟在老男人身邊陪玩或陪睡的女孩子，沒想到不是。總之，這種事通常都是發生在最後一晚——我隔天早上七點要工作，但熬夜到凌晨四點。他們大吵了一架，然後她就開始把啤酒和能量飲料混在一起喝，而我就只是隨便喝點可樂。每次男方上樓抽菸，我們就會開始親

熱，當時我就跟她說：「他要是發現的話，我一定會死得很慘。」

最後，我們也的確被發現了。男方罵她是「到處亂睡的爛女人」，說她就是這樣，而我也趕緊起身，「真的很對不起，她說你們沒有在一起，所以……」總之我一直跟他道歉，說我沒有想介入他們的意思，沒想到他卻說：「沒事的，沒關係。」然後就去睡覺了。他去睡了以後，我們做了又做，結果還真的什麼事也沒有。

訪問者：那對情侶給你的評價如何？

約瑟夫：（大笑）剛才講的第一個女房客給我的評價很棒，好像是說：「我從沒遇過約瑟夫這麼棒的房東，」真希望她也順便稱讚我的舌上功夫，不過可惜沒有。她叫什麼名字去了……好像是愛……還是艾……什麼的。那對情侶的話，好像沒寫什麼負評，可能是給了普通的評價或是沒留，因為如果是負評，我應該會記得才對。

約瑟夫之所以把 Airbnb 當做性愛平台，並不只是年輕男子在燈紅酒綠的大都市探險而已。事實上，他的夢想是要寫出一本名叫《69 大全》（Sixty-Nine）的書，詳細描述他的奇遇。「我想請跟我做過的女性分享她們的經驗，有點像是幫我留評價那樣，不過是用故事性的手法來寫，」他這麼解釋，「然後集結

成一本書，這樣大家就可以從 69 種觀點來了解我這個人。」

「你要找 69 個跟你睡過的女人分享她們的觀點？」我又確認了一次。

「對！」他回答。

約瑟夫應該是個比較異常的例子，在我訪問的 Airbnb 房東之中，就只有他自願分享和房客的肉體關係。或許還有其他房東也和房客過從甚密，但即便如此，也沒有其他人主動提起相關的故事。雖然所有的受訪者都是把自家空間出租給陌生人，也經常會依循直覺或事先上網調查房客，並在有 Airbnb 保險的情況下，才接受通過社群網站驗證的用戶訂房。不過在有人入住時，他們多半都不會待在家裡，只有約瑟夫比較願意經常性地與他人共用自家空間。

約瑟夫與其他房東的另一大差別，在於他經營得相當成功，是在管理其他好幾個「整層住家」式的房源之餘，才積極分享自家空間。換句話說，他在經濟上並沒有壓力，有餘裕可以挑選房客。一般而言，Airbnb 房東都喜歡出租整層住家，因為價格較高，也可以避免與陌生人面對面時有侷促的不便。對於成功組和奮鬥組的房東而言，這種類型的房子或許是用來賺取度假經費的，也可能是當成投資性房產來使用（我在第七章會詳細討論）。

但對掙扎組和某些奮鬥組的房東來說，分享私人空間是在

需要錢的情況下，迫不得已的選擇。舉例來說，掙扎組的嘉布拉現年 27 歲，是正在念碩士的國際學生，她住在皇冠高地，一般而言，只有帶年幼的兒子出城時，才會出租公寓。「我通常不會把房間租出去，因為家裡有外人的話，我會很不自在，但房子很大，有三個房間，而且又只有我跟兒子住，所以有時候我如果一時無法負擔托兒所的費用，就會把其中一個房間租出去，但好像也只有兩次吧！那間我平時完全沒在用，所以適合出租。」換言之，只有在經濟上有需要時，嘉布拉才會選擇與陌生人共用空間。她說自己對那間房子並不是「特別有感情」，只是看做「頗有價值的資產」，用來賺取額外收入，以支付生活費或當成旅行基金而已。

　　某些房東的確表示他們與租客共用空間是為了認識新朋友、拓展社交圈，但對多數人而言，這麼做就只是為了保住他們認為有價值或心愛的房子而已。舉例來說，38 歲的芮秋和長期交往的男友才剛重簽租約，對方就決定搬走，所以她只好把空下來的房間租出去。同樣地，36 歲的馬修之所以開始透過 Airbnb 出租自家空間，也是為了脫離經濟困境。他原本計劃要開餐廳，結果沒能成功，因此陷入憂鬱，很快地就一窮二白，連在路邊買碗有肉的蓋飯的錢，都付不起。[4]

　　約瑟夫和其他 Airbnb 受訪者的最後一個差異，在於他是單身。我所訪問的房東幾乎都有另一半，而且大多都住在一起。

不過，即使不是單身，也不代表不可能和客人搭上線。33 歲的
Uber 司機穆罕默德有個年幼的女兒，妻子目前也懷有身孕。我
問他是否曾因乘客的行為而困擾時，他開始說起深夜載到的女
客人，「會有些女孩子單獨從夜店出來，喝得微醺，就是有點醉，
但還能控制自己，可以正常走路、說話那樣。她們有時會邀我
上樓，跟我說：『我玩得很開心，但沒找到對象。』很多女孩
子都是很慾求不滿的。」他說。

我問他有沒有接受過上樓邀請。

「我們下線之後，就不算在工作了嘛！把乘客載到目的
地後，只要登出就算下班時間，可以自由活動啦！」他說，
「想做什麼都可以……基本上我是不反對啦！反正就是找樂子
嘛……大家工作結束後不都會這樣嗎？」

和乘客發生關係是違反 Uber 政策的，但駕駛卻可以自由決
定是否要遵守規定，凸顯出這個 APP 的彈性。租用傳統計程車
的司機時間有限，必須趕緊載客才能賺回租車成本；高級接送
服務駕駛有固定的排班時間，還有派案人員監督。不過，換做
是 Uber 的話，一如廣告向潛在零工所述，可就「不必輪班、沒
有老闆，也毫無限制」了。因此，駕駛可以直接登出平台，幾
分鐘、幾小時後再登入都可以。與傳統接送服務的從業人員相
比，Uber 司機因為有了 APP 帶來的彈性，所以要和乘客勾搭也
容易許多。

　　所以 APP 平台駕駛和乘客上床的頻率究竟有多高呢？這很難說，而且 Uber 和 Lyft 近期內大概也不會去研究或公布這方面的數據。不過，專門讓用戶公開祕密與自白的匿名社群網站 Whisper 指出，站台管理人員曾「針對數名聲稱與 Uber 或 Lyft 駕駛發生過性行為的使用者，以及表示與乘客有過親密關係的駕駛查證說詞，就貼文發布的地理位置與直接詢問的結果來看，他們認為相關貼文似乎確有其事。」不過，畢竟連 Uber 的前任 CEO 都把自家服務稱為「把妹神器」，要說平台有助於提升他成功的機率，所以司機載客或乘客搭車時順便多揩點油，大概也不那麼令人意外吧！

　　在工業時代早期至 1900 年代初期，保障工作安全與工會組織權的規範就已逐步確立，但一直要到第二波女性主義興起後，美國才開始出現性騷擾防治措施。有些支持共享經濟的人認為職場保護已沒有存在的必要，並聲稱相關法律已經過時，不符合現代需求。但事實上，共享經濟對於各項保護法規的破壞力之強，就連當代新制定的規範都無法與之匹敵。

　　這波經濟運動看似前衛，實則是倒退，還削弱了性騷擾方面的職場保護，不僅共享企業鮮少觸碰相關議題，就連工作者本身也不認為自己應當享有這方面的保障。一般辦公室無法接受的行為，如果是發生在雇主的臥室或廚房，在「共享服務應以平等人際連結為前提」的漂亮說詞之下，就很容易被忽略，

或以「奇怪」一詞帶過。許多零工明明被客戶騷擾，卻不敢道出真相，也無法明確述說自身經歷，反而是用「詭異到不行」這類的詞來形容，凸顯出他們困惑與不自在的感受。

　　共享經濟中的不法情事，遠遠不止性騷擾而已。由於這種經濟模式具有匿名性質，讓雇主可以將運毒作業或詐欺操作外包，欺騙不知情的守法零工，所以有些人會發現自己竟接到不合法的工作。一般而言，我們多半認為認真工作能讓人遠離犯罪，但零工經濟顛覆了這樣的想法，反倒使受雇者涉入非法或有違法之嫌的活動，成為共犯。換言之，共享經濟不僅導致勞工保護退化，還為犯罪企業開創出新的機會。

非法情事處處有

　　曾在第四章出現的賈莫，身高大約 180 公分，雙肩寬闊，留著一頭黑色短髮，畢業於知名大學──說到共享經濟，同學們大概都覺得自己不可能成為零工，就算真要參與，應該也是在幕後寫 APP 的那種大學。賈莫自稱是「社群媒體大師」，聲音輕柔，帶點南方腔調，緊張或不好意思的時候說話會有點含糊，我必須靠近一點才聽得清楚。他的應用程式 Pinterest（用來在網路上收藏喜愛內容的工具）頁面有數十人追蹤，多半是女性，釘選數最多的圖板是他理想中的公寓擺設，其中有一張放有復古任天堂遊戲機的咖啡桌。他鬍子刮得很乾淨，笑容滿面，也喜歡嘻哈音樂，看起來就是標準的南方鄰家男孩，有西印度群島血統的那種。

　　身為大學教授之子的他在南方長大，畢業後回到家鄉，在喬治亞工作了一年以償還小額學貸並存錢，計劃要搬到紐約市，從事社群媒體行銷相關的工作。他抵達紐約時是二月，天氣濕寒，不過剛好趕上初春的職缺釋出潮。

　　但紐約生活比他想像中來得貴，而且他身為黑人，名字又明顯不是白人，所以工作並沒有他預期的那麼好找，原本想當酒保賺些外快，但也沒能如願。「紐約很多地方對酒保都有特殊要求，要不是得有調酒執照，要不就得是長相很漂亮的女孩子，偏偏我兩樣都沒有……」他笑著承認。到酒吧、餐廳工作的計劃都失敗後，賈莫加入了 TaskRabbit，利用這個平台「在需

要時賺點收入，同時也可以繼續投履歷並參加面試。」

　　賈莫會把 TaskRabbit 工作安排在面試之餘的時間，也養成每天早上打開平台的習慣，看看當天有哪些新的機會。據他所說，最常見的是送貨任務，「一小時內就會有 50 到 60 件案子，」他表示，「我光是幫人家送東西，一天就至少可以賺 20 到 50 美元。」

　　如果競標成功，賈莫會立刻出門工作，但他不一定每次都能標到，而且有時候接到的案子是當天稍晚才要執行。為了增加案量，他會帶著筆電到曼哈頓的公共圖書館待命，為的就是「離案源近一點」，而這樣的策略也經常讓他一天能接到兩三件任務。

　　幸運的是，賈莫在紐約有親戚。他搬到市區後，跟他們住了幾個月，但後來家族鬧劇爆發，他只好到華盛頓特區在朋友家寄宿了一個月。但是，家中的問題仍未解決，所以他回到紐約時，發現自己基本上已無家可歸。不能跟親戚住，也付不起分租費用，又沒有房東要求的薪資單能出示，所以同樣沒辦法租自己的房子。

　　於是他搬進一間非法青年旅館打工換宿，每週值班六天，每天八小時，從早上 9 點到下午 5 點，或是下午 5 點到凌晨 1 點，有時也會一天安排兩班，連續工作 16 小時，分內的責任包括辦理入住、登記資料以及拍攝護照相片等等，也經常必須打掃。

「我得掃地、拖地、清理廁所、洗衣服和床單,還得撿淋浴間的頭髮。」他說,「天啊!真的是有夠噁心。」

不過,在青年旅館打工換宿讓他有地方能躲風避雨,並安放自己的東西,而且房客來來去去,食物的供應也是很穩定。由於那間青年旅館是一棟家庭式的獨棟房屋,旅客為了省錢,會在廚房自己煮飯,離開時也經常留下多餘的食物,所以賈莫說他「會拿一些來吃」,但這顯然不夠:

那年夏天我瘦了快 20 公斤,我剛到紐約時將近 90,後來瘦到 70 左右。那年真的瘦了很多……現在回頭想想,當時好像真的活在貧窮線以下。我沒辦法多吃,因為錢賺得不夠,所以必須把每天的食物分配好,盡量撐久一點。譬如我會煮一鍋義大利麵吃個五天,總之,就是要想盡辦法,盡可能地省錢。

網路上的評論提到,那間青年旅館擁有容納三個家庭單位的住宿許可,裡頭擺滿雙層床鋪,每層樓都有四人和六人房,最多可睡 10 人。此外,也有人提到浴室只有三間,最多卻可能有 30 個人共用,所以得等很久。賈莫知道那間擠滿旅客的青年旅館是非法經營,而且也不符合消防法規,「有一次那間房子還真的著了火,不過沒有整個燒起來,就只有前門那一側起火

而已，」他說，「我有阻止同事，但他們還是決定打給消防隊，結果紐約消防局那些人來了以後，把整間房子都毀了，不是燒毀，而是被消防斧和水柱那些東西給搞壞的。」

那場火災過後，賈莫和他當時在交往的女孩子過了一夜，然後就開始睡朋友和遠房親戚家的沙發，最後在一間每晚 35 美元的青年旅館落腳，據他所說，「比前一間還噁心」。由於無法打工換宿，TaskRabbit 的工作對他而言變得更加重要。「我每天都會透過 TaskRabbit 接案，」他說，「一切都在我的掌握之中。」

賈莫喜歡使用 TaskRabbit 的競標系統，「這種機制讓我覺得自己有主導權，可以親自挑選想做的案子，」他說，「可以根據客戶的需求和自己想做的事來接案，還滿不錯的。」

在 2014 年夏天，TaskRabbit 從競標系統轉型為時薪制度（詳見第二章），但賈莫不太喜歡這種新的經營模式。突然之間，他很難再將任務安排在面試空檔，而且也得盡量接受平台安排的工作，以便把接案率維持在高檔，並保持帳戶的活躍度。在 TaskRabbit 轉型過後不久，賈莫接到一件看似普通的案子，任務是到藥房拿藥並負責遞送。

「我之前就做過，所以沒有想太多。」他這麼說，但他前一次只是幫忙拿處方藥並送到兩個街區遠的地方而已，沒想到這次竟頗有玄機。他在前往藥房的路上接到客戶來電，說她剛

搬去中國，但離開前忘了去拿處方藥，所以要請賈莫寄給她，結果又因為她人在國外，信用卡一直刷不過，導致藥局也反覆確認處理了好一陣子。拖了兩小時後，賈莫終於拿到處方藥。

「我拿到藥之後才發現，未免也太多了吧？」賈莫說。他拍了張照，裡頭全是特大號的藥瓶。「那時我才想到，等等……寄這麼多處方藥到國外是合法的嗎？」他笑著說。「我心想，這應該要先跟海關申報吧？」他確認藥品必須透過 DHL 或 FedEx 寄送後，客戶請他先幫忙收著，她會考慮一下該怎麼做。

　　我答應之後，跟朋友說了這件事，結果她建議我把這件事告訴 TaskRabbit，那時我才覺得，「對耶！我已經把藥帶在身上一整週了，雖然是處方型安非他命和助眠藥，不是甲基安非他命，但量這麼大，要是被抓到的話，人家大概會以為我在製冰毒吧！」

　　所以我決定打給 TaskRabbit，告訴他們這件事。一開始，接電話的人說：「這樣不合法，你最好不要幫她。」但五分鐘後，他卻又說沒處理過這種事，要去問主管，叫我先等一下。又再過了五分鐘，他回撥給我，「其實呢！你應該要幫她，因為無論客戶交代什麼任務，接案的人都要盡力完成才對。」基本上，他的意思就是雖然違法，但不管怎麼樣，既然客戶付錢請你做事，那你就還是得照做。

　　賈莫聽從朋友建議，將電話內容錄音，後來也有放給我聽。我可以聽見那位女性友人在一旁提醒，要他請 TaskRabbit 員工說明是不是無論如何都必須完成任務。「情況真的是有點棘手啊！」賈莫有些輕描淡寫地說。「TaskRabbit 的意思是要我為客戶犯法，但要是我被抓到、被逮捕的話，該找哪個雇主求助呢？問題就出在這——以合約來看，我並不算 TaskRabbit 的正式員工，甚至不知道他們有沒有經手接案合約，如果事跡敗露，牽扯出一堆麻煩，是沒有人會保護我的。」他這麼解釋道。

　　最後，賈莫決定不要幫忙寄，而客戶也終究安排了朋友當面跟他拿藥，但在那之前，賈莫都把藥帶在身上。對身處紐約市的年輕黑人男性而言，持有他人的大量處方藥物特別危險，雖然紐約市警局在 2013 年底以前，已大幅縮減備受批評的「攔查搜身」行動，但民眾進入地鐵站時，包包還是有可能被隨機搜查。「我知道這樣很冒險……攔查搜身計劃在我搬到紐約時已經結束，所以我並不是那麼害怕，比較讓我擔心的是有人會在地鐵站隨機檢查包包。我自己是沒遇過啦！謝天謝地，不過我是真的很焦慮，畢竟要是被查到，我可不能說是要幫 TaskRabbit 的客戶寄藥，而且就算警方真的相信，我又該跟誰求助呢？根本沒人會幫我啊！」

　　由於青年旅館不是那麼安全，而且賈莫又得兼顧 TaskRabbit 工作和面試，幾乎隨時都在外奔波，所以才覺得必須把藥帶在

身上。「她沒有告訴我明確的時間,只說:『我會再告訴你。』隨時都可能跟我聯絡,所以我也別無選擇。」

聽一個受過良好教育的年輕人說他在工作上「別無選擇」,感覺有點奇怪。更何況,自行決定工作內容、時間,甚至是收入多寡,不就是共享經濟奉為聖旨的最高原則嗎?不過事實顯示,零工經濟所承諾的自由經常只是幻覺,工作者可能會覺得自己比原先更加受限。在這種經濟模式造成勞動力臨時化的情況下,我們長期以來對美國勞動市場的了解,以及努力工作好處多的概念,都已被推翻。

工作成為犯罪漏洞,甚至使犯罪成為可能?

威廉・朱立爾斯・威爾森(William Julius Wilson)在《工作失蹤:新城市貧民的困境》(When Work DisAPPears: The World of the New Urban Poor)一書中指出,製造業工作流失,以及白人從都會區搬遷至郊區的現象,會導致非裔美籍家庭越發貧困,並使得犯罪率上升。根據他的邏輯,沒有工作就無法賺錢,結婚的動機也會減弱,而社會如果缺乏就業與婚姻所帶來的穩定性,犯罪防範機制也會大不如前,這不僅對個人欠缺嚇阻力,也難以仰賴「老生常談」來勸阻年輕人以犯罪維生。

這樣的問題該如何解決呢?其實答案在美國的每一項經濟

發展計劃當中都有：努力生產製造，創造就業機會，這樣犯罪率自然會下降。事實上，經常有人認為 1990 年代末期的犯罪狀況之所以能改善，就是因為就業率上升，而「流氓社會學家」蘇西耶・凡卡德希（Sudhir Venkatesh）的作品也進一步鞏固了這樣的觀點；他在芝加哥進行研究計劃時，遇到的販毒分子都非常貧困，必須靠政府的補助度日，而且還跟母親同住。

　　但在零工經濟之下，促進就業有助減少犯罪或防範人民從事犯罪活動的假設，卻不再成立，甚至會造成反效果。雖然零工的本意是工作賺錢，很少有誰會刻意想捲入糾紛，但共享經濟著重臨時性與匿名性，所以從本質上來看，很容易就會成為犯罪破口。工作者必須通過身家查核，客戶卻完全不用接受查驗與監控，想在 TaskRabbit 或 Kitchensurfing 辦假帳戶，大概只需要幾秒的時間，換做是 Uber 或 Airbnb，應該也能在一兩分鐘內完成。

　　此外，客戶也不像零工一樣，必須在個人檔案中提供詳細資料和相片，所以只要使用拋棄型手機（burner phone）和隨便一個電子郵件，就能輕鬆建立帳戶，再搭配現金提款卡，即可匿名雇請零工幫忙執行任務。而且事實上，有心人士似乎的確知道共享平台存在這種犯罪機會。TaskRabbit 在 2015 年宣布，零工代墊金額如果超過 300 美元，就必須先經過平台核可，雖然並未確切說明原因，但好幾位受訪者都表示，應該是有人用

偷來的信用卡付費，或是事後提出消費爭議，導致卡費和工作者的酬勞都必須由 TaskRabbit 來負擔。

雖然多數 TaskRabbit 零工現在都已知道代墊費用超過 300 美元的工作不能接，但這種任務還是會出現。零工可以透過 APP 和客戶進行匿名討論，這樣一來，TaskRabbit 就能夠留存文字記錄，以免後續處理爭議時需要。APP 的通訊工具可用於提供確切地址、說明工作細節，但也有人會在任務開始後才更改工作內容，並透過訊息通知──49 歲的白人男性麥可就有過這樣的經驗。

麥可體格魁武，有些禿頭，是政治學博士，在教學和研究方面經驗豐富，所以原以為可以做些寫作與編輯相關的案子，但實際接到的工作卻寥寥無幾。他為了另一半而搬到紐約後，在 2015 年春天加入已經轉型的 TaskRabbit，但卻難以直接獲得客戶青睞，於是只好接起緊急任務，也就是被其他零工拒絕，或必須在當天完成（通常是幾小時內）的工作。就性質而言，經常都是幫忙送東西或跑腿。[1]

有一次，某位客戶請麥可幫忙到當地的商店買幾罐果汁送去，但這項看似再普通不過的任務，後來卻變得比他想像中複雜許多。「昨天客戶請我去買些吃的，但卻在我傳訊息說已經抵達後大改訂單，結果品項變得很多，總費用也增加到 300 多美元。遇到這種情況時，我們必須先得到授權才能買，所以我

打給支援中心，然後他們馬上就取消了任務，叫我：不要買，我們會跟客戶聯絡。」

麥可說他當時已經「知道有些人會利用 TaskRabbit 詐騙，」自己也遇過好幾次，所以有問支援中心要如何處理，「結果對方的回答跟我之前某次與平台聯絡時完全一樣──那次我也很確定是詐騙，他們確切是怎麼答覆我記不太清楚了，但大概就是：『哎呀！有時候就是會有人濫用平台來投機嘛⋯⋯』或是類似的說法。」

那次，TaskRabbit 付了麥可一小時的酬勞。如果他沒有舉報，而是直接把東西買好、送去給客戶的話，收入大概會比較多，但這麼做會違反平台規定，不僅有被開除的風險，代墊的錢也可能拿不回來。相較於 Postmates 等快送服務為遞送員提供儲值卡的做法，TaskRabbit 反而是請零工先自掏腰包，然後再報帳。也因為平台最快可能要一週才會核發款項，所以許多受訪者都拒接必須先代墊費用的工作，或是只接實銷金額很小的任務。畢竟，對於財務緊繃或是信用卡將近，甚至已經透支的零工而言，延遲銷帳確實很可能會造成困難。[2]

此外，許多零工的低薪困境也導致他們特別容易做出不當的決定。研究顯示，貧窮所帶來的諸多挑戰會使人處理得分身乏術，因此無法審慎考量其他問題，「就好像今天如果有哪條航道可能發生交撞事故好了，航空交通管制員也很容易會因此

而忽略空中的其他飛機。」

零工不僅得即時回覆、遵守 TaskRabbit 政策，也必須慎選工作，以免接到時間兜不攏，沒能力執行或可能有蹊蹺的任務。以經濟狀況而言，比較寬裕的工作者通常也較能審慎地評估工作，並看出潛在的問題，譬如布蘭登的經驗就明顯可以做為佐證。30 多歲的他是非裔美國人，曾任金融業多年，後來決定休息一年四處旅行，然後攻讀法學，我們就是利用他開學前的空檔，在夏季進行訪談的。布蘭登在經濟上比多數零工都來得穩定，不必仰賴 TaskRabbit 支付生活所需，也因此可以較謹慎地評估並拒絕可疑任務。有一次，某位客戶曾想寄信箱鑰匙給他，「客戶說他們有一個月都不在，所以要我去西徹斯特，」他這麼說，並補充那是個路程大約 45 分鐘的小鎮，「把東西從信箱拿出來，然後寄回去給他們。」但布蘭登稍加思考之後，就覺得這神祕包裹對他未來的法律生涯大概不會有什麼幫助，所以便拒絕了。

放棄抵抗，明哲保身

除了經濟方面的考量以外，零工未來能否再接到客戶，經常取決於評價好壞，所以即使遇到可能涉及犯罪的工作，也可能會有不得不做的壓力，而且重點是，基本上沒有誰會刊登一

看就知道違法的任務。一般而言,兼差工作多半都是幫忙搬家、排隊買東西、打掃住家和跑腿等等,TaskRabbit 和 Uber 都沒有提供幫忙運毒或載乘客逃亡的選項。同理,Airbnb 房客即使想辦狂歡性愛派對或洗劫公寓,也不會先告訴房東。因此,零工常會涉入有違法之嫌的工作而不自知,等到已著手進行後才發現,甚至有某些人在起疑時,處境已相當危險,所以根本沒辦法抗拒,只能乖乖配合,以求明哲保身。

這樣的情況在 Lyft 及 Uber 等共乘服務中特別明顯。將共享平台納入現有計程車體系的地方並不多,而紐約就是其中之一;駕駛可取得計程車委員會(TLC)的完整執照,也必須接受和普通計程車司機相同的身家調查。但在紐約,傳統駕駛的防護裝備包括防彈隔板、監視攝影機,以及緊急按鈕(按下後會使車牌旁邊的故障燈亮起)等等,其中幾項最早可追溯至 1960 年代。1967 年時,市政單位要求在晚間行駛的計程車加裝防彈隔板,但在 1970 年代初期將這項要求擴及所有車輛,可是 70 年代末期又改為非強制性規定。不過,由於許多司機因快克古柯鹼造成的大量犯罪喪生,所以 1994 年起,當局又恢復了這道法規。到了 1997 年,就連隸屬於車行的載客車輛也必須加裝隔板了。一開始,以自有車輛提供服務的司機並不在管轄範圍內,但終究也因法令改變而必須使用隔板或監視攝影機。雖然紐約市的計程車司機多半會把隔板打開,以便收款並與乘客溝通,

但至少他們在有必要時還是可以關上；換做是共乘平台的駕駛，可就沒有這個選項了。

　　隔板規定一開始之所以會實施，是為了遏止搶案發生，而且也算成功，自 1997 年起，就再也沒有計程車司機因搶劫而喪命。1991 至 1995 年擔任 TLC 會長的菲德爾・德法列（Fidel F. Del Valle）在某次訪問中解釋道：「無論施暴動機為何，隔板都能擋下肢體暴力。計程車基本上就像有輪子的撲滿一樣，容易使人覬覦，所以勢必要有防範措施，不能讓搶匪輕易得逞。」

　　一般認為 Uber 和 Lyft 司機比較不容易被搶，部分原因在於他們不收現金，在紐約也不得接送路邊攔車的乘客。此外，由於共享經濟盛行透過 APP 進行的虛擬支付，再加上平台也提供使用者個人資料，使人彷彿置身安全且充滿互信的小型社群，所以座車防護似乎也不是那麼必要。的確，只要是用 Uber 或 Lyft 叫車的乘客，平台都能掌握其姓名、信用卡號、帳單地址和相片，反觀計程車司機就只能載路邊的陌生人而已。不過我們先前有提到，Lyft 剛開始營運時，是以「會開車的好朋友」為口號，鼓勵用戶坐在副駕，這樣一來，駕駛遭遇危險時的選擇會更加受限。而且誠如前文所述，APP 的個人資料可能根本是捏造或毫無實際功效，反而還會給人安全的錯覺，所以駕駛仍會陷入危險情境或捲入非法情事。事實上，由於未裝設緊急按鈕和攝影機，因此共享服務的司機可能更容易遇到不希望身

分曝光的乘客。

我為了招募受訪者而在共乘服務的駕駛網路論壇 Uberdrivers.net 貼文後，有一位 31 歲的西裔男性海克特跟我聯絡。他大學畢業後在家具租賃中心當副理，每星期工作 47 個小時，稅後的每週薪資是 460 美元，後來，保證月收數千美元的 Uber 廣告吸引了他的目光。[3] 由於一開始還不太確定實際狀況，海克特並不想貿然支付紐約市的 TLC 費用，所以選擇先在紐澤西試駕一個週末試試，結果第一晚就賺進了 200 美元。「那是我週薪的一半耶……」即使已經過了好幾個月，他還是用很驚奇的語氣這麼說，「所以我打給老闆，跟他說：『我找到更好的工作，決定要接受了。』我知道自己應該改變現況，於是就真的轉換了跑道。上工第一週，我大概賺到 1200 元，覺得實在是選對了。」

海克特和許多駕駛一樣，是 Uber 和 Lyft 並用，至於要使用哪一個？經常是取決於平台提供的保證，以及自己在乘客和需求方面的經驗：據他所說，Lyft 的乘客比較友善，但 Uber 的客源較多。收入方面，雖然帳面上的數字勝過從事家具租賃的薪資，但上路前的初期費用也相當可觀。首先，他必須把車換成 Uber 核准的類型，導致車貸增加了 8000 美元，而相關費用及 TLC 的牌照及註冊費也要大約 4000 美元。他不僅把自己的信用卡都刷到額度上限，還借了大學女友僅有的 2000 美元存款，同

時也和哥哥、弟弟借錢。即使Uber廣告保證每月可賺5000美元，海克特手頭還是很緊：他每個月付清800美元的汽車貸款和500美元的保險費後，根本沒有多餘的收入可以存下來。

打從一開始，海克特就知道開車有危險性，也可能涉及法律問題，譬如在他選做起步地點的紐澤西州，共乘服務其實就不合法。他的第一組乘客共有五人，理論上應該不能塞一台車，但「不知怎麼的，他們都還是擠進來了。」海克特把客人送到當地的一間酒吧，後來當晚又接到電話，要回去載他們，結果抵達現場後，卻發現有人在停車場鬧事。「感覺已經快變成十個大男人的鬥毆，而且那群人就在我正前方，所以我原本打算要離開，」他說，「如果我沒倒車的話，車子都要被打到了。我心想『不行，再這樣下去不妙，』後來才發現，打架的那群人把出口擋住，我根本出不去。」

幸運的是，海克特的乘客剛好就在那時離開酒吧，讓他得以在警察抵達的同時載著他們離開。不過事實上，Uber為了尋求合法化，向來都告訴駕駛不必擔心警察。對於這惡名昭彰的策略，海克特解釋道：「公司在每一州都是這樣，什麼都不管就直接在當地營運，還會告訴我們：不用擔心，平台會負擔所有法律費用。」

海克特雖不擔心警察，但近來卻因為某次事件而考慮要加裝攝影機。他成長於皇后區的牙買加地區，深知黑皮膚的年輕

男性要在紐約較外圍的區域招計程車有多困難，所以接受了一位年輕非裔美籍男子的 Uber 叫車要求。「地點定在公園，我抵達後坐在車裡等，結果四個男的突然就坐了進來，全部身穿帽T。我後座有放個平板讓乘客聽音樂，車裡也有許多 3C 產品，所以很怕被搶劫。結果他們倒沒什麼異樣，只是把我準備給客人的點心全部吃光，小罐的瓶裝水也都喝完了。」

一開始，一切似乎都還算順利，但後來，「他們卻不放我走。」海克特這麼說。

我到處繞了大概一小時，中間停了很多站，每到一個地方就會有人下車，跑去不知道哪裡？然後馬上回來，再到下一站時又會有人下車，或是換新的乘客上車。有時會有穿帽T 的人在外面等，客人會去跟對方碰面然後再上車……我覺得應該是在違法販賣毒品，於是就開始鼓勵他們去讀大學。

其中有個人說：「我打算去念大學，我想當護士，」另外三個則什麼話都沒講。我有盡量跟他們閒聊，像是問說：「所以你們為什麼會來這裡？」他們多半是回答「喔！他要拿東西」之類的，但卻總是空手上車，所以我覺得應該是在販毒。

海克特按照指示接了第五名乘客上車後，情況又變得更不

對勁。「後來才上車的那個人年紀比較大一點,感覺是帶頭的,完全不告訴我地址,只是一直指揮我怎麼走,像是『在這裡轉彎,過紅綠燈後左轉』這類的。」

　　海克特聽從指示,最後終於抵達目的地。年紀較長的男子下車後,朝車外一名「看起來就是要做壞事」的男性走去。兩人交易完毒品後,謹慎地握了手(海克特有示範給我看),接著乘客便坐回車裡,請海克特開回他上車的地點。

　　坦白說,我真的很想叫他們:「全部下車,我才不替你們幹這種勾當。」但又不知道對方身上有沒有武器,運動褲和帽T鬆垮垮的,也看不出裡面是不是有藏東西,或許有刀也說不定,偏偏我連一支筆都沒有,根本無法保護自己,要是他們把刀架在我脖子上,我該怎麼辦?而且用戶檔案沒有照片,名稱也只顯示 A 一,我怎麼知道是誰?就連 A 一是當中的那一個,我都不曉得。

　　海克特的乘客用的或許是真名,但在有名無姓而且沒有照片的情況下,他根本無法確定用帳戶叫車的是哪一個客人,再加上沒有攝影機,所以也無法拍下當天究竟有誰搭車。海克特認為,由於 Uber 和 Lyft 在紐約市外圍相當常見,比較不會招來警方關注,所以販毒分子可能特別愛用。事實上,他的推測

或許真的沒錯。研究顯示，就紐約市邊緣的幾個行政區而言，Uber 的業績確實優於一般計程車。

後來，那幾個年輕人開始說要去布朗克斯，可是就算不塞車，也得開 45 分鐘，於是海克特以要回家吃晚飯為由婉拒，對方也沒有硬留，但在離開前跟他要了電話。「其中一個人說：『好吧！那把你的號碼給我。』應該是想再找我開車，我原本要亂編，可是他就站在我面前不走，所以我思考過後，決定把真的號碼給他，結果他一輸入就馬上試打，看到手機確實有響才離開，還說了句：很好。」

不到一週後，那群年輕男子就打了電話，請海克特再次到布魯特林載他們，但海克特謊稱人在曼哈頓，距離太遠，沒辦法過去。他有想過要向 Uber 通報，但乘客有他的手機號碼，如果他們 APP 帳戶被停用的話，說不定會找他尋仇。另一方面，他也對車用攝影機研究了一番，但 TLC 核可的種類大約要 350 美元，而且還不包括安裝費，所以他「暫時沒打算要投資這筆錢，因為目前還在還債。」

或許賈莫和海克特的經歷在共享經濟中只是特例，也可能根本是誤會。說不定真的有人會搬到海外，但忘記帶處方藥；也說不定海克特的客人只是在找弄丟的手機或四處拜訪朋友而已。與將近 80 人進行了深度訪談，當然可能會聽到一些離譜的經歷，但事實上，肯定有違法之嫌的故事，我可不只聽過幾個而已。

遠距不一定安全

　　舉例來說，30 歲的亞洲女性克莉絲緹娜曾在 TaskRabbit 接過研究工作。雖然透過 TaskRabbit 發包的多半是實體任務，但克莉絲緹娜接到的剛好是「遠距」的案子，所以可以在家完成。為了避免零工繞過平台接案，TaskRabbit 不允許他們透過外部管道與客戶聯絡，話雖如此，由於官方系統只提供短訊傳送功能，而研究、寫作和網站設計等遠端任務又經常涉及檔案上傳，所以客戶和工作者有時會交換私人電子郵件，藉此寄送最終成品並提升溝通效率。

　　雖然不少 TaskRabbit 零工坦承曾繞過平台接案，但也都馬上表示他們是按照客戶的要求行事。一般而言，少了 TaskRabbit 這個中介平台後，客戶可以壓低成本，零工也可以拿到較多酬勞，但如果雇主企圖重訂價格或根本不付錢的話，工作者也追討無門。事實上，有幾位受訪者就提到了這樣的經歷。

　　但克莉絲緹娜的遭遇恰好相反。客戶沒有繞過 TaskRabbit 發案，不過在雙方透過平台之外的管道聯繫時，取得了她的電子郵件，而那正是她用來註冊 PayPal 帳戶的電子信箱──問題來了，這個雇主非但沒有少付酬勞，反而還刻意多付。

　　克莉絲緹娜：其實只是個很普通的案子，至少看起來很

普通啦！我幫忙查了一些關於藝術學院的資料，整理在試算表上，然後在某個網站上做了研究。總之，兩項任務都完成後，客戶稱讚我做得很好，又說：「對了，可以教我怎麼用PayPal 嗎？」可是之後卻說：「我用 PayPal 付了一筆錢給你，可以請你幫忙匯給網站的設計師嗎？」

　　訪問者：她既然有辦法匯錢給你，那她應該本來就會用PayPal 了吧？

　　克莉絲緹娜：（大笑）對啊！我也不知道。我看到她匯來的錢時很困惑，心想「她是要幫我加薪嗎？」我原本真的是這麼以為，沒想到她又請我把錢匯給別人。

　　克莉絲緹娜按照指示，匯了幾百美元給網站設計師，之後就再也沒那個客戶的消息了。但後來她認識了其他 TaskRabbit零工，才發現有人也曾接到這種奇怪的要求。「有個女生說了跟我一模一樣的經歷，我覺得對方應該是同一個人，」克莉絲緹娜說，「她只是找不同人幫忙匯錢而已。」

　　克莉絲緹娜遭遇的事件很可疑，可能是洗錢，也或許是常見的超額付款詐騙——許多被害人都是在按照指示退回超付的金額後，才發現一開始的款項也是造假。一直到訪談進行時，那次的事件似乎都還未造成任何後果，但酬勞是透過 PayPal 支付，按照該平台規定，在款項匯出後的 120 天內，都可以申請

交易退單。只要消費者對信用卡費提出申訴，零售商的信用卡公司即可要求退單，以彌補詐欺性或爭議性交易帶來的損失。在本文寫成時，克莉絲緹娜仍無法確定她是不是無意間涉入了洗錢活動，或成了超付騙局的受害者。

Airbnb 與非法租賃的興起

相較之下，零工經濟中的某些工作者則是知法犯法。紐約是 Airbnb 最大的市場之一，共有超過 25000 名活躍房東及 30342 個房源，但其實自 2010 年起，當局就已禁止將同棟建築內有三戶以上的房子做短期出租（短於 30 天）。的確，法律上是有所謂的「室友規則」可以用來鑽漏洞沒錯；根據這項規定，房東可以把房間租給一位毫無親緣關係的房客，但自己得全程同住在屋內，而且必須把所有空間都開放給對方使用，這樣的話就不算違法。話雖如此，多數房東都是自己不在家時，才喜歡把房子出租，因此紐約檢察總長在 2014 年 10 月發布的報告中指出，在 2010 年 1 月到 2014 年 6 月間透過 Airbnb 出租的整層住家當中，有 72% 的房源都違反了上述規定及其他法規。

事實上，就連宣傳短期出租都是非法行為。紐約州議會在 2016 年 6 月通過法案，禁止房東和房客將整層住家刊登於 Airbnb 和類似的網站，供人短期租賃；後來此案由州長安德魯·

古莫（Andrew Cuomo）於 2016 年底簽署並正式立法，如果違規，最高可處以 7500 美元的罰款。因此，許多 Airbnb 房東平時雖然都是奉公守法的好公民，但卻又積極宣傳自家房源，等同於公開從事非法活動，可說是相當奇特的現象。

我訪問的房東多半都說怕被抓，尤其是剛開始經營時特別擔心，所以會採行某些策略來降低風險，譬如請房客自稱家人或朋友，或是在 Aibnb 的地圖上，把房源位置釘選在實際地點的幾個街區遠處（詳見第二章）。不過，他們通常更怕被原始房東發現，因為這麼一來，可能必須在短時間內找到新的住處，甚至無法拿回租屋的押金。[4]

許多 Airbnb 房東對上述法令並不知情，所以我提到的時候，有位 23 歲的白人女性受訪者顯然開始對我的研究感到很緊張，並一再要我保證不會洩露她的身分。另一方面，許多熟悉短租禁令的房東都認為相關法規並不是真的在 2010 年才訂立，而是共有房屋和寄宿公寓年代留下來的遺毒，所以根本不應該具有效力。舉例來說，36 歲的馬修就這麼告訴我：「這條法律大概是在 1940 年代制定的吧！當初是為了保護飯店業者，避免房東開設沒有營業執照的旅館，但他們竟然到現在還在吵這項規定，而且偏偏又剛好可以用來限制新的租賃模式。」32 歲的喬書亞則說：「其實大家每天都在違法，只是自己不知道而已。30 天的規範是訂立於 1970 年代，但現在的環境根本已經完全不同了，

只能說法規向來都跟不上科技啊！」

　　有趣的是，Airbnb 的非法性質竟是吸引喬書亞的原因之一。他在事務所擔任律師，自稱在業餘時間經營 Airbnb「辛迪加」（syndicate，在英文中是犯罪聯盟的意思），還說他跟搭檔討論時，「都會講些黑幫用語，像是『密謀』和『辛迪加』之類的，覺得很有趣……提到收入時還會用『黑錢』來代稱，就某種程度而言，好像在玩角色扮演似的，覺得自己是《火線重案組》（The Wire）那種故事裡的黑幫。我就是喜歡這樣，感覺比較刺激，不然生活有時候實在是挺無聊的。」

　　年收入遠超過 20 萬美元的紐約市事務所律師，當然可以把出租工作當成遊戲，畢竟他不必以此維生。不過喬書亞假扮黑幫的嗜好，以及透過犯法來消除生活煩悶的做法，都顯示共享經濟中有越來越多人對犯罪抱持輕忽、隨便的態度。

　　在 1982 年，喬治‧凱林（George L. Kelling）和詹姆斯‧威爾森（James Q. Wilson）於《大西洋》雜誌（The Atlantic）發表了「破窗理論」，為了說明犯罪會引發更多犯罪的道理；兩人引述了菲利浦‧津巴多（Philip Zimbardo）1969 年的實驗：把一輛看起來被破壞過的車放在紐約的布朗克斯（引擎蓋掀開、沒有車牌），同時也在加州帕羅奧圖放置一台完好無缺的相似車輛。[5]布朗克斯的那台車被「棄置」之後，短短幾分鐘內就被一家人破壞，水箱和電池都被偷走，其餘的貴重零件也都在一天內遭竊。

在那之後，「整台車便開始崩毀——窗戶被砸破、零件被拔走、內裝也被撕爛……而且搞破壞的多數成人都是衣著整齊、看起來乾乾淨淨的白人。」

相較之下，帕羅奧圖的那台車則平安無事，但津巴多用錘子打壞了車輛外觀後，「幾小時內，車子就被弄得天翻地覆，面目全非，而且下毒手的那些『野蠻人』也多半是體面的白人。」

根據破窗理論，任何失序或踰矩的跡象，都會造成更多混亂，即使起初只是單單一片窗戶破掉也一樣。「如果遇到出門找樂子或有意劫掠的人，無人管理的財產很容易就會慘遭毒手，即使是平常自認奉公守法、完全不會想去搞破壞的人，也可能會湊熱鬧……一旦周遭出現某些跡象，讓人覺得『做了也不會怎樣』，進而喪失互敬精神，且不再重視文明責任，那麼任何社區內的界線都可能會開始模糊，使破壞公物的行為隨之出現……此外，這樣的行為如果也『無人在乎』的話，更會導致社會秩序全面崩毀。」

舉例來說，Uber 就是出了名的先斬後奏，從不申請許可，總是在事後才要政府寬容。基本上，該公司的立場就是與其遵守規矩，還不如直接繳清罰款比較容易。一如意外載到販毒分子的海克特所述，Uber 每次拓展到新市場時，都會向駕駛表明非法計程車的罰款和出庭費用都算業務成本，一律由公司負擔。最後，隨著平台市占率提高，當地主管機關也多半會被迫放任

Uber 繼續營運。

　　同樣地，Airbnb 之所以能立足，也是因為不遵守非法旅館的禁令，讓使用者得以輕易涉足規範嚴格、稅務繁重的旅宿產業，但卻不必和已經發展完善的企業遵守相同的規矩、繳一樣的稅。偏偏 Airbnb 卻因藐視法令，而成就了數十億美元的估值，所以房東和房客大概也很難從中學到什麼道德教訓。

　　破窗理論指的是小奸小惡引發大規模的混亂。相較之下，Airbnb 和 Uber 的行為則猶如死魚腐爛，壞了整池的水。打著「市場型住宿平台」的名號，其實是經營非法旅宿；明明是開設規避法律的計程車行，卻自稱「科技公司」──在共享企業公然帶頭大肆違法的情況下，小型個體戶也會群起效尤。再加上這些企業把「大破大立」和「創意性破壞」包裝美化成值得追求的目標，導致「社會秩序全面崩毀」，大眾對隨意犯罪的行徑也普遍抱持寬容態度，甚至還會予以擁戴，某些族群更是把這樣的現象當笑話看，而且「多半是體面的白人」。

　　零工經濟的另外一個重點機制是仰賴外包，透過這樣的途徑，共享企業可以趁勢將風險也轉嫁到工作者身上，讓他們自行擔負保費及淡季生活支出。大多數的零工因為收入低，所以自己和家人都符合聯邦醫療補助的資格，至於薪資稍高，但也因此而無法領取補助的族群則不是沒有保險，就是仰賴各州的健保交易所，所以基本上，企業等同是把提供醫療保險的成本

與責任轉嫁給納稅人和政府。事實上,零工如果做得成功,甚至還可能把接到的案子轉包給他人(至少在共享平台實施禁令以前是這樣),形成多層外包模式。有鑑於此,過程中牽涉到犯罪似乎在所難免。

　　勞動力臨時化使得私人住家重新成了工作場域,中產階級可以聘請 Kitchensurfing 私廚、到 TaskRabbit 找人清理居家環境,並透過 Uber 叫車,說穿了,簡直和《唐頓莊園》(Downton Abbey)相似到有點詭異,只不過人物都改穿現代服飾,而且不必為家僕提供住處,省去許多麻煩。[6]對有錢人而言,大小事都請人幫忙,的確可能是由來已久的習慣,但是中產階級之所以能用低廉的價格輕鬆請人,則是托了 APP 型零工經濟的福。不過,上流階級通常會同時雇用好幾個人,所以大家可以分享個人經歷並彼此建議。相較之下,現今的零工則孤立得多,陷入棘手的情況時,也通常只能靠自己。

　　由於工作是在客戶家進行,所以即使已提高警覺,避免在不知情的狀況下犯罪,都仍有可能會目擊犯罪現場。一提到不尋常的工作經歷,Kitchensurfing Tonight 的 26 歲白人男性廚師喬,馬上就說有個故事可以跟我分享。那次的客戶是一對夫婦,沒想到他才抵達現場不久,就陷入了連烹飪學校沒教學生該怎麼處理的尷尬情境。當天是太太替喬開門,並在他準備食材要開始煮飯時和他聊了幾分鐘,後來,丈夫也到家了。

兩人進到屋子後側的房間，聽起來像在吵架，結果丈夫氣呼呼地衝出去了。「我覺得很奇怪，因為我是去替他煮飯的，而且菜都快準備好了，」喬笑著說，「所以我好像還問他：『你會回來吃晚餐嗎？要不要我……？』但是他沒回答。」於是喬就繼續做飯，大約 20 分鐘後，菜色都已上桌，但妻子還是在房裡沒出來。

我把菜都擺在餐台上之後，往臥室的方向喊道：「我要離開囉！」結果她走了出來，臉上有好大一個瘀青，不知道算不算眼圈發黑？我也不知道眼睛要黑腫起來需要多少時間，反正她進房時臉上並沒有那個瘀青。我盯著她看，問她：「你還好嗎？」她說沒事，只是在臥房跌倒，臉剛好撞上床架而已，但我說看起來不是這樣，還跟她說我想報警。

雙方來回爭執了一下子之後，喬決定到大廳報警，後來有兩位警官到樓上跟那名年輕女子做筆錄，另一位則在人行道上詢問喬事發當時的狀況。最後，女子決定不起訴。

幾週後，喬心裡還是很矛盾，不知道自己是否做了正確的決定。他停頓了一下，然後有些猶豫地解釋道：

我覺得我只是……我媽是社工，長期從事家庭暴力相關

的工作，所以我對這方面還滿了解的。而且她總是跟我說，如果遇到可能是家暴的狀況，就算只有一丁點兒的懷疑，都應該要報警。但對方也是個成人了，她希望我不要打給警察，所以或許我不該干預才對。當然啦！後來我決定插手，可是我到現在都還無法確定這樣對她是不是最好。

　　喬為了說服那名女子，又接受警方問話，所以沒能來得及去替當晚的下一組客人做飯。他聯絡了 Kitchensurfing，以地鐵誤點為藉口，說他沒能趕上預約時間，結果也並未因而受到任何懲處。

　　幾週過後，喬還是沒把真相告訴 Kitchensurfing。他頓了一下，然後向我解釋：「就我所知，公司沒有這方面的規範，當然啦！如果有的話可能也不太妙，畢竟大家應該都不希望這種事太常發生，我只是不確定公司會怎麼——你也知道的，這事情很敏感，而且我也只是去客戶家裡幫傭而已。」

　　喬說他只是「幫傭」，顯示出他在面對客戶時遭遇的兩難處境。自古以來，雇主都會期待家僕保守家族祕密，在《別在僕人面前：英國上下樓生活的真實寫照》（Not in Front of the Servants: A True Portrait of English Upstairs/Downstairs Life）中，法蘭克‧道爾斯（Frank Dawes）曾指出：「家僕是否絕對審慎，對上層階級而言非常重要，而他們也很少辜負主人的信任。」

但換做是在現代，《唐頓莊園》式的工作環境可能會使零工相當困惑——究竟雇主對他們有怎樣的期待？在當今社會的許多產業中，根據相關法律，工作者如果發現虐待情事，就非得通報不可。不過，謹言慎行、幫忙守密卻是僕役經濟中的的最高守則，在這兩種截然不同的標準下，零工該如何自處呢？

另外，喬也提到 Kitchensurfing 沒有相關規範，這同樣是很有趣的現象。現代企業經常因為員工手冊寫得又臭又長而被嘲諷，但規則涵蓋的範圍全面一點，看來還是有些好處的。相較之下，TaskRabbit 零工則表示公司有說只要覺得不舒服或不安全，就應該要立即離場。不過，在我至今訪問的近 80 位受訪者中，只有一人曾因懷疑工作違法而拒絕繼續。

「這不在我的職責範圍內」，零工的職場保護規範

我會認識 22 歲的黑人男性寇弟（曾在第五章介紹），是因為某天到本地的一個公園遛狗。他坐在長凳上，邊玩手機邊等平台發派快遞工作，身上穿著 Postmates 的 T 恤，所以我知道他是零工。我們幾週後碰面進行訪談時，寇弟說他也有用 UberRUSH 送貨；我問他有沒有送到過毒品或可疑的東西，他說 Postmates 嚴禁他們收取「任何藥品，只有從藥局取得的處方

藥除外。」此外，送貨員有責任聯絡派遣中心，告知「包裹內
含藥物」，所以無法取貨。「如果被抓到，雖然上頭是客戶的
名字，但東西在我包包裡，所以遭殃的還是我。」他解釋道。

　　我問他是否親身經歷過這種狀況？他說有一次大麻的氣味
重到他不必打開包裹就聞得到。「我把東西還回去，告訴對方：
不好意思，這個我不能收。」他說。「他們問我為什麼，我說：『這
不在我的職責範圍內。』結果他們又回：『是這樣嗎？』我說
完『對！』以後就離開了。下樓後我打給派遣中心，說我為什
麼不送那個包裹，接電話的人也回答：『沒問題，我們會付你
酬勞，你趕快離開吧！』所以我就直接出了那棟大樓。」後來，
公司不僅幫忙解釋寇弟為何離開，還付了他工資，並替他移除
了不滿的客戶留下的負評。

　　在 2014 年，紐約州鬆綁了藥用大麻的相關規範，准許州內
的 20 間醫院將大麻藥物開給有癌症、青光眼及其他州立衛生委
員會（State Board of Health）所列疾病的患者。不過藥物政策聯
盟（Drug Policy Alliance）指出，紐約市仍嚴格施行大麻相關法
規，所以在 2002 至 2012 年間，共有將近 45 萬件輕罪起訴案。
由於公司設有明確規範，所以寇弟可以輕鬆拒絕執行非法任務，
不必冒險，甚至還能對客戶搬出官方說詞，以「這不在我的職
責範圍內」為理由。

　　在此我必須澄清，我完全沒有把寇弟和前述的幾位工作者

視為罪犯，因為這些人並不是刻意要去運毒、詐騙企業或幫忙洗錢，但零工經濟的聘雇結構確實讓他們的處境相當危險。共享平台將這些契約工視為獨立承攬人員，因此不提供正式員工通常都享有的保護措施，再加上零工只是臨時受聘，人數又多，所以公司似乎不太重視相關規定與訓練，甚至不會避免他們暴露於不合理的危險之中——明明同樣是在工作，但卻被排除在所有標準職場保障之外，前人花了數百年才爭取來的福利，他們卻一點都享受不到。

先前曾有間新創公司開發了一款名為 Peeple 的 APP，自稱是「用在人身上的 Yelp」，可以讓用戶匿名並對個人留下評價，結果卻引發強烈抗議。這顯示一般人都不希望每天被指教、打分數。然而，零工卻必須面對每一位客戶的評價，如果取消任務或載客行程，還可能會引發惡性後果，無法繼續透過平台接案。在傳統經濟體中，我們通常都能自由選擇想從事的工作，但換做是共享經濟的話，反倒是企業可以隨意解聘零工。

隨著勞動力臨時化（長期正職被短期的臨時工作取代），共享經濟中的工作者必須更加努力，但所得到的報酬卻更不穩定，由於就業市場普遍波動性大，所以不僅缺乏工作保障，薪資也比前幾年來得低。此外，美國勞工應得的勞動保護措施，如健保、退休金提撥（或至少應提供社會安全保險），以及傷殘保險等等，他們也全都沒有。由於一天到晚都得被人評價，

又缺乏可靠的穩定收入，所以某些零工會覺得自己似乎沒有挑工作的餘地，也因此更有可能被犯罪分子利用，或涉入有違法之嫌的活動。

不過，也不是所有的工作者都那麼身不由己。譬如經營成功的 Airbnb 房東和 Kitchensurfing 主廚就擁有充裕的選擇權，可以決定工作的時間、方式和服務對象，並藉著零工經濟享有優渥的生活。TaskRabbit 零工和 Uber 司機必須承接一定案量，才能確保 APP 帳戶維持活躍狀態。相較之下，Kitchensurfing 廚師和 Airbnb 房東則有較大的自由度，可以視情況接受或拒絕訂餐或訂房要求；雖然教育程度方面和 TaskRabbit 用戶相差不遠，但他們投入的專業技能和金融資本通常較多，因此能實現共享經濟所允諾的夢幻工作型態。此外，在這兩個平台上經營成功的用戶，也比較會以創業家自居，並利用零工經濟的外包機制，將工作再轉包給他人。比起被迫替客戶把處方型安非他命帶在身上一整週的 TaskRabbit 零工買莫，某些 Airbnb 房東和 Kitchensurfing 主廚確實在共享經濟中獲得了莫大的自主權。

Chapter

7

美夢成真？

　　我和黛曼拉是約在布魯克林非常外圍的某間咖啡廳見面。來自土耳其的她留著深色頭髮，親切又活潑，可以想見在廚房裡也會散發正向氣息，讓人感到賓至如歸。

　　黛曼拉任職過一間知名度高且很有口碑的特別活動外燴公司，也曾參與餐廳開設，後來決定休息一陣子，並在那段期間發現了 Kitchensurfing。不過，她當時沒有想藉此進入共享經濟的餐飲領域，甚至也沒把這項服務看做真正的機會。「我是無意間看到的，可能是在逛烹飪或求職網站的時候吧？剛好有廣告跳出來，寫著『你是廚師嗎？想在家工作嗎？』大概就是這類的。我點進去後，系統請我建立個人檔案，我也照做了，不過只是很模糊地填了名字，沒給詳細資訊，結果隔天就接到 Kitchensurfing 的電話。」

　　收到回音讓黛曼拉很訝異，不僅如此，她還獲邀到 Kitchensurfing 的企業辦公室面試，並試煮 10 人份的餐點，食材費用由平台負擔。

　　對方給了黛曼拉一個在布魯克林的地址，但看起來不像商業區，所以她有點遲疑。「我覺得怪怪的……」她說，但還是把地址給了室友和男友，說抵達後會傳訊息告訴他們。「但我到了以後，馬上就放下心來，確定這個公司不是空殼，」她說，「也傳了訊息給他們，說：完全沒問題，之後再跟你們分享。」

　　黛曼拉是在 2012 年參加試煮，我們在 2015 年夏天認識時，

她已經「全職」經營 Kitchensurfing 了。我第一次聽到有人這麼形容共享平台的工作，所以問她「全職」是什麼意思。「我的第一個案子其實是有人直接請我幫忙……是 30 人左右的雞尾酒派對，我做完後客戶非常滿意，不過我還是不太確定，所以也跟我先生說：『我想先試個半年，看看情況怎麼樣再說。』我心想，如果情況不如預期，那就找個真正的工作吧！就是一般的工作啦！」由於年底有很多節日，她很快就排滿了外燴預約，但對於將 Kitchensurfing 當做唯一收入來源，還是有點猶豫，「光憑三個月的業績就要做決定，似乎不是很穩妥。到了一月時，我原以為生意會很差，畢竟一二月不太會有人辦派對，結果那個月竟然是我最忙碌的月分之一……所以在那之後，我就覺得：好，我要專心地全職經營，不用再想要找其他工作了，做這個我就很開心啦！」

黛曼拉喜歡與客人直接互動，並準備家鄉的菜餚，不過也認為這份工作的彈性及選擇工時的自主權很重要。

我可以自由選擇要不要接案，彈性很大，這非常符合我的需求。我之前待過餐飲業，知道做這行最大的缺點就是工作極為繁重，雖然會很有成就感，但畢竟要與團隊共事，所以無法直接得到回饋。我不是個自私的人，但喜歡直接獲得讚美與滿足。Kitchensurfing 恰好給了我這樣的機會，再加上

酬勞也不錯，所以實在可以說是夢幻工作啊！

技能與資本，成功雙要素

　　共享經濟採取 P2P 的營運模式，因此號稱人人平等，也允諾了自由與彈性。但事實上，一般人大概很難想像 TaskRabbit 零工和 Uber 駕駛會把跑腿和開車視為「夢幻工作」，而這就是這種經濟模式最大的問題之一。雖然共享平台標榜機會均等，不過在各項工作之間仍有難以打破的等級之分，造成此現象的，就是第二章曾討論過的技能與資本差異。簡單來說，經營成果出色的工作者（尤其是以創業家自居的族群）多半都有充足的技能與資本，即使在傳統經濟中也有成功的本錢。TaskRabbit 和 Uber 都屬於技能門檻低的工作，幾乎任何人都能勝任。另一方面，Kitchensurfing Tonight 屬於高技能門檻；如果想提供 Airbnb 和 Kitchensurfing 市場型服務，則必須資本與技能兼具。

　　在主流市場中，工作的資本與技能要求越高，就越能帶來金錢與物質上的報酬，也比較會有專業化和發揮創意的空間，而共享經濟的世界也是這樣。當廚師和開民宿是許多人夢想中的工作；高社經地位的專業人士為家人煮了一桌精緻菜餚後，或許會突然想轉換跑道，也有些人是計劃在退休後追尋夢想。有鑑於自我推銷的重要性，共享工作之所以會有等級之分，

平台的設計本身也是成因之一。Kitchensurfing 和 Airbnb 用戶可以特別強調自身經驗，並張貼自己與產品（也就是食物與房源）的多張相片；反倒是 TaskRabbit 零工雖然可以提供個人檔案和工作經歷，但字數限制卻非常嚴格。此外，Airbnb 和 Kitchensurfing 是設有回應時間限制沒錯，不過時限為 24 小時，比起 TaskRabbit 的 30 分鐘和 Uber 的僅僅幾秒，實在慷慨得多，使用者也因此可以平靜、專業地評估考慮，不必在情急之下胡亂接受預訂。

被汙名化的工作，萬不得已的選擇

事實上，零工經濟並沒有想像中那麼美好，最能反映出這個真相的，大概就是 TaskRabbit 和 APP 載客工作被汙名化的現象了。根據厄文‧高夫曼（Erving Goffman）的定義，「汙名化」是「旁人反應致使普通身分變質的過程」。雖然在一般觀念中，這種情況經常是源於傷疤、身體障礙等外在或明顯的殘損，或是痲瘋病這類的疾病讓人「被汙名」，可是失業、依賴社會福利過活和青少年父母等個人特徵，也可能會使人被冠上汙名之罪。受害者經常會覺得自己格格不入，被外界貶損，也有不少人因而心理鬱悶。

中年白人男性理查是 TaskRabbit 零工，在訪談一開始，就

說交往兩年的女友因為覺得他靠 TaskRabbit 打工很丟臉，所以跟他分手。34 歲的蕾貝卡同樣從事 TaskRabbit，擁有高學歷的她在本地的一所大學當兼任教授，但也承認經常向母親和朋友說謊，謊稱自己是在辦公室兼職，而不是到客戶家裡打雜。感到羞恥的，還不只有 TaskRabbit 零工而已。

雖然我有向受訪者保證身分資訊一定會保密，但有位 Uber 司機還是在訪談後來信，再次叮嚀我絕對不能洩露他的姓名。他這麼解釋：「對我來說，開 Uber 就像是晚上喝得爛醉，隔天怎樣都不想承認前一晚做了什麼一樣，真的！我這輩子都不想跟 Uber 扯上關係，也不希望人家 Google 我的名字時，發現我做過這行。」另外，還有一位曾擔任專業博弈選手的駕駛也說太太覺得丟臉，所以吩咐不要跟別人說他開 Uber。

雖然研究顯示創業人士有時也會遭到汙名化，但這通常只會發生在創業失敗的人身上。至於會因為職業而被冠上汙名的，則一般都是性工作者，在速食店領最低薪資的打工族，以及藍領階級勞工。[1] 可是零工經濟中卻也有許多人對自身工作感到羞愧，這顯示對某些人而言，走這條路或許是萬不得已之下的選擇。

「輕鬆」創業

不過在黛曼拉看來，Kitchensurfing 在網站上承諾的創業主張並不是空口說白話。她加入平台後不久，就將家中閒置的空間改裝為工作室，用來存放外燴用品，如大型冰桶和箱子等等。由於先生從事的工作有工會保障，可負擔她的健保和很大一部分的家庭開銷，所以她並沒有經濟壓力。黛曼拉利用 Kitchensurfing 為自己的外燴服務鋪路，並在 2017 年正式成立公司。她雖以創業家自居，但也因為 Kitchensurfing 大幅簡化了創業流程，所以覺得自己似乎「有點作弊」。

對此，她這麼解釋道：「就是他們把過程變得很容易。或許在潛意識中，我已經想創業很多年了，發現這個平台後，我可以直接把個人資訊和菜單放上網，真的很簡單，不然的話，我這個人沒什麼科技腦，大概根本不會去架自己的網站，而且也無法找到平台上那樣的客群。所以囉！我的確認為自己是創業家，但同時也覺得是因為有 Kitchensurfing，過程才那麼輕鬆。」

除了黛曼拉之外，也有其他廚師利用 Kitchensurfing 拓展案源，藉此遠離了每天緊張混亂又辛苦不堪的傳統廚房工作。譬如無意闖入性愛派對替賓客做飯的藍道爾（詳見第五章），以及因租賃糾紛而把餐廳收掉的亞倫，都發現 Kitchensurfing 的市

場平台是優良的自我宣傳管道，可帶來新的創業機會。而且，這樣的現象更印證了麥克費和布林優夫森的觀點：這兩位學者認為網路崛起後，平台對產品的觸及範圍和成功與否都具有很大的影響力，所以平台其實比產品本身更重要。

有了 Kitchensurfing 後，已在業界立足的主廚能獲得兼職的彈性，而還在努力中的廚師也可以逐步在餐飲界開拓一片天地。舉例來說，35 歲的艾莎基在大型零售公司擔任全職財務規劃師，但希望有朝一日能開設西非風味的餐廳。透過 Kitchensurfing 的市場型平台接案後，她得以測試替未來餐廳規劃的食譜，而且也有機會認識潛在客戶，並向他們自我推銷。

我喜歡下廚，也喜歡透過食物來傳遞我的文化，所以決定要自己創業。時間方面，目前我就只有週五和週六有空，所以 Kitchensurfing 很適合用來試水溫，了解客人究竟喜不喜歡我煮的東西。因為大家或許聽過非洲菜和衣索比亞菜，但並不知道撒哈拉以南的人都吃些什麼，而我煮的就是這個地區的西非菜色。

對我來說，這就像做實驗一樣，可以測試客人的反應。我既然要自己創業，就希望能收集客戶回饋，了解大家最喜歡或不買單的食物，這樣最後才能根據實證資料來包裝我的菜色……

之所以這麼做，是為了要打造出品牌……我想從一開始就掌握全局，這樣隨著品牌成長，我也可以逐步拓展業務。

除了測試西非食物的市場外，艾莎基也把 Kitchensurfing 當成跳板，開始自我宣傳，某年感恩節，她就號召了全家人幫忙陳列並拍攝她列在平台菜單上的餐點。「照片是一種妝點，會讓食物看起來更豐盛、美味，讓人想要實際嚐嚐看，所以做餐飲並不只是煮菜而已，如何呈現也很重要，每個環節都得注意才行。」艾莎基這麼說。

透過 Kitchensurfing 接案後，艾莎基也得以測試食物的介紹方式，以分析怎樣的說明對客戶而言最容易理解，而且最能讓他們印象深刻。她解釋道：

我最大的目標是讓客人了解非洲食物，譬如我會說：「各位可能吃過墨西哥粽，不過今天我帶來的是 moi moi，是奈及利亞的粽子，跟墨西哥的版本類似，但還是有差別。」製作過程是一樣的，基本上就是把餡料包入大蕉的葉子，但不是包玉米，而是使用米豆，並以不同方式調味，所以說，這兩種粽子系出同源，可是口味上有差異。

這個比喻對當時的那位客人很有效，她在評論中提到，「我跟我先生一起嘗試了這道菜，吃起來很像玉米粽，她製

作的方式讓我們想起墨西哥粽的味道。」

能得到這種評論，實在太讚了。

零工平台帶來的行銷機會

利用 Kitchensurfing 來拓展事業的，並不只有使用市場版功能的主廚而已。整體而言，即使是負責煮 Kitchensurfing Tonight 套餐、領固定時薪的廚師，也比較會以創業家自居，並將平台工作視為創業行銷策略的一部分，譬如 29 歲的蘿拉就是這樣。自稱「起司小販」的她把 Kitchensurfing Tonight 當做墊腳石，藉以宣傳她專辦起司品嚐派對的服務。她說：

我當時就在想，透過平台認識潛在客戶，或至少了解目標市場，並練習說明我提供的服務，應該很不錯。因為老實說，有時候最難的就是開口自我推銷，譬如人家問我價錢時，我都會覺得很難啟齒。（大笑）不過，這畢竟是我的事業，就像親生的孩子一樣……所以平台提供了很棒的機會，讓我可以非常低調地宣傳——因為我是去幫人家煮飯的嘛……所以當然不能期待跟客人的互動一定要怎麼樣，但如果他們問我：「除了這個之外，你還有做別的嗎？」那我就有很多機會可以更明確地推銷我的服務了。

　　同樣地，54 歲的私廚兼家教大衛也想拓展客源，並將 Kitchensurfing 視為自我引薦及打造知名度的途徑，他說：「我希望能鞏固客群或爭取到一些機會……我的夢幻工作就是擔任家庭私廚，同時也當孩子的家教。」

　　話雖如此，我還是必須指出，Kitchensurfing 也並不是什麼美好的共享經濟創業綠洲。別的不說，這間公司在 2016 年 4 月結束營業前，幾乎沒有事先告知用戶。[2] 對於許多廚師而言，Kitchensurfing Tonight 只是追尋目標路上的踏板而已。他們在餐飲業或許有占掉大半時間的正職工作，但是晚上若有空，也想透過兼職來補貼薪水；又或許他們是學生，想賺點外快，但不想忍受漫長工時或由老闆規定的上下班時間。雖然 15 美元的時薪和一般廚房工作差不多，不過 Kitchensurfing 廚師每晚 10 點就可以結束輪班，這在餐飲界幾乎是不可能的福利。

　　除了 Kitchensurfing 外，Airbnb 也有許多人經營成功或以創業家自居，他們有些坐擁多個可出租的空間，有些則自認是以企業化的手法來管理房源，其中許多人會雇用助手幫忙、成立公司，或透過其他方式將出租工作專業化。最明顯的例子包括自稱「旅館業者」的 27 歲房東約瑟夫（詳見第五章），將 Airbnb 出租工作比擬為「辛迪加」業務的喬書亞（第六章），當然，還有 27 歲的萊恩（第一章）。不過擁有創業心態的，並不是只有男性或掌握大規模 Airbnb 業務的房東而已。

現年 30 的潔西卡任職於顧問業，之所以會使用 Airbnb，是因為覺得出差時房子空著也是浪費。她了解到出租的潛在收入後，馬上就決定以專業化手法經營。

我發現 Airbnb 的潛力後，就很認真地開始規劃，基本上就是當成副業，去年總共接了 50 多個房客⋯⋯收入夠我全額支付房租⋯⋯我心想：「天啊！我真的得多用點心才行。」於是我找人幫忙管理鑰匙，請了清潔工，也製作正式的住宿指南，還準備了一整組專供房客使用的床單和被套，並開始思考要如何提升住房體驗，像是提供葡萄酒或買點小東西之類的，希望能讓房客感到窩心。

潔西卡最近換了工作，不再需要那麼頻繁地出差，但有時還是會將房子出租。「我的原則就是：不要把我逼瘋就好，畢竟如果多花了出租所需的費用，反倒還造成自己的困擾，那一點也不值得，」她說，「不過把房子租出去，讓我覺得好像去哪裡都免費似的。譬如我聖誕節和跨年時就去了摩洛哥一趟（紐約的 Airbnb 在這段時期相當搶手，獲利也很高），結果租金扣掉整趟旅程的收入還有剩，所以不租實在是對不起自己。」

我認識潔西卡時，她已在考慮擴大經營，提供第二個房源，但還在猶豫，沒有實際行動，其中一個原因在於 Airbnb 在紐約

的未來尚不明朗,讓她覺得擔心。由於市政當局可能會依據旅館相關法令,加強取締違規(詳見第六章),所以她不想貿然簽下第二間公寓。

潔西卡財力足夠,可以再租一間公寓,同時也擁有文化資本,了解該如何推銷房源,譬如介紹外露磚牆與社區特色,吸引潛在房客。不過 Airbnb 的狀況和 Kitchensurfing 一樣,並不是所有用戶都認為自己是在創業。一如先前所述,許多房東都仍在奮鬥當中,甚至有幾位陷入掙扎。然而,以用戶的性質而言,這兩個平台倒是有幾項顯著差異。舉例來說,某些廚師是全職經營 Kitchensurfing,但只從事 Airbnb 出租的房東卻很少,多數人都有正職工作或其他身分,譬如學生、律師、作家或小型企業主等等,只是兼做租房生意而已。之所以會有這樣的差別,其中一個原因在於出租工作並不是那麼耗時費力,即使有時可能必須待命或透過電子郵件來回溝通,也不必像主廚那樣得研發菜單、購買食材並替客人做飯。此外,Kitchensurfing 廚師承辦大型活動時雖可以請助手幫忙,但通常還是得親自坐鎮。相較之下,房客對房東比較不會有這種期待,只要房源符合預期即可;如果房客可能或已經預訂的話,也可以交由鑰匙管理人員或助手招呼,不會有任何問題,畢竟租房的「主角」在於房子本身,而不是房東。

技能、資本與選擇權

撤開上述這些差異不談，Airbnb 和 Kitchensurfing 大致屬於相同類別，所以究竟是哪些因子，讓這兩個平台和 Uber 及 TaskRabbit 有所區隔呢？答案很簡單，就是技能、資本與選擇權。一如第二章所述，Kitchensurfing 和 Airbnb 的技能和資本門檻都比較高，至於從事 Kitchensurfing Tonight 雖然不須投入資金，可使用平台提供的食材與用具替公司已經找好的客戶做飯，但仍得具備高度技巧，而且候選人也要先通過試煮，做出餐廳等級的餐點才行，就跟市場型主廚一樣。

另一方面，Airbnb 房東雖不需要什麼特定技能，但必須要有地點、設施等各方面都夠吸引人的房源，才能讓潛在房客覺得有興趣並申請預訂，進而在平台上成功。此外，文化資本同樣是必須，否則也無法把房源包裝得夠吸睛。某些受訪者就表示，他們會強調房子的建築風格、地點的便利性（譬如與大眾運輸或地標的距離），或是有高級衛浴用品和戶外空間等設施。[3]

舉例來說，36 歲的詹姆斯就表示他拍了「大概 40 張照片」上傳到 Airbnb 的房源頁面，並選了最滿意的 12 張放在最前面。他說：「第一張照片要放什麼，我花了很多心思，一般人都是先放客廳，但我反倒是展示從屋頂望出去的景色……因為大家都是要來紐約玩嘛！那不如就先看看紐約的天際線吧！平台上

有那麼多小到不行的空間，所以美景的照片會顯得特別出色。
而且我家頂樓還有游泳池，這我當然也有放上去。」

在紐約，APP 平台的代雇駕駛受計程車委員會規範，所以
加入 Uber 和 Lyft 的資本門檻很高。一如先前所述，太舊的車
子不符合 Uber 規定，所以司機通常得先投入一大筆資金。另一
方面，個人背景查核、強制性駕駛訓練和商業保險要求等等，
也都會形成可觀的花費。話雖如此，其實還是有些方法可以克
服這些障礙。在紐約市，駕駛可向其他司機或車行租用 Uber 或
Lyft 核可的車輛，雖然費用高昂，但確實能降低前期費用（28
歲的拜倫就表示他每週至少必須開兩整天的車，才付得起租金
和油錢）。

除了技能和資本外，與其他服務相比，Airbnb 和
Kitchensurfing 還有一個很不一樣的特點：選擇權。市場型的
Kitchensurfing 廚師和 Airbnb 房東擁有充分的自主權，可決定要
不要接受預訂，也能隨意挑選客戶，前 Kitchensurfing 主廚黛曼
拉就表示：「我可以自由選擇要不要接案，彈性很大，這非常
符合我的需求。」

事實上，Kitchensurfing Tonight 的主廚也享有彈性工時。
譬如 29 歲的蘿拉就說：「我之所以會加入 Kitchensurfing，是
因為正在創業，但又需要一些穩定收入。當時我想找跟烹飪有
關的事來做，結果就看到他們在 Goodfoodjobs.com 徵人。對我

來說，這個平台再適合不過了，我可以自行決定哪幾個晚上要工作，自由度很大。」29 歲的法蘭西斯可則表示：「我會想做 Kitchensurfing，其中一個原因在於可以自己選擇什麼時候要輪班，這樣也比較容易安排空閒時的活動。下了班以後，我也不會再去想工作的事，不然心理壓力實在……總之，彈性工時真的很棒，尤其是夏天，因為我正在規劃要去露營什麼的，反正隨時想休假都沒問題。」最後，27 歲的盧卡也說：「我有經營私廚事業，基本上就是客製化程度更高的 Kitchensurfing……不過聖誕節過後，有錢的客戶都去度假了，沒有人在，生意當然也比較冷清，所以我才暫時用 Kitchensurfing 擋著，但只會做到另一邊的生意恢復為止。」Kitchensurfing 的自由度之大，讓曾經誤闖換妻派對的藍道爾得以工作三週，就放兩週的假──別的行業大概沒有這麼幸福的事吧！

房東選擇權與歧視性篩選，一線之隔

同樣地，Airbnb 也確實有兌現承諾，給予充分的選擇權與自由度；房東可以用日曆功能設定想出租的日期，還能全權決定是否要接受房客預訂。此外，平台規定所有用戶都必須在會員檔案中提供相片和興趣相關資訊，並推薦房客說明自己為什麼想租房，所以房東有很豐富的資料可用於挑選潛在出租對象。

Airbnb 平台上的種族歧視曾引發許多關注，但卻較少有人去探究房東根據教育程度、職業、照片和私訊內容來挑選房客的現象。舉例來說，36 歲的詹姆斯就向我解釋：「我會看有沒有大學畢業、做什麼工作，如果是跟著樂團巡迴演出的經紀人，我大概不會同意出租公寓，但如果是製作人就可以，律師、醫生這類的專業人士也行。30 歲以上或是情侶、夫婦都沒問題，如果是同性戀的話，當然也可以。」

現年 30 歲的艾莉亞也說：「不是誰訂房我都會接受，我對房客很挑剔……基本上完全是以外在因子來判斷，如果感覺不對或自我介紹的訊息太短，讓我不放心的話，我就不會答應。」40 歲的克里斯多福則告訴我：「我們會看房客的個人檔案，而且對他們一開始的傳來的訊息非常嚴格，如果內容很短、太過簡略，而且明顯沒有細讀房源簡介的話，我們會稍微探詢一下，看看是否能問到一些細節，了解對方大概是怎樣的人，但要是他們什麼都不說，我們就會直接拒絕。」

房東會查看個人檔案，並評估潛在房客一開始傳送的訊息，來決定是否要將房子租給對方。一般認為，個人相片是種族資訊的主要來源，所以在 2017 年，Airbnb 為了改善歧視狀況，開始嘗試以各種方法降低相片的可見度。原本房東收到訂房申請時，房客的照片會出現在訊息旁邊，後來則是以風格化的圖像來取代，至於圖中的字母是潛在房客名字的首字大寫；舉例

來說，如果名叫 Michelle，圖片上就會顯示 M。把照片從顯眼位置移除，確實有助改善歧視現象，但使用者的名字還是會顯示在個人檔案，讓房東得以據此猜測種族。此外，點選首字大寫的圖片後，系統就會連結到房客的個人資料，所以其實只要輕輕一按，照片、自我介紹和過往評價就都一目瞭然。但是Airbnb 很快就取消了這項實驗性做法，到了 2018 年中，潛在房客的相片又再度出現在訂房申請中了。

就減少公然歧視而言，降低相片可見度的確是很重要的措施，但其實光從名字也可以看出許多端倪，即使是在網路上也不例外。Airbnb 的一項審查研究顯示，在其他條件相似的情況下，「名字明顯是非裔美籍人士」的使用者訂房成功的機率，比名字明顯是白人的用戶低了 16%。研究人員也對常有「共享經濟先驅」之稱的 Craigslist 進行了類似調查，並指出「非裔、西裔和有中國血統的用戶遭到嚴重歧視。」此外，瑞典研究團隊也曾以網路為調查平台，檢視房地產市場中的歧視現象，結果顯示，名字是阿拉伯文或看起來是穆斯林的男性容易遭到歧視。

為了對抗歧視，Airbnb 近來也開始加強宣傳即刻訂房（Instant Book）功能。根據平台所述，「房客可以直接預訂提供即刻訂房服務的房源，不必先取得房東許可，選好住宿日期後就能訂房，之後再跟房東確認入住方式即可。」不過，許多

受訪者都還是希望能控管房源,所以不太願意使用這項新功能。
舉例來說,28 歲的拉莫娜就表示:「即刻訂房適合最後一刻才
在找地方住的人用,但這樣的話,不就跟開旅館沒兩樣了嗎?
畢竟我們分享的是自家空間,所以當然會想要篩選房客並決定
何時出租。如果提供即刻訂房,感覺就好像我們是每天營業的
旅館,隨時要等房客上門似的。」32 歲的喬書亞也說:「如果
有疑慮或想挑選房客,那就不應該開啟即刻訂房功能,像我出
租家裡的空間時就是這樣,會先過濾房客,所以不提供即刻訂
房選項。」

　　房東之所以會想要篩選,有一個動機是為了減少風險與損
害。一如第二章所述,Airbnb 已發生過許多房屋和屋內物品遭
到破壞的事件。如果先前曾有客人在屋內舉辦派對或亂翻自家
物品、私人文件,那麼房東就更會覺得挑選房客是非常重要的
風險控管策略。

　　屋頂上有游泳池的房東詹姆斯,曾於不在家時把自宅出租,
結果回家後發現房客「大鬧一番,把屋頂都給掀了。」牆壁上
有鞋印、空酒瓶沒拿去丟,衣櫥裡的私人物品也被翻出來。詹
姆斯那次回家發現一片混亂後,就不太願意再出租,而且也坦
承現在會先透過 Google 調查房客,「任何資料我都不放過。我
會把名字複製貼上,用 Google 搜尋,然後看對方的 LinkedIn 和
Facebook 頁面,盡可能地挖出所有資訊。在上次的經驗之後,

我查得比以往更徹底，不過其實這本來就是我接受申請前的例行公事。」額外調查潛在房客的不只有詹姆斯而已。27 歲的嘉布拉獨自和年幼的孩子同住，也遭遇過幾次慘痛的出租經驗，她說那些房客「就是愛喝酒作樂的年輕人，開完派對後就拍拍屁股走人，讓老媽善後的那種。」在那之後，她就開始會先打探潛在房客。「我會上網搜尋提出預訂申請的人，然後通常會選擇年紀比較大或有小孩的人，因為我知道他們不會開趴⋯⋯我也會看職業，並試著找出對方的 Facebook 頁面。總之，每次都多少可以查到一些什麼，說起來其實有點可怕。」

房東篩選房客的習慣顯然是有問題的做法，卻也更讓人能看清共享經濟的假象；幫助用戶建立信任與社群，似乎只是空口說白話。從拉莫娜的分享中，我們可以發現某些房東並不想把自己和旅宿業者劃上等號，也不願意像「每天營業的旅館」，隨時等房客上門。普遍而言，房東都喜歡全權決定出租相關事宜，包括可租日期與是否接受預訂等等。

就是這樣的工作者選擇權，讓 Kitchensurfing 和 Airbnb 不同於 TaskRabbit 及 Uber 或 Lyft 這類的載客服務。這四個平台都提倡創業精神，允諾讓用戶成為自己的主人（詳見第二章），但其實只有 Kitchensurfing 廚師和 Airbnb 房東真的可以自由選擇接受或拒絕客人，並完全掌控工作時間。另一方面，TaskRabbit 和 Uber 或 Lyft 使用者則必須維持一定程度的接案率，否則帳戶就

有可能被停用。廚師和房東沉寂太久，在搜尋演算法中的排名確實有可能會下降，但並不會因而遭平台除名，或像 TaskRabbit 零工那樣被迫重新受訓；也因為可以自主決定何時要工作，所以這兩項服務有比較多的用戶以創業家自居，且認同平台所宣揚的創業理念。相較之下，TaskRabbit 則只有早期允許零工自行安排工時。

不過一如先前所述，並不是所有工作者都想創業。此外，或許有某些服務根本無法也不該讓使用者自行選擇客戶。以 Airbnb 為例，其實說到底，讓房東挑選房客會造成許多層面的歧視，而且傳統的種族查核研究到目前也還無法解決因此而產生的問題。

如果擁有豐富的社會、文化資產與高度技能，確實可以在共享經濟中找到夢幻工作，獲得彈性、選擇與自主權。但對於缺乏這些要素的人而言，零工經濟根本就只是把傳統的低階工作和 APP 結合，而且還增添了不確定性。如果要說這股新經濟浪潮帶來了什麼，那或許不是讓大眾都享有平等的創業機會，而是凸顯出財務和文化資本的重要性。

不過這些問題並不是沒有解決之道：MyClean、Hello Alfred，甚至是 Instacart 等公司的個案研究都顯示，其實有許多方法可以保護純粹想賺外快的零工，同時也幫助想創業的用戶。

Chapter

8

結論

現在，美國幾乎每週都有號稱「XX界Uber」的服務型APP出現。譬如保證90分鐘內把花送達的BloomThat，有「洗衣界Uber」之稱的Dryv和Washio，以及「藥用大麻外送界的Uber」Eaze，甚至還有「鮮血界Uber」Iggbo——聽起來似乎像吸血鬼的美食外送，不過其實是「隨需型抽血員」派遣服務，使用者可以透過APP安排及預約、管理，請他們到家中或辦公室幫忙抽血，以用於醫療檢驗。

不過最誇張的服務則出現在2016年6月——這個APP型共享平台叫Pooper，號稱是「智慧型解決方案，讓你再也不必跟在狗兒後頭撿大便。」只要支付小額月費，即可享有隨需型狗便清理服務（可用搜尋名為Pooper的APP）。「使用者只要在狗兒解放完之後拍張照，就會有人開車來替你清理。」這項服務有「狗大便界的Uber」之稱，也和其他許多共享平台一樣，承諾讓工作者享有多項福利：「自行決定工作條件，想撿就撿、想賺就賺，工作時間自己安排。Pooper帶來自由與彈性，你不想工作時就休息，撿多撿少，都由你做主。」

Pooper似乎很完美，就只有一個問題：這個平台從頭到尾都是假的。

事實上，這個APP是一項「藝術計劃」，幕後創作者是廣告業創意總監班‧貝克（Ben Becker），以及在洛杉磯開設精品創意工作室的艾略特‧格拉斯（Elliot Glass）。他們在太平洋

音樂工作室（Pacific Sound House）的朋友幫忙打造了網站廣告影片的配樂，貝克認為好的配樂對這項虛構服務的整體風格很有貢獻。「Pooper 其實是一個藝術作品，目的在於諷刺現今這個 APP 上癮的世界，說得更明確一點，就是現代人對零工經濟越來越依賴，明明很多簡單的事可以自己來，卻都要請別人代勞。」貝克這麼說。

貝克和格拉斯表示，充滿諷刺意味的 Pooper 屬於創新型經濟，重點在於提供一些瑣碎且無謂的「生活妙招」，而不是真的要解決社會問題。[1]「基本上，我們就是想反映出現在的文化和社會現象，」貝克說，「並讓大家反思『零工經濟』到底是什麼，這種經濟模式真的好嗎？」此外，針對懶到願意付錢請底層零工幫忙清狗大便的人，貝克也希望能喚醒他們的意識。「我們現在得自己做的事已經不多了！」他說，「不用自己開車，需要跑腿時也可以請人幫忙……我們真的想活在這種勞動過度分工的階層化社會嗎？」

讓貝克和格拉斯不安的是，APP 竟大受歡迎，許多人都想加入平台幫忙撿狗大便，人數比客戶還多，顯示出社會確實存在階層化的問題。「這麼有損個人尊嚴的工作，竟然有這麼多人註冊想做，實在有點令人擔憂。」格拉斯說。

就許多層面而言，Pooper 都清楚反映出當時帶動共享經濟發展的社會趨勢。雖然 eBay 和 Craigslist 都可算最早一批的共

享平台,不過這波經濟運動其實是在經濟大衰退期間以及後來的餘波當中,才鋪天蓋地般地全面開展。在 2009 年 10 月,官方失業率衝破 10％,但「實際失業率」(包括過去一年內曾找過工作但已放棄的人,以及從事兼職工作的低度就業者)則高達 17.5％。在失業及低度就業問題猖獗的情況下,2014 年的聯準會研究顯示,有三分之一的勞工都希望能在薪資相同的情況下增加工時,換做是有兼職工作的族群,比例則為 49％。

經濟大衰退也在美國造成了儲蓄缺口。根據經濟安全指數,兩成美國人口的可用家庭所得都減少了 25％ 以上,而且缺乏財務上的安全網絡,也無法彌補這樣收入損失。即使在大衰退剛開始的時候有存款,但也很快就被迫動用;在 2008 年之前擁有存款的美國人之中,有 57％ 的人在大衰退期間以及後來的餘波當中耗盡或用掉了部分儲蓄,另外有 34％ 的人表示自己的財務狀況比五年前來得差,甚至是差上許多。

即使是在大衰退結束許久後,仍有將近一半的美國人表示如果遇到緊急狀況,需要 400 塊美金救急的話,他們必須賣東西或借錢才付得出來。就許多層面來看,大衰退好像從未真正結束似的;在華爾街危機最嚴重的 2008 年 10 月,57％ 的成人表示他們入不敷出;但在 2014 年,為此問題感到擔憂的成人仍多達 56％。

有那麼多人對有貶自尊的撿狗大便工作感興趣,也反映出

零工經濟的另一項特質：工作者通常都非常需要額外收入，只要有賺錢機會，幾乎什麼差事都願意接。

在本文寫成時，美國的失業率不到 4％，勞動統計局也指出自 2015 年 9 月以來，失業率一直維持在 5％以下。一般而言，這代表社會已達到充分就業的狀態，而且計入通膨後的勞工收入，也已回到大衰退以前的水準。

即使如此，聯準會的研究仍顯示身兼多職的人越來越多，也有人是除了正職之外，還會打零工來補貼收入。聯準會 2015 年的《美國家庭經濟福祉報告》（Report on the Economic Well-Being of U.S. Households）指出，從事這種次要收入工作的勞工多達 22％，2017 年的報告發布時，比例更已上升至 28％。即使收入水平已回到大衰退發生前的水準，將近三分之一的美國成人仍無法僅靠正職維生。

收入波動是造成這個問題的因素之一。所謂的「收入波動」，指的是勞工所得變動的劇烈程度，在美國又有「隱形的不平等」之稱。所得變化可能起因於季節差異，譬如冬天就是景觀設計的淡季。另外，也可能是因為當下的時間安排導致勞工每週工時不穩定，在沒接到工作的情況下，當然也就沒有所得。

一般人可能認為收入波動是鐘點型勞工比較會面臨的問題，但其實美國社會有越來越多人也都開始受到影響。1970 年

代初期至 2010 年間，美國家庭所得的波動率上升了 30％，而且近期的統計顯示，與前一年相比，年所得減半的美國家庭共有 10％。即使經濟大衰退名義上已於 2009 年 6 月結束，但根據聯準會 2016 年的報告，有 32％的美國人說他們每月收入都不穩定，而且 13％的人因為收入波動而有某幾個月無法支付生活開銷，只有不到一半（47％）的成人表示所得多過前一年的支出。

隨著想額外賺錢來補貼薪水的人持續增加，共享經濟的勞動力供給也大幅上升。了解基礎經濟原理的人應該都知道，供給變多時，如果需求不變，那麼價格必然會下降。雖然討論勞動市場時所用的術語不同，但概念是一樣的：在可用工作者過多的情況下，資方大可實行壓榨式管理，也不怕沒有人力。在《屠場》（The Jungle）一書中，工廠大門外總有喧嚷的勞工吵著要業主雇用他們，所以工作者一旦受傷，就馬上會被取代，可說是現代社會的寫照。

如果把共享經濟放在社會變遷的脈絡之下討論，我們會發現這種經濟模式只會更進一步地破壞勞資雙方的社會契約，不過這個問題並不是無解。只要能善加利用相關計劃與政策，其實我們大可以在維繫工作彈性的同時，也保障勞工權益。

將共享經濟置入歷史脈絡

在二戰期間，大公司為了規避戰時的薪資管制而開始提供健保。戰爭結束後，勞資（尤其是汽車業三巨頭通用、福特和克萊斯勒）雙方才攜手合作，著手解決 1940 年代使人怨聲載道的各種問題，並簽訂了效期五年的《底特律條約》（Treaty of Detroit），承諾提供大規模的健康、失業與退休給付，以確保勞工不會再進行年度罷工。此外，每年也會依據生活費調整員工薪資，並給予較多假期。一開始，只有這三間公司和勞工達成協議，但許多鋼鐵業者也很快就簽訂了類似的契約，到了 1960 年代早期，美國超過半數的工會契約都已內含相似的條款，要求雇主依據物價調修工資。由於工會代表總勞工人口的約三分之一，所以其他產業也很快就開始仿效這種做法，以確保員工滿意，並降低他們組成工會的機率。自此之後，企業提供福利就成了慣例，一如世紀基金會（Century Foundation）所述，「《底特律條約》所反映的兩個選擇，形塑了後續數十年的勞動市場：第一，雇方體認到員工的安全與福祉也是企業利益的一部分；第二，勞工開始認為與其等待政府作為，倒不如直接要求企業給予福利。」

雖然現在勞資雙方似乎經常對立，在共享經濟中，情況又特別嚴重，但雙邊的關係並非一直都是如此。在二次世界大戰

以前，雇主通常都採用泰勒化（Taylorism）這種科學管理模式，著重將工作分解成相互獨立的任務，藉此提高生產力，還會評估雇員的生產表現並據此給薪，為的就是「把勞工變成工業化機器中的齒輪。」但二戰結束後，企業開始採行較溫和的手法，改以人際關係為出發點。這種管理哲學是由埃爾頓 · 梅奧（Elton Mayo）和其他社會學家和工業理論學家提出，西部電氣（Western Electric）也曾對此進行大規模研究，[2] 理念很簡單：要想提高生產力並阻止員工成立工會，最好的方法就是讓他們開心，所以又稱為「快樂勞工模型」（Happy worker model）。

不過自 1980 年代起，員工的快樂程度卻成了最不重要的指標。由於鋼鐵與汽車進口量激增，再加上 1981 至 1982 年經濟衰退（據說在 2008 的金融風暴發生前，是經濟大蕭條以後最嚴重的衰退），使企業認為應該要著重管控成本，每一分錢都要計較；卡車業、航空業和電信業的管制取消後，新創公司開始增加，設有工會組織的大型企業也受到影響。此外，雷根總統還解雇了 11500 名罷工的飛航管制員，並解散他們的工會，導致後來有越來越多公司採行這種鐵腕手段。雖然最高法院在 1938 年就曾做出判決，允許企業以長期雇員來取代那些罷工的員工，但在 1980 年代以前，很少有哪間公司真的敢這麼做。然而，在總統帶頭的情況下，路易斯安那太平洋木材公司（Louisiana-Pacific）的罷工人員、費爾普斯道奇公司（Phelps

Dodge）的礦工、美國東方航空（Eastern Airlines）的機師和國際紙業（International Paper）的造紙工都很快就被取代了。

　　到了 1990 年代，職場上的社會勞動契約開始變化，白領階級也發現他們節節敗退。許多企業管理人大幅裁員，舉凡有「鏈鋸」之稱的艾爾・鄧樂普（Chainsaw Al Dunlap），暱稱「中子彈」的傑克・威爾許（Neutron Jack Welch），以及清算大師艾弗・傑卡布斯（Irv the Liquidator Jacobs）都利用這種方法，節省了數十億美元。裁員本來是經濟不景氣或公司財務吃緊時才有的事，結果現在卻變成例行作業，即使業績蒸蒸日上，也有人可能飯碗不保。在 1994 年，P&G 的報告顯示該公司在全球裁員 13000 人並關閉 30 座廠房，藉此「縮減成本」以後，第二季的利潤上升了超過 13％。《紐約時報》分析勞工部（Labor Department）的數據後，發現在 1979 到 1995 年間，美國共減少了 4300 萬個工作，而且被裁撤的越來越多都是「相對高薪的白領工作，許多都是大企業的職位。」《紐約時報》報導這樣的裁員情況時，也一併進行了民調，發現 1980 到 1996 年間，「將近四分之三的家庭在裁員方面都有切身經驗」，而且三分之一的家庭都有成員失業。

　　由於電腦和軟體的發展讓特定的工作與程序變得多餘，所以在某些情況下，失業者原先的工作便由自動化機制取代。另一方面，勞工即使暫時保住飯碗，仍會擔心下次裁員是否就輪

到自己，所以面對雇主越來越高的期望，同樣容易會逼自己在薪資縮減的情況下更加努力、做得更多。此外，企業裁員也是為了減少全職員工，取代他們的則是外包式資源，如客服中心、派遣公司和永久性臨時雇員等等。上述的這些現象，都反映在那個年代的著名商業書籍當中，包括《工作過度的美國人》、《苛刻企業》（Mean Business）、《苛薄省錢法》（Lean and Mean）、《白領血汗工廠》（The White Collar Sweatshop）和《拋棄式美國人》（The Disposable American）等等。[3]

　　一切以產能為重，把員工視為消耗品的觀念，很近似於工業時代早期的機制，也顯示企業是多麼無所不用其極地想把勞工榨乾。企業雖然不再委託「平克頓偵探事務所」來懲罰或恫嚇員工，但自 1990 年代起，由於軟體發展，所以雇主其實已能追蹤鍵盤動作，精準掌握每項任務所耗的時間，並監控雇員有沒有偷偷休息。此外，隨著電腦讓勞工監督作業變得簡單，雇主也比較能判斷是否應該雇人，以及需要聘雇的時機，使得及時調度（just-in-time scheduling）的手法興起，也導致越來越多工作者變成臨時工或獨立承攬人員。到了 1998 年底，美國臨時工派遣服務的年產值已高達 500 億美元，每五間公司就有一間表示超過 10％的自家勞工是臨時人員。打工原本是退休、轉職人士或學生放暑假時的短期出路，現在卻成了長期職業。事實上，光是微軟就一度雇了多達 5000 名臨時工，其中更有 1500

人已任職一年以上。

　　有些臨時工雖然簽訂了長期合約，但就許多層面而言，卻還是缺乏社會安全網的保障，因為他們通常是受雇於派遣機構，所以無法享有與同事同等的福利，如退休金提撥、有薪假、加薪與升職等等，甚至連和同事的互動都會受到臨時身分的影響。在財經雜誌《Fast Company》1998 年刊登的一篇訪談中，《臨時奴隸》（Temp Slave）的出版人傑夫 · 凱利（Jeff Kelly）表示，臨時工就像「異類一樣，處境極不穩定，沒有福利，也不知道聘期何時會結束，而且同事還會認為你威脅到他們的生計，總之，實在令人難以忍受。」

　　隨著美國白領企業越來越仰賴臨時工，服務業與零售業也逐漸走向兼職為主的及時調度制，使得勞工的處境變得更不穩定。在經濟大衰退期間，想要轉為全職的兼職工作者從大約 400 萬人暴衝到 900 萬人。到了 2014 年時，人數雖有下降，但仍高達 750 萬人，是大衰退開始前（2007 年）的兩倍。除了工時不足以外，由於雇主改用電腦化的排程系統，所以受雇者也越來越難以掌控自己的工作時程。這種電腦系統讓業主可以預估需求，並據此分配排班時間，因此班表有異動時，也經常是最後一刻才通知。勞動統計局指出，26 到 32 歲的時薪型兼職工作者中，有 47％的人都是在實際排班前的一週內才得知工作時程，有些人甚至在抵達現場後，公司才說電腦顯示銷售狀況不佳，

所以不需要他們輪班。在班表不斷變動的情況下，工作者也會難以安排子女托育、到大學修課或兼第二份差，或根本賺不到足夠的收入。

無論是臨時工、及時調度工或大規模裁員，共享經濟全部都有，可見這種經濟模式只是以科技來剝削勞工的最新發明而已，不僅沿用了可替雇主免除責任的兼職人員，還結合了 APP 便利的隨需時程安排。對企業來說，共享經濟簡直提供了最棒的及時調度、臨時派遣及分毫不差的會計服務。套句某公司 CEO 的話，這讓「我們可以在 10 到 15 分鐘內請到 10000 人，等到工作完成後，就可以讓這 10000 個人瞬間消失。」

在將來，可能還會有更多人「瞬間消失」。在 2013 年，全球共享經濟的估值為 260 億美元，而且有些人認為這個市場在往後幾年的收益可能會成長至 1100 億美元，變得比美國連鎖餐廳產業還賺錢。

這波「新的」經濟運動反映出大環境的潮流，顯示勞資雙方的社會勞動契約正在改變，關於雇主應給予員工哪些福利的觀念也在重塑。共享經濟雖許諾會帶來革新，但其實只是讓工作者重回毫無社會安全網的工業時代早期而已。

好工作、壞工作或沒工作？

在《工作為何還是這麼多？職場自動化的歷史與未來》（Why Are There Still So Many Jobs? The History and Future of Workplace Automation）一書中，大衛・奧圖（David Autor）指出 ATM 的流行並未使銀行櫃員減少，反而使他們比較可以負責進階的推銷工作，向顧客介紹各式各樣的新產品。同樣地，零工經濟也讓工作者變得猶如銷售員一般，只不過是透過數位平台推銷、販賣自己的勞動力。販售個人勞力是「自我所有權」（personal ownership）的延伸，根據雅各・海克（Jacob Hacker）在《風險大轉移》（The Great Risk Shift）一書中對此概念的討論，這其實就是把經濟風險，從企業和政府方轉移到一般美國勞工身上的表徵。

這種新經濟模式告訴工作者要接受訓練、多與他人交流，藉此提升自己的市場價值，並把自己視為品牌或企業來行銷，當自己是「一人公司的 CEO，只是願意暫時替其他大企業做事而已。」由此可見，「這種經濟化且個人化世界觀的中心思維，其實就是：責任化。」雖然公民可以自行決定工作、居住地點及時間利用方式，但相對地，「也必須承擔責任，否則就無法享有權利。」

在共享經濟平台標榜創業精神的脈絡下，新自由主義這種

個人責任的概念也更加強化。共享企業宣稱這種經濟模型能讓勞工「當自己的老闆」，照自己安排的時間工作（想接案時才接）並掌控工作內容（找你喜歡的任務、只有你能決定……要在哪裡載客、挑選你想接待的房客等等），還表示零工有權選擇發薪日（按下按鈕，隨時都能領薪）。

　　但這些口號卻都忽略了一個事實：選擇與限制其實是一體兩面。大家之所以會想打工，就是因為選擇受限，沒有其他出路──在薪資停滯且收入波動大的情況下，要想獲得經濟穩定，選項根本少之又少。此外，零工必須與他人競搶有限的任務或載客機會，所以可賺取的酬勞也是直接取決於同行的人數。平台可獲益於廣大且穩定的勞動力，借助有意願接案的待命零工來隨時滿足潛在客戶的需求，但工作者反而是在勞動人數較少時，才能賺取較多薪資，並提升對工作的主導權。此外，在薪酬調降、平台傭金提高的情況下，零工雖被告知要多為自己負責，可是對自身命運的「掌控權」卻顯得越發薄弱。

　　共享服務雖然號稱是提供 P2P 的工作機會，可讓忙碌的父母請人幫忙買菜，或請 Uber 司機到足球場接練習完的孩子回家，並透過 APP 追蹤，但零工這麼容易請，任務完成後又可以馬上結束合作關係，企業當然也不會放過。我訪問的許多 TaskRabbit 和 Kitchensurfing 工作者都表示曾受企業聘用，任務內容包括準備會議晚餐，以及替新創公司組裝 Ikea 家具等等。此外，出

差時的 Uber 和 Airbnb 費用現在也可以報帳；在 2017 年 9 月，Ikea 更宣布將收購 TaskRabbit。我之所以能判斷研究樣本已達理論飽和，其中一個原因就是有數位零工都接過同一項任務：替布魯克林一間宣稱專賣公平交易咖啡的公司把產品裝袋。在曾替企業打工的受訪者中，沒有任何人認為這有什麼不對，也沒有人質疑工作內容，但事實上，這種手工、服務性質的勞動是違反多項職場保障措施的。

在《好工作、壞工作：不穩定的兩極化聘雇機制是如何在美國興起》（Good Jobs, Bad Jobs: The Rise of Polarized and Precarious Employment Systems in the United States）一書中，卡爾柏格表示，在過去數十年來，工作的品質歷經了七大轉變，包括好壞職缺越來越兩極化，而且整體而言，工作的安全性下降，不穩定性則上升。許多優良職位被裁撤後，是以品質差且薪水低的職務來取代，且提升職場自由度的規範也遲遲未能實際執行。此外，卡爾柏格也點出人力與社會資本的關鍵性，「工作品質的改變也顯示技能在勞動市場越來越重要，擁有技能才能成功。在雇傭關係市場化的大環境之下，勞工要具備人力與社會資本，才比較能善用這股潮流帶來的機會。的確，即使教育程度高且能力強，工作穩定性仍可能會因雇主而異，但就整體勞動市場而言，易推銷的技能可提升就業穩定度，基本上也會帶來較高的薪資，讓他們較能主導工作，獲得內在報酬，並

爭取到品質較佳的職位。」

　　在共享經濟中，高技能與資本確實有其影響力，所以 Airbnb 房東和 Kitchensurfing 市場機制的主廚多半都落在成功組及奮鬥組，而非掙扎組，而且也有較多人以創業家自居。然而，卡爾柏格後半段的理論似乎不太適用於此；在這種新經濟模式中，高學歷似乎不會提升就業保障或帶來較好的工作，如果真要說的話，共享經濟其實只是把對教育程度不太要求，且一般人逼不得已才會接受的劣質工作變成兼職任務，加諸到高學歷者身上，使就業市場變得更不平等。譬如修爾就認為，大學畢業的勞工之所以有辦法請同樣擁有大學學歷的清潔工到家中打掃，就是共享經濟所致。一直以來，我們都把婚姻視為所謂的「奢侈品」，因為有錢、有學歷的伴侶結婚後，收入和教育程度低的人就會變得更缺乏吸引力，也更不可能結婚。同理，要想透過共享服務打工，就必須先擁有智慧型手機和可靠的行動網路，同時要擅於使用科技、受過較多教育，所以事實上，共享經濟也逐漸把一般的有償工作變成了奢侈品。

　　著有《共享經濟：雇傭末日與群眾資本主義興起》（The Sharing Economy: The End of Employment and the Rise of Crowd-Based Capitalism）的薩丹拉撒認為，這種經濟模型有助利用未充分使用的資產，而且能拓展經濟機會，所以有正向的外溢效應。不過，即使是薩丹拉撒這樣的支持者，也指出共享平台會

使私人與工作生活難以分離，模糊掉正式工作與臨時打工之間的界線，更可能會終結傳統的聘僱型態。

如果能消除日復一日使人麻木的朝九晚五，或許「傳統僱傭型態」的終結並不是件壞事。畢竟，雖然有許多企業名義上允許彈性上下班，但真正這麼做的人卻常會被歧視。帕蜜拉‧史東（Pamela Stone）曾在著作中指出，有孩子的高學歷女性之所以「自願離開職場」，其實就是職場規範僵化所致，因為有年幼子女或有孩子、家庭得照顧的員工，就是需要工作時間上的彈性，才有辦法留在職場。隨著自由接案型的工作增加，加上僱主只看成果，不要求承攬人員親自到場，時薪又比較高，所以大概很容易能吸引到需要時間與地點彈性的工作者。[4] 不過在這樣的情況下，零工卻得犧牲就業保障與收入穩定度，原本「視為理所當然的生涯規劃道路」也會變得難以實現。

兼職也能高薪——共享經濟畫的大餅？

舉凡 Uber 和 TaskRabbit 等共享服務，都宣稱可讓零工賺取優質待遇。在 2014 年，Uber 部落格的一篇文章將駕駛形容為「小型企業創業家」，並指出「紐約 UberX 駕駛的年均收入中位數超過 90000 美元，在舊金山則超過 74000 美元。」[5] 不過，紐約市 Uber 總經理喬許‧莫瑞（Josh Mohrer）的推文和 Uber 美洲

公關部門總監蘭恩・卡塞爾曼（Lane Kasselman）的說法則顯示，扣除平台傭金後，駕駛的平均時薪為 25 到 25.79 美元。誠如艾莉森・格列斯沃（Alison Griswold）所言，「即使時薪 25.79 美元，90000 美元這個目標還是很難達成，每週必須工作 70 小時，而且一年必須工作 50 週才行。」

雖然 25 美元比運輸倉儲業 2015 年 12 月的時薪 22.92 美元多一些，但 Uber 薪資並未扣除油錢、保險費和車輛維護成本，也沒有考慮折舊。美國國稅局的標準里程稅是廣為用來計算擁有車輛和汽車營業成本的稅率，也是製作開銷報表或出差需要報帳時，常用以估算里程費用的依據。在 2016 年，美英哩的費率是 54 美分，2017 年則降至 53.5 美分。扣掉平台抽成後，駕駛賺的每一塊錢當中，都有超過一半是用於開銷。只要計入了車輛相關花費，實際所得便會大幅下跌。

同時，Uber 似乎也知道平台駕駛面臨怎樣的經濟處境。「《紐約時報》查閱的一份內部駕駛薪資等級簡報顯示，Uber 把 Lyft 和麥當勞視為招攬新血的主要競爭者。」

超級成功的司機確實存在，但他們之所以能有高所得，並不是全靠開車。在 2015 年，《富比世》雜誌曾報導一位年收 25 萬 2000 美元的 Uber 司機。他把車子改裝成珠寶展示間，用從中賺得的利益，買了一批車子請人來開。不過他雖有 Uberpreneur（Uber 創業家之意）的稱號，但主要收入卻都是來

自珠寶買賣（每月交易額有 18000 美元）。至於 2014 年靠 Uber 賺的每月淨收入則只有 3000 美元，等同於每年 36000 美元，而且這還是在平台多次調降費率以前。

另一方面，TaskRabbit 也宣稱全職從事平台工作的零工每年可賺 78000 美元。TaskRabbit 發言人傑米 · 維吉亞諾（Jamie Viggiano）表示：「大約有 15％的 TaskRabbit 工作者是全職，在他們之中，有許多人扣除傭金後的每月收入仍高達 6000 到 7000 美元。」但即使每月只賺 6000 美元好了，每週也必須以時薪 90 美元工作 20 個鐘頭，或以時薪 45 美元工作 40 個鐘頭，再加上與客戶傳訊息及通勤的時間都不計入時數，平台也不補助交通費，所以要想賺取高薪，實際得付出的工時根本不只如此。在平台實施最近一次的轉型，把傭金從兩成提高到三成後，工作時數甚至會拉得更長。

雖然某些案子確實是有溢價優勢，但多數工作都是一次性任務，並不足以構成穩定的雇用模式，讓工作者賺取五位數的高額收入。此外，即使接到一兩件酬勞很多的任務，也不足以抵銷病假、有薪事假、失業或健康保險等福利，因為這些通常會占薪資的兩到三成。

因此，零工經濟也引發了有關社會不平等與階層化的議題。共享平台雖號稱可以讓大眾創業，但實際成功的仍是有資本能投入的人。在《與機器賽跑》（Race against the Machine）一書中，

布林優夫森和麥克費指出，迅捷的科技變遷快速摧毀了許多工作，比新工作釋出的速度還要快，造成生產力上升，但就業率卻下降的「大脫鉤」。在強勁成長的生產力這方面，同是經濟學家的奧圖並不認同兩人的說法，但同意科技變遷確實有好有壞。銀行櫃員晉升至技能要求高的業務職位，顯示出中產階級「兩極化」與「空洞化」的現象。在這樣的情況下，數量增加的，就只有低階的服務性工作，以及著重創意和問題解決技巧的高薪職位而已。

在傳統的勞動市場模型中，勞工是在職涯中持續把具稀少性的勞動力賣給雇主，但這樣的模式已逐漸被侵蝕。對此，奧圖解釋道：「不是說市場上沒有錢，只是錢容易累積到有資本、有創意的人手中，而且資本的分配又比勞力來得不平等。每個人生下來都擁有相同的勞動力，但握有的資本卻不同。」在零工經濟當中，社會與金融資本最多的人，就是最有可能成功的人。

此外，共享工作也會造成非正式經濟層面（informal economy）的問題。「非正式經濟」的定義，是「不遵守已確立的制度化規則，或無法得到保護之經濟主體的行為」，多數的相關研究是著重於非法市場，或是分析開發中或新興的經濟體。這個概念源於凱斯・哈特（Keith Hart）對非洲都會市場的調查，也有學者曾研究中產階級的非正式工作，但他們是把重點擺在

減少經濟交換活動上，譬如為了「將時間效率最大化」而選擇自行修繕機器或整理草坪。共享經濟零工其實和從事地下經濟的人一樣（尤其是歸類為 1099 的族群），涉入了「已規避現有法規及國家主管機關的非正式經濟活動」。在這樣的情況下，零工也只能相信平台會老實付錢，並祈禱工作時不要受傷或被騷擾了。

本書的研究顯示共享工作其實不盡相同，即使都是零工，如果能擁有福利與職場保障的話，仍可以過得比較安全、穩定，財務負擔也會減輕。一如丹・祖柏立（Dan Zuberi）在他針對西雅圖和溫哥華飯店員工進行的研究中所述，「經濟全球化並不必然會造成不平等與貧窮問題的惡化。」

零工經濟的崛起，並不一定得終結穩定就業型態，並破壞伴隨工作而來的社會安全網。畢竟這種經濟模型是源自社群共享的理想，所以不該奠基於打工或時薪型的任務。值得慶幸的是，某些隨需工作平台即便使用最尖端的 APP 科技，仍選擇將工作者視為員工，而且也提供勞工賠償、健保以及失業保障等基本的社會安全網福利。

以員工身分從事共享經濟

位在曼哈頓的新創公司 Hello Alfred，辦公室座落於聯合廣

場和熨斗大廈之間（Flatiron Building），四周都是昂貴的健身工作室和高級居家用品店，很符合一般人對科技新創的刻板印象。在磚牆辦公室的中央，有一群亮眼的 20 多歲員工正在使用時程安排軟體，並你一言我一語地討論工作者有空時段的異動。入口處掛著哈佛商學院對公司進行的個案研究，周圍的空白處滿是簽名。另外還有一個公佈欄，上頭有許多手寫筆跡，都是客戶在感謝 Alfred（平台對工作者的稱呼，因為《蝙蝠俠》的貼心管家就叫 Alfred）幫他們打掃住家，讓他們的生活變得輕鬆愉快，或是幫了非常重要的大忙等等。

雖然辦公室符合刻板印象，但 Hello Alfred 和一般科技新創的共通點僅止於此，就連創立原因也和 Uber 及 Airbnb 非常不同。不是為了要繳房租或補貼開趴費用，而是因為共同創辦人潔西卡・蓓克（Jessica Beck）和瑪西拉・薩芬妮（Marcela Sapone）在就讀哈佛商學院時，希望能在工作和生活之間取得平衡。「我的時間真的不夠用，做什麼事都沒空，即使是真的非常想做的事，也抽不出時間來進行。」薩芬妮說。

至於 Hello Alfred 就是她們的解決方案，而且這並不只是一般的跑腿服務而已。公司會把 Alfred 指派給客戶，並鼓勵他們培養直覺，以預測客戶需求。舉例來說，Alfred 可能會發現櫥櫃裡通常都有某種玉米穀片，這樣就可以隨時補貨，以免吃完；又或者是發現某戶人家的廚房設施齊備，但冰箱裡從來都沒有

食物，這時或許就可以提議到農夫市集買 20 塊美金的新鮮蔬菜，讓客戶可以下廚煮飯。

「隨需的意思其實就是沒有預先計劃，所以這樣的概念其實不太理想……如果能超越隨需的限制，了解客戶的想法並預測需求，那他們就會覺得好像有個私人規劃師似的，」薩芬妮說，「我們必須建立良好的關係，讓客戶相信 Alfred 能把事情做得跟他們自己來一樣好，甚至更棒，並讓他們覺得 Alfred 值得信賴，可以獨自到家中工作，不必有人監看。」

這種「直覺式的類偵探工作」並不容易，但兩位共同創辦人曾親身挑戰，在哈佛就讀時休學了一學期來擔任公司最早的 Alfred，以做為試驗。現在，資深管理團隊的成員也會定期到現場實際勘查，以了解 Alfred 面臨的困難。

有別於以大量零工把市場淹沒的共享服務，Hello Alfred 會等到在某個領域累積足夠需求後，才雇請工作者，以確保公司至少能提供穩定的兼職工作。在兩週的受訓期間，Alfred 的時薪為 16 美元，之後會調至 18 美元；平均鐘點費大約是 22 美元，目標則是提高到 30 美元。所有工作者的身分都是 W-2 員工，且全職 Alfred 可享有和企業正職雇員相同的福利；週一至週五的標準工作時間、健保（包括牙齒與眼部保險）、失能給付以及有薪假。目前還不提供 401k，但這是所有員工都適用的規定。

將 Alfred 視為 W-2 員工自然有困難之處，譬如人資與法務

負擔都比較重，人力成本當然也比較高，而且有些潛在投資人也因為公司沒把 Alfred 歸類為獨立承攬人員，而拒絕資助。「當時 Uber 帶起了一股潮流，什麼服務都可以拿來跟 Uber 比較……簡直像海洛因一樣，讓 VC 或創投人士非常上癮……他們都想採用 Uber 的模式來經營；基本上就是先投入大量現金做為前期成本，搶到客戶以後，再來思考經濟層面的細節，」薩芬妮解釋道，「但他們講的什麼工作彈性和額外收入，基本上都是空口說白話，最後零工賺到的錢根本不夠，也無法享有任何福利，想計劃任何事都不可能。」

薩芬妮坦承，正規聘雇和獨立承攬這兩種做法，她們都考慮過，但 1099 模式的顧客和零工流失率很高，她和共同創辦人蓓克都不喜歡，而且也擔心公司釋出的職缺品質不佳。對此，她在替《Quartz》雜誌寫的一篇文章中這麼解釋：

　　科技雖然讓新的商品與服務變得容易取得，但同樣也可能會將提供服務的人和使用者拉遠……企業的成功與工作者的成功不應該脫鉤。而且我們也相信，只有將自家員工視為最重要的客戶，才能完美滿足實際顧客的需求，偏偏 1099 型契約會讓這個目標很難以達成，因為這種模式的本質就是會離間公司與員工，而且完全不負責提供有意義的工作、訓練或職涯發展……對我們來說，把「人」視為科技企業的核心，

才是打破框架的方式，這代表我們會負起責任，提供優質的工作。雇主與雇員之間的關係不僅僅是關乎成本而已，也應該要以理念和原則為基礎，而且最後我們也發現，這些原則對業績其實也有益無害。

在 2009 年由夏夫、麥克‧羅素（Michael Scharf）和賈斯汀‧蓋勒（Justin Geller）成立的居家清潔服務 MyClean，也發現企業原則會影響獲利。如第四章所述，MyClean 一開始也是使用外包人力，但後來發現公司對清潔人員投入的心力不夠，所以零工的態度也同樣是利益導向，既不可靠，品質也不好，導致顧客流動率很高，再加上有客戶取得成本，進而形成了問題。此外，由於法規限制，公司也無法要求工作者穿制服或在特定時段值班。

現在，MyClean 把所有工作者都當成 W-2 員工看待，一如他們在使命宣言中所述，「我們聘請清潔人員後，會給予他們員工應得的權利與福利，包括有薪假、加班費、薪資稅、失能保險、勞工賠償、《公平勞動標準法》（FLSA）保障機制、健保和 401k 對等提撥等等。」在 W-2 模型之下，勞資雙方都得以釐清彼此的期待；MyClean 知道該如何支薪，而清潔人員也了解怎樣的品質才算合格，並且能定期領取薪酬。此外，提供員工身分也出乎意料地帶來了另一項好處：公司的招募費用大幅

降低，現在新雇用的人員多半是由同仁介紹，所以多了品管功能，畢竟推薦不良人選可能會影響自己在公司的地位，沒有人會想冒險。因此，得到推薦的候選人通常都已通過了謹慎的事先評估。

要把以鐘點計費的零工改歸類為正式員工，不只是得提供基本的社會安全保障而已，還必須給予月薪型雇員享有的福利與特權。我跟 MyClean 的共同創辦人暨 CEO 夏夫見面時，該公司就剛在當地的 BBQ 餐廳辦完節慶派對，而且邀請了所有同仁和他們的家屬，以感謝大家一整年的努力。

在獨立承攬機制興起的時局下，瘋狂接案、四處奔波似乎才是王道，但除了 MyClean 以外，也還有其他公司正在與這股潮流對抗，像是提供個人倉儲服務的 Makespace，專營食物外送的新創 Munchery，以及辦公室管理平台 Managed by Q 也都將工作者視為正式員工。至於提供生鮮雜貨服務的 Instacart，同樣是把兼職員工（工時不超過 29 個鐘頭）歸類為員工。

事實上，並非所有企業都是基於善良原則將零工歸為正式員工，譬如經營辦公室服務的 Managed by Q 之所以拒絕採用獨立承攬模式，其實是基於其商業策略。創辦人丹・提朗（Dan Teran）在成立公司不久前，讀了珊妮普・湯恩（Zeynep Ton）的《好工作策略》（The Good Jobs Strategy）。這本書回顧了藉由提高員工滿意度來改善生產力的「快樂勞工模型」，並以網

路零售商 Zappos 和連鎖超市 Trader Joe's 做為案例研究，證明投資勞動力確實可提升企業長期利益。因此，Managed by Q 不僅提供與傳統企業同等的福利，如公司健保給付、401k 對等提撥和有薪家事假等等，某些項目甚至還給得更多。

有「善良版 Uber」之稱的 Juno 也認同這樣的理念。這間公司宣傳的主張是要善待駕駛，藉此讓「駕駛善待乘客」，所以將司機視為真正的合作夥伴，不僅給予股票選擇權，傭金也只收一成（保證 24 個月不調漲），遠低於 Uber 的 25％。此外，還有全年無休的真人電話客服，不像 Uber 只提供惡名昭彰的電子郵件支援。[6]

所以其他企業為什麼不願意把零工歸類為員工，或給予股票選擇權，並讓他們全面參與公司事務呢？首先，聘用獨立承攬人員可節省大量成本；計入失業保險、勞工賠償保費、社會安全稅、醫療保險稅、健保和其餘福利後，總共可省下約 30％的開銷。採行人力外包制的平台就是將風險轉嫁到零工身上，所以可以把費用壓得比提供穩定薪資的公司低。

雇用獨立承攬人員可節約的成本，讓許多公司不通情理地執意想從工作者身上省錢，也導致將受雇者視為正式員工的企業，難以得到公平競爭的機會。「如果沒有法律規範的話，那你當然可以把用具交給清潔人員，給予訓練，然後私底下塞個 30 塊美金給他們，」MyClean 的營運長肯・修斯（Ken

Schultz）這麼說，「但我們是遵守法規的公司，所以才要給予員工他們應得的權利。我們希望所有企業都能站在相同的起跑點上。」

「不要管簾後的那個人」

為什麼會有這麼多公司彷彿把工作者當成可拋棄式齒輪，遵守規則的企業卻這麼少呢？為什麼大眾對相關議題的討論，會被不守規矩的平台和這些服務的擁護者支配呢？如同先前所述，其中一個原因在於這些平台和共享經濟綁架了語言，畢竟只要冠上「共享」的名號，就能掩蔽許多醜惡。同樣地，把平台稱為「科技公司」後，也可以輕鬆撇除社會勞動契約，因為科技這個領域就是會讓人覺得不可能搞懂，太過複雜又不太合理，按鈕一大堆而且不直覺。再說，反正之後一定會再改，所以何必白費力氣去理解？就好像老舊的 VCR 錄影機上一直閃著12:00 一樣，最後大家乾脆放著不管；也猶如綠野仙蹤裡的奧茲大帝叫桃樂絲「不要管簾後的那個人」，藉此引開她的注意力似的。以科技之名，轉移大眾關注的焦點。

「在我看來，科技社群犯了一個錯，錯以為只要冠上科技之名，就可以發展成獨角獸企業，以為在居家清潔這種實體服務中加入科技元素後，就能開創出價值數十億美元的事業。」

MyClean 的 CEO 夏夫說，「但這不是社群媒體，也不是軟體，而是服務平台，並不只是科技公司而已。事實上，科技只是企業中的次要元素罷了。這種服務是真實世界的業務，涉及到人力，所以擴張速度不可能像真正的科技公司那麼快，因為企業的成長是來自真人，而非軟體。」

　　共享經濟平台若以科技公司或線上市集自居，似乎就可以恣意行事，畢竟科技世界時時都在改變，裁撤工作者的前一刻才能通知他們，也是很正常的。不過這種任性妄為的論點，和企業主在 1980 和 1990 年代大規模裁員時的態度，又有什麼不同呢？

　　此外，奮鬥組與成功組的人因為通常都有其他的工作或興趣，所以能夠對共享經濟的問題一笑置之。畢竟從事副業時的他們並不是「真正的」自己，共享服務也不是他們「真正的「職業」。擁有多個 Airbnb 房源的企業律師喬書亞以下這段話，就很精準地反映出我的論點：

　　我剛開始做的時候，花在這上頭的時間比現在多很多……當時我什麼事都自己來，會親自去打掃房子……說起來有點奇怪，不當律師，改做一些勞力活兒，其實還滿有趣的，所以我會享受那種詭異的快樂，下午一點就離開辦公室，到出租處打掃，並迎接房客，這跟我每天從事的腦力型工作非常不同。

暫時的小小改變或許很有趣，但喬書亞大概不會想靠居家清潔維生，或擔任飯店櫃台，只是當成短期副業經營覺得有趣而已。訪談最後，他甚至還提到要跨越國界，聘請未婚妻沒有移民身分的外籍母親來管理鑰匙發放和清潔作業，並表示他和合夥人「希望盡量減少勞動工作，將這些 Airbnb 房源變成被動收入來源。」

種族與階級，究竟是誰在作祟？

企業無視社會勞動契約，究竟是社經問題，還是種族不平等的結果？一如先前所述，相關資料曾顯示 Airbnb、Craigslist 和 eBay 等共享服務都有種族歧視的情況，但說到工作者受到不公對待的問題，其實我們很難確定背後的成因究竟是種族還是階級。對零工而言，種族可能造成三大影響，包括他們以零工身分提供共享服務，以客戶身分使用共享平台的體驗，以及因為種族而必須承受較多風險與剝削的體驗。

以種族來說，非裔美國人比較無法在共享經濟中擔任零工。Uber 資助的一份研究就顯示，和本地的私人接送服務相比，該平台的白人駕駛比例較高、黑人比例則較低。共享服務之所以會有這樣的「白化」現象，或許帶有歧視成分，也或許是數位分化所致，但確切成因為何，我們仍無法確知。舉例來說，要

想在共享平台上成功，需要一定品質的智慧型手機和可靠的行動網路，對於低收入的弱勢族群而言，可能比較不易取得。此外，非裔美國人也較少使用共享服務。

皮尤研究中心在 2016 年 3 月曾對 4787 名美國成人進行詳細調查，內容包括共享、合作和隨需經濟的涵蓋範圍與影響，研究並發現各人口族群使用共享平台的狀況非常不一樣。調查結果顯示，在研究所選的 11 項共享或隨需服務當中，72％的美國人用過至少一項，用過四項以上的則有大約 20％。不過皮尤對於此類服務的定義特別廣泛，所以有些平台即使可能並不屬於共享經濟，仍包含在研究範圍內，譬如「提供當天到貨快遞的服務」（41％的成人用過），以及網路經銷商平台（28％的人曾透過這種管道買票），但這些其實都是早在共享經濟出現前，就已存在的服務。雖然多達一半的成人都在線上買過二手商品，但問到是否用過叫車 APP 時，比例就大幅降低至 15％，至於用過網路房屋共享和任務外包／跑腿服務的受訪者，則分別只有 11％和 4％。

皮尤的這項研究也顯示，各服務平台在種族方面的數據有所差異。譬如受訪者認為 Uber 和 Lyft 等載客服務有助減少弱勢族群攔計程車時可能遭遇的歧視，因此促進了平等。拉丁裔（18％）和黑人（15％）族群用過 Uber、Lyft 等接送服務的比例稍高於白人（14％），但換做是房屋共享的話，使用過的白

人（13％）則多過拉丁裔（9％）和黑人（5％）受訪者。另一方面，就早期的共享經濟平台 eBay 和 Craigslist 而言，在這兩個網站上買過二手商品的白人（53％）也多過黑人（36％）和拉美人士（48％）。

不過如同先前所述，社會階級也是顯著的影響因子：在年收入超過 75000 美元的受訪者中，61％曾在網路上買過二手物品，至於年收少於 30000 美元的族群，則只有 36％。換做是房屋共享服務的話，前者用過的比例為 24％，後者則僅有 4％。

最後，我們也無法確知零工遭遇的犯罪風險，究竟是種族或階級造成的後果。我和伊薩克・萊德格（Isak Ladegaard）及修爾共同進行的一項未出版研究顯示，波士頓和紐約的代雇駕駛在以下三個層面最為脆弱：法律（被迫涉入犯罪活動）、經濟（時時都面臨帳戶被停用的威脅），以及身體和情緒（性騷擾與暴力威脅）。此外，女性與弱勢族群又更容易淪為受害者，而且經常在不只一個層面受害。同樣地，一如我在第六章探討犯罪活動時所述，發現自己陷入疑似非法情境的零工，幾乎都來自弱勢群體。

不過我必須重申，我們並不清楚種族和階級對這樣的現象到底有多大的影響。摩根大通研究所（Chase Institute）的報告指出，收入較低（44800 美元以下）的人比較可能使用勞動型平台（0.6％）；反之，第五順位最高所得組（84900 美元以上）的比

例則只有 0.3％。麥肯錫全球研究院（McKinsey Global Institute）的報告也顯示，低收入家庭比較有可能因為沒有更好的選擇，而訴諸獨立承攬型的工作。在家庭年收入低於 25000 美元的人之中，共有 48％曾做過零工，而且有 37％的家庭表示這是「逼不得已」。相較之下，高收入者（家庭年收 75000 美元以上）獨立接案的比例則只有三分之一，而且大多數人都說這是他們「自己的選擇」。

在經濟大蕭條與二戰之後，白人和弱勢族群的所得開始朝反方向發展。白人有政府擔保的貸款可用，但非裔美國人卻因為社區的限制性契約和銀行歧視，而無法使用這些資源，再加上一般美國民眾大多數的財富都是用於購屋，所以房屋擁有權也開始不平衡，進一步拉大了貧富差距。1994 年時，白人家庭資產的中位數是非白人家庭的超過七倍，即使是在高收入的類別中，白人家庭（308000 美元）的淨值中位數也高達非白人的三倍（114600 美元）。在次貸風暴期間，有房的弱勢族群是惡質放款人最大的標靶，所以那場危機過後，貧富差距又再擴大。經濟發展公司（Corporation for Economic Development）和政策研究院（Institute for Policy Studies）2016 年的一份報告指出，「過去 30 年來，白人家庭的平均年所得成長了 85％，上升至 656000 美元，至於黑人和拉丁裔家庭則分別只提升 27％和 69％，增加至 85000 及 98000 美元。」就目前的趨勢來看，拉

丁裔家庭需要 84 年才有辦法累積到白人目前的財富，至於黑人呢？則要長達 228 年。

以我研究的共享經濟服務而言，非白人零工幾乎都是樣本中的少數，只有代雇駕駛服務例外。不過弱勢受訪者的淨值中位數較低，在零工經濟當中可能特別脆弱，而且被捲入非法情事的也的確都是掙扎組和奮鬥組的零工，成功組則完全沒有。話雖如此，我們仍無法確知犯罪分子是不是基於種族因素而刻意瞄準這些零工，又或者是因為對工作的需求和勞動平台的本質，導致他們容易陷入可疑的處境。另一方面，無論種族背景為何，所有零工都同樣可能遭遇性騷擾、工作時受傷或突然被停用，但比起成功組，這些狀況較常發生於掙扎組和奮鬥組。

有些人認為，隨著共享經濟持續發展完善，零工平台遲早也得提供津貼和職場福利，以爭取工作者。不過，即使失業率下降，共享經濟仍持續成長，而且目前又有經濟波動及薪資凍漲的問題，所以受雇於共享服務的勞工數大概不會下降多少。共享經濟重視時間彈性，讓零工在需要工作時接案，也的確滿足了某些族群的需求。事實上，我在進行這項研究時，有一位家族成員就因為財務遭受重創需要周轉，而開始替 Uber 和 Lyft 開車。據他所言，是為了「維持收支平衡」。

所以，雖然我強烈批判共享經濟和這種模式在勞工保障方面的缺失，但如果無法提升人民總體收入，或實施無條件基本

收入的話，那確實是必須要有辦法來幫助大眾補貼所得，但不能讓工作者承擔過多風險。然而最快的解方，就是把零工歸類為正規員工。

獨立契約工的分類之亂

雖然許多共享企業都說工作者是小型企業主或獨立承攬人員，但其實究竟該算員工或獨立契約工，應該要以聯邦法律為準，只不過相關定義與解讀可能有出入罷了。就「員工」（employee）一詞來看，《公平勞動標準法》（簡稱FLSA）、《移工和季節性農業勞工保護法》（Migrant and Seasonal Agricultural Worker Protection Act）及《家庭與醫療假法》（Family and Medical Leave Act）的定義比較廣。舉例來說，在 FLSA 當中，員工是「『由雇主雇用的任何個人』，而雇用的定義則包含『允許或容許他人工作』。以 FLSA 的框架而言，就業是個很廣泛的概念，而且會受到『經濟現實』的考驗。」至於所謂的「經濟現實」，則涵蓋六大因子：勞工的工作是不是雇主事業不可或缺的一部分；勞工的管理技能會不會影響自身的獲利或損失機率；勞工和雇主的相對投資；勞工的技能與主動性；雙方關係是否長久，以及雇主對此關係的掌控性。

工作者的分類雖然是由勞工部、國稅局，以及地方性和州

立稅捐機關規範，但實際上則是由雇主掌管，偏偏違規企業卻是出了名地難以根除。在歐巴馬總統任內擔任勞工部副部長的塞斯・哈里斯（Seth Harris）表示，如果工作者自己沒有申訴的話，「找到錯誤分類的勞工……大概比看到小妖精騎獨角獸還難。」

如同先前所述，把工作者歸類為獨立契約工有助壓低薪資相關稅款，包括社會安全稅、勞工賠償費用和健保費等等。此外，分類錯誤也會導致工作者申請失業救濟時，須等待較久才能得到補助。在這樣的情況下，由於各州法律不同，導致紐約和加州的某些 Uber 駕駛在申請失業給付時可視為正規員工，但佛羅里達的司機卻只能算做獨立契約工（並非所有 Uber 駕駛都同意自己是獨立契約工。2015 年 6 月，某些駕駛在市政廳參與了反抗議行動，希望能呼籲外界重視他們的 1099 身分）。

雖然勞工的分類似乎是由企業專斷決定，但其實美國國稅局有提供內含 20 項判斷標準的檢查清單（詳見列表 1），以幫助雇主決定該如何分類。說到 20 道題目，各位可能會聯想到雜誌裡的那種小測驗，但要完成測驗，可不能只是像平常那樣回答是或否，然後把分數加總就好。舉例來說，握有工作掌控權確實是象徵雇主地位沒錯，不過雇主或許只是擁有這項權力，但沒有實際管控。使狀況更加複雜的是，國稅局還「強調除了這 20 項標準外，1987 年列舉的因素可能也具相關性，各因素的

重要性可能取決於實際狀況，且相關因素可能會隨時間改變，所以會對應所有事實詳細檢驗。」

這份內含 20 項判定依據的檢查清單用於共享經濟時，顯得特別模糊：帳戶被停用，算是解雇嗎？Kitchensurfing 廚師必須穿圍裙（標準 1：遵照指示），且無論輪班時段是否排滿工作，只要值班達一定的時間就會有一定的薪水（標準 12：支薪），這樣算是員工還是獨立契約工？駕駛可以同時替 Uber 和 Lyft 開車（標準 17：替超過一間公司工作），但費率由平台決定（標準 3：整合相關規定），那該怎麼歸類？TaskRabbit 零工每次值班固定都是四小時（標準 7：固定工作時間），但可以自行安排輪值時段（標準 8：全職相關規定），又算是什麼身分？

由於關於正規員工和獨立契約工的爭議實在太多，有些學者甚至提議新增第三個類別，定義為「從屬型零工」（dependent worker）或「隨需契約工」（on-demand contractor）。在德國和加拿大，這個選項只適用於「主要或完全仰賴單一雇主或客戶」的工作者，有些人甚至有八成的收入都源自同一個客戶。不過在美國，這樣的分類其實反而可能會加重勞工風險與剝削。舉例來說，如果成為 Uber 的「從屬型契約工」，可能就不適用公司為與其他平台競爭而提供的特殊獎勵費率，也不能替其他平台工作。

表1　判定雇傭關係是否存在的 20 項依據

美國國稅局（IRS）提供的 20 項判定依據如下

1. 指示
　　服務提供對象如有權要求工作者遵守指示，即代表工作者具員工身分。

2. 訓練
　　如有工作者訓練（譬如要求參加訓練活動），代表服務提供對象希望服務能以特定方式執行，也代表工作者具員工身分。

3. 整合
　　如工作者提供的服務是已整合至服務提供對象之企業營運中的必要項目，則代表工作者具員工身分。

4. 個人服務
　　如須提供個人性質的服務，代表服務提供對象在意工作完成方法，也代表工作者具員工身分。

5. 雇用、督導助手並支付薪酬
　　如服務提供對象雇用、督導助手或支付薪酬，一般代表工作者具員工身分。但是，如果工作者依約同意提供材料與勞力，並按照該合約雇用及督導其他人手，且僅為結果負責，則應視為獨立承攬人員。

6. 長期關係
　　工作者與服務提供對象之間如存在長期關係，代表工作者具員工身分。

7. 固定工時
　　工作者如有固定工時，即代表具員工身分。

8. 須全職工作
　　如工作者必須為服務提供對象的企業投入大量時間全職工作，即代表員工身分；如為獨立承攬人員，則可自行決定提供服務的時間與對象。

9. 在雇主的營業場所工作
　　如工作是在服務提供對象的營業場所進行（尤其是如果無法在別處完成），即代表工作者具員工身分。

10. 順序或程序判斷法
　　如工作者必須依照服務提供對象所制定的順序或程序來提供服務，不得按照自身習慣的模式工作，則代表員工身分。

11. 口頭或書面報告
　　工作者如須定期呈交報告，即代表具員工身分。

12. 按時數、週數或月數支薪

工作者如按時數、週數或月數領薪，通常即代表具員工身分；如為按件計酬或領傭金，則屬獨立承攬人員。

13. 支付業務費用和／或差旅費

服務提供對象如支付業務、差旅等相關費用，代表工作者具員工身分。為控管開銷，雇主通常保留對工作者提供相關指示的權利。

14. 裝潢工具與材料

如雇主提供重要工具與材料，即代表工作者具員工身分。

15. 大量投資

如雇主對工作者使用的設施進行大量投資，代表工作者為獨立承攬人員。

16. 虧損或利益實現

如在員工一般的利益或虧損實現範圍之外，工作者可能會因服務的結果而有利益或虧損的實現，通常代表工作者具員工身分。

17. 同時為超過一間企業工作

工作者如同時為多間企業提供少量服務，通常都屬獨立承攬人員。

18. 讓大眾皆可取得服務

如果工作者讓大眾都能經常性地穩定取得自己所提供的服務，即屬獨立承攬人員。

19. 有解雇權

雇主如擁有解雇權，即代表工作者具員工身分。

20. 有終止權

工作者如有權隨時終止與服務提供對象的關係，且不會因而招致任何相關責任，即代表具員工身分。

國稅局近期歸結出三類標準，可能具關聯性，可用於判定普通法檢驗之下的必要管控因素是否存在，並將相關闡釋性因子歸為以下三類：(1) 行為管控 (2) 財務管控 (3) 涉入人員的關係。國稅局強調除了這 20 項標準外，1987 年列舉的因素可能也具相關性，各因素的重要性可能會取決於實際狀況，且相關因素可能會隨時間改變，所以應對所有事實詳細檢驗。

資料來源：稅務聯合委員會（Joint Committee on Taxation）《以聯邦稅為目的之現有勞工分類相關法律與背景》（Present Law and Background Relating to Worker Classification for Federal Tax Purposes），眾議院籌款委員會（House Committee on Ways and Means），JCX-26-07，2007。

　　此外，「獨立勞工」（independent worker）這個替代類別，則有勞工部副部長哈里斯和普林斯頓大學經濟學家克魯格推薦。如果美國修訂反壟斷法的話，這個類別將賦予獨立工作者集體動員與協商的權力，給予他們民事法規的保障，而且稅款也將可以從薪資中扣除。此外，他們也有機會可以和其他獨立受雇者共用資源，以取得某些福利，如失能保險、退休帳戶和責任險等等，基本上和加入自由工作者工會差不多。不過在這種模式下，他們並不適用最低薪資和加班法規，無法取得勞工賠償，而且工作時如果受傷，通常都得透過侵權機制來處理，但這種機制仍是把責任轉嫁到勞工身上，要他們自行查找適用的福利（如失能保險）並支付相關款項。此外，沒有勞工賠償險和最低薪資更是特別令人困擾。

　　至於第三種策略是維持現狀，但讓零工在經濟方面不再像現在這麼脆弱。在 2017 年，曾是科技創業家的維吉尼亞州參議員馬克 · 華納（Mark Warner）推動立法，希望能試驗零工專用的可攜式福利計劃。這項法案呼籲聯邦政府撥出 2000 萬美元，以利組織機構研擬福利方案，讓個體接案者即使換工作也能將福利帶著走，可能的方案包括「以某些營建企業做法為藍本的『時數銀行計劃』，以及『消費者樂捐機制』。前者會追蹤勞工替不同雇主服務的時數，並集中處理訓練內容與退休福利；後者則會讓消費者自行決定是否要外加小費，並將這些錢當做

勞工的福利基金。」

「有些 Etsy 賣家、Airbnb 房東、Uber 司機或兼職顧問確實很成功⋯⋯但如果遇到不順遂的話，基本上根本毫無安全網，他們會一路跌到谷底。坦白說，就只有政府救濟方案能接住他們。」參議員華納這麼解釋，並將可攜式福利計劃稱為「緊急救助基金」：「這筆基金可以用於處理勞工傷病，或許可以與現存的退休方案結合；視歐巴馬健保的發展狀況而定，也有一部分可能會用於幫助勞工支付健保費用。我認為將來會有很多種模型。」

對於多數工作都來自共享經濟的成功組和掙扎組零工而言，可攜式福利計劃有許多益處，但對還有其他職業的奮鬥組來說，這種做法可能就沒有太大的幫助了。除此之外，哈里斯和克魯格推薦的「獨立勞工」模型（也就是所謂的「隨需契約工」），也無法提供所有工作者都需要的職場保護。

「時間法則」就是簡易解決方案

如果想為零工解決問題，方法必須要夠簡單，不過仍得將隨需經濟的多元性納入考量，像是各種不同的工作類型，以及成功和被剝削的機率等等，聽起來或許複雜，但其實不然。在我看來，我們無須設立新的類別，不必立法提撥幾百萬美金的

預算來實驗，也不用填寫國稅局那份 20 題的試卷。

　　我的解決方法很簡單，只需一個步驟，就能決定工作者是不是獨立承攬人員，我稱之為「時間法則」：如果勞工的工作時間是由雇主或市場來決定，那就應該算員工。

　　工時取決於雇主規定並不是什麼新聞，雜貨店和零售店的店員都有固定的上班時間，不能看自己心情隨意上下班。至於事務所律師、老師、會計師、郵局員工、急診醫師和電訪人員的工時也都取決於雇主和市場，畢竟應該沒有人會想在凌晨 4 點收到信件或接到推銷電話。另一方面，有些工作則是有人力配置方面的考量，譬如學校會希望老師陪在學生身邊，繁忙的急診室也需要有足夠的醫生來處理醫療需求。要求雇員在特定時間上下班並沒有錯，但如果不能自行決定工作時間的話，就不該歸類為獨立承攬人員。

　　如果是「真正」的獨立工作者，應該能決定要在何時完成工作，不會被迫輪班，而且要可以獨立執行工作內容，譬如自由撰稿人、小說家或小型企業主等等，許多人也會成立公司，藉此取得責任相關保障。

　　包括 Uber 在內的許多共享企業可能會宣稱彈性工時是平台最大的福利之一，但其實代雇駕駛的工時仍受制於市場需求；如果尖峰時段不開車，收入就會大大縮減，再加上平台也會透過獎金和收入保證，來鼓勵駕駛在某些日子和特定時間載客，

所以又更限縮了零工的自由度。TaskRabbit 在 2015 年轉型後，零工就只能在早上 8 點到晚上 8 點接案。同樣地，Postmates 和 FedEx 司機也只能在固定時段送貨。至於 Airbnb 房東雖然可以決定何時要出租房源，但平台要求他們在規定時限內回覆潛在房客，而且一年當中會有某些日子（譬如節慶連假）特別有賺頭，所以前述的這些工作者都應該算做員工才對。

在時間法則之下，所有勞工的預設分類都是正規員工。也就是說，只要面試、聘用了人，讓他們透過自家平台工作賺錢，就應該視之為正式雇員，並給予公司其他員工都享有的福利與保障。掙扎組和奮鬥組的零工在身體、社會與經濟上都容易面臨風險與剝削，所以這樣的預設分類對他們而言特別有幫助。

睡衣政策

我所謂的「睡衣政策」，是必然會從時間法則中衍生出的原則；如果受雇者真能獨立作業，那麼不論任務內容為何，「穿著睡衣」應該都能完成才對。之所以會發想出睡衣政策，是因為某些工作看似提供自主性與彈性，但顯然不是這樣。舉例來說，Upwork（前身是 Elance-oDesk，又稱 oDesk）是從早期就採用網路市場模型的自由接案平台，不過無論是平面設計師、撰稿人或電腦工程師，所有接案人員都必須使用平台的桌面應

用程式和工作日誌；這項工具每小時會拍攝螢幕截圖六次，以此顯示工作進度，也會「記錄滑鼠點擊總數、捲動次數，以及每個段句的鍵盤點按數。」而且如果不同時使用前述的兩種工具，就無法享有 Upwork 的時薪保障。另一方面，客戶甚至還能要求受雇者用網路攝影機拍攝他們在工作的畫面，但這種「我是老大」式的監控似乎與平台聲稱的「獨立作業」模式大相矛盾。

雖然螢幕截圖和網路攝影機並未用於本書所討論的零工經濟服務（或許只是還沒而已），但零工其實已處處被監控。在主流經濟當中，白領員工即使遲到個半小時，應該也還可以不致太過著急地踏入辦公室，而且不會每次都被老闆抓到，但 APP 平台的工具有即時追蹤功能，在有 GPS 系統的情況下，駕駛何時抵達、接到乘客、讓他們下車，又去了哪裡，Uber 和 Lyft 都瞭若指掌。至於 Airbnb 和 TaskRabbit 則必須透過 APP 與房客及客戶通訊，也就是說，平台可以完全掌控回應時間及溝通內容。

除此之外，用戶評價功能有群眾外包性質，也導致工作者時時都會被打分數。雖然不是每個人都會留下評分或意見，但零工並不可能事先預知，所以必須力求讓客戶滿意，以免招致低分或劣評。這基本上形同自我監控，就好像群眾外包式的科技版圓形監獄似的。

　　雖然企業以分數和評價為行銷噱頭，並聲稱這方面的功能有助建立信任，能為客戶減少未知因素，但其實根本不然。用戶留下評論後，平台人員並不會查閱，並據此為工作者提供一對一的意見回饋，或是實施額外訓練。事實上，評分方面的排名，只是讓共享企業可以用來對零工進行大規模篩選與考核而已；如果表現低於某項指標的標準值，就有可能收到警告，帳戶甚至會被停用，因而無法再透過平台接案。換言之，即使依賴排名與評分，也並不能為工作品質掛保證，它只是將常態性的零工監控合理化罷了。

勞工分類對稅收的影響

　　工作者錯誤分類的情況對稅收也有影響，稅務聯合委員會的資料顯示，國稅局曾在 1984 稅務年度進行策略計劃，對 3331 名雇主進行查驗，結果發現有 15％的查核對象錯將勞工歸類為獨立承攬人員，而且「雇主將受聘者歸類為正式員工時，薪資所得的提報比例超過 99％；但歸類為獨立承攬人員時，如有遞交 1099 表格，稅前收入的呈報比例只有 77％，如果沒有的話，則低至 29％。」以形式最單純也最常見的獨資經營企業來看，業主呈報的所得比例甚至更低，「平均而言，遞交附表 C 的族群對淨所得的呈報率只有 73％。」而所謂的附表 C，指的就是

個人進行納稅申報時，應列出收益或虧損的表格。

　　一般而言，雇主每年支付工作者的金額如超過 600 美元，即應為每人都提交一份 1099 表單，但 TaskRabbit 等共享經濟服務因使用信用卡系統，所以似乎不受制於這項規定。根據 2008 年的《住宅暨經濟復甦法案》（Housing and Economic Recovery Act）規定，如果是透過 PayPal 或其他付款處理商來經手信用卡款項，那麼除非金額高於 20000 美元，並且超過 200 次付款的門檻，否則就不必申報。雖然所有薪資理應都要向國稅局提報，但雇方如果沒有這麼做的話，那麼相關項目在個人稅務中就很難獲得承認。

　　根據川普 2017 年減稅法案中的穿透條款，自 2018 年起，只要是透過合作夥伴關係、S 型企業和獨資經營取得且符合相關條件的所得，都適用兩成的扣除額，所以勞工分類可能會變得更加重要。[7] 派翠西亞・科恩（Patricia Cohen）指出，「在這道條款之下，Uber 駕駛等獨立承攬人員也將適用相同的扣抵規則。」因為這項稅改法案通過，雇主可能會將更多工作者歸類為獨立契約工，藉此縮減企業與零工的應付稅款，但同時也會犧牲職場保障措施──而我所提出的解決方式則有助降低這方面的風險。

自行決定是否創業

在「時間法則」與「睡衣政策」的定義之下，獨立承攬人員這個類別僅適用於擁有絕大自主權的工作者。這個族群可以選擇不當正規員工，走自行創業的路，透過成立公司的方式來取得責任方面的保障。換句話說，有心創業的工作者可以主動放棄員工身分，按照個人目標發展自身事業。成功組的零工能將充足的技能與資本帶入共享經濟，所以比較可能會選擇這種經營模式。

如果製作網站或撰寫文章的合約規定自由接案者，只要在期限前交出成品即可，那就算是獨立承攬。自雇型的會計師即使替許多客戶服務，但如果可以選擇只在半夜 12 到早上 6 點之間工作，那也算獨立承攬。不過換做是零工平台的話，所有工作者則都應該算做員工，舉例來說，Upwork 的接案者受到網路攝影機和鍵盤點按程式監控，並不適用「睡衣政策」，所以應視為正規員工。

其實我提出的並不是什麼前所未有的模型，因為即使在 Google、Facebook、APPle 及 Microsoft 等科技企業，某些兼職工作者也都享有和全職雇員相同的員工身分，而且可取得職場保障與福利。事實上，許多產業的標準做法都是將雇員聘為正式員工，讓有意創業的人自行接案或提供獨立顧問服務，就連

Uber、TaskRabbit、Airbnb、Munchery 和 Kitchensurfing 等共享企業都把兼職的專業雇員視為正規員工，並給予同等薪酬。在這樣的情況下，站在服務第一線的零工為什麼不能享有相同的待遇呢？

另一方面，為希望工作有彈性的臨時工作者提供職場保障，也不算什麼首開先例的創新做法。以 Instacart 為例，平台會將沒有車或不想遞送生鮮雜貨的零工歸類為採購員和收款員，算是兼職員工，工作時間有彈性，但一週的總工時不得超過 29 個鐘頭（一般而言，30 個鐘頭以上就應該要有健保給付）。另一方面，有車的零工則可擔任送貨員，或身兼送貨和採買工作，且沒有工時上限。根據 Instacart 的說法，「大多數的採購員自行決定的每週輪值時數加起來都落在 20 到 30 小時之間，所以我們的規定很符合大家既有的工作量。」

有些共享企業可能會認為必須擁有隨時裁撤零工的權利，才能在競爭中生存，但其實在共享經濟中，也有把零工視為員工來支薪的共享平台經營得相當成功，而且還歷經了很可觀的成長，像是 Hello Alfred、MyClean 和 Managed by Q 這些例子，都清楚顯示善待員工的「快樂勞工或優質工作」策略能帶來長期的成功。同樣地，歷史上那些因勞工欠缺職場保障而爆發的事件，也值得我們借鑑。

破滅的承諾

在《設計：慾望的發明》（Design: The Invention of Desire）一書中，設計師兼理論家潔西卡・赫爾芬德（Jessica Helfand）曾提到 hack 一詞（在英文中意指「駭客」或「黑科技」），並指出這個備受喜愛的矽谷用語在監獄俚語中指的是「守衛」，而且其實就是 horse's ass carrying keys「夾著鑰匙的馬屁股」的縮寫；在科技領域之外，則有拿彎刀割砍、破壞的意思。在矽谷的世界，hack 其實是奠基於一種很傲慢的概念，崇信的人認為如果想要有價值，「就必定要有所貢獻，早已存在的人或程序，得在你插手前全然消滅。信仰這種觀念的人不在少數，從這個角度來看，這個詞其實是源於很高傲自大的心態。」

同樣地，矽谷最愛的口號 let's break shit（意思是「來搞破壞吧」）也是熊彼得（Schumpeter）所說的一種「創造性破壞」（creative destruction）——根據這個經濟進步論，在舊企業破滅成灰燼之際，新企業就會如浴火鳳凰般誕生；也有些人認為，創造性破壞是克萊頓・克里斯坦森（Clayton Christensen）「破壞性創新」（disruptive innovation）的前身。在這個假說當中，新創公司取代成立許久的企業後，經濟也會隨之繁榮。以共享經濟這種新經濟模式而言，打破既有產業的現狀，自然也是其運作目標之一。

在「共享經濟」一詞剛出現在大眾眼前時，這種經濟模型看似帶來了進步，讓勞工可以參與共同消費，與社區共用駕駛型割草機等昂貴資產，終結錢賺來就馬上花掉的循環，也不必再一味消費，被迫與鄰居比較物質生活和社經地位。減少花費後，勞工在財務方面的需求會隨之下降，也會因此有比較多的空閒時間能與親朋好友相處，並反轉「獨自打保齡球」的趨勢。在人人合作的理想新世界中，共享會取代消費，並進一步消除當今一切都「麥當勞化」的現象。從這樣的角度來看，共享經濟似乎是進步，是當前困境的出口，也是勞工過度依賴企業、喪失職場自主性等問題的解方。

但事實上，共享經濟帶來的是破壞，而非進步。它非但沒能幫助勞工走出困境，還使他們在職場上比以往更脆弱，經濟方面也越來越欠缺保障。零工一份又一份地到處去接不同工作，表面上是自己的主人，但其實仍受制於平台任意轉型及停用帳戶的決策。共享企業的網站宣稱能為零工賦權並帶來創業能力，可是其實仍以複雜的演算法來決定在搜尋結果中的曝光率及任務分派方式，並在「信任」的偽裝之下，逼迫工作者接受身家調查及線上評分。零工明明是替不認識的客戶做事，欠缺法律規範的職場保障，處境充滿風險，卻還是時時刻刻被監督，猶如身處在以評價制約勞工的線上圓形監獄。

從另一個角度來看，克里斯坦森的「破壞性創新」其實「就

是販售比較便宜的劣質產品……最後，整個產業都會被這樣的產品占領、侵吞。」共享服務在成長、擴增的同時，也破壞了好幾個世代累積下來的經濟成果與職場保障，導致工作者彷彿回到工業時代早期，面臨重大風險卻毫無保護措施，還完全被大企業與菁英階級控制。一如吉兒·萊波爾（Jill Lepore）所述，創新是一種「相對於進步的觀念，但缺乏啟蒙運動的抱負，也把 20 世紀那些駭人的事件拋諸腦後，更全然擺脫了反對者的評判。至於破壞性創新，則更進一步地打著拯救人類的大旗販賣希望，但事實上，我們之所以需要救贖，不就是因為這種創新觀念先破壞了現況嗎？」

共享經濟提供了額外的工作，讓零工可以透過這個管道來「拯救自己」，但這種經濟模式越是成長，勞工的權利與保障可能就越是稀薄——前人辛辛苦苦才爭取來的成果慘遭黑科技的破壞，最後只剩下「便宜卻劣質」的進步。上個世紀的勞工權益則已蕩然無存，可見共享經濟允諾的「大破大立」其實只是騙局。

附錄 1 受訪者人口資料調查

年齡：_____　　　　性別：□男　□女　□其他：_____

族裔：□黑人　□白人　□亞裔　□西裔　□美國原住民　□其他：_____

婚姻狀況：□已婚　　　□單身　　　□離婚　　　□分居

是否與伴侶同居：□是　　　□否　　　同居年數：_____

是否有子女：□是　　　□否
性別　　　　年齡　性別　　　　年齡　性別　　　　年齡　性別　　　　年齡
□男 □女　____　□男 □女　____　□男 □女　____　□男 □女　____

是否為學生：□是　　□否　　主修／學位：_____
教育水平：□普通教育　□高中　□大學肄業
　　　　　□副學士　　□學士　□碩士肄業　□碩士　□博士／醫學士

同居人或伴侶是否為學生：□是　　　□否　　主修／學位：_____
伴侶或同居人的教育水平：□普通教育　□高中　□大學肄業
　　　　　　□副學士　□學士　□碩士肄業　□碩士　□博士／醫學士

住家性質：□自有　　□租屋　　□其他：_____

共享經濟工作：Uber
每週工時：□ 10 小時以內　□ 10～20 小時　□ 21～30 小時　□ 31～40 小時
　　　　　□ 41～50 小時　□ 51～69 小時　□ 70 小時以上
與此平台合作多久：_____　　總共的接案／載客／出租次數：_____
所得占總收入多少：□ 10%以下　□ 11～24%　□ 25～49%　□ 50～74%
　　　　　　　　　□ 75～100%

是否也身兼 Lyft 駕駛：□是　□否
每週工時：□ 10 小時以內　□ 10～20 小時　□ 21～30 小時　□ 31～40 小時
　　　　　□ 41～50 小時　□ 51～69 小時　□ 70 小時以上
與此平台合作多久：_____　　總共的接案／載客／出租次數：_____
所得占總收入多少：□ 10%以下　□ 11～24%　□ 25～49%　□ 50～74%
　　　　　　　　　□ 75～100%

有其他共享經濟工作，如 TaskRabbit、Handy 等等：_____
每週工時：□ 10 小時以內　　□ 10 ～ 20 小時　□ 21 ～ 30 小時　□ 31 ～ 40 小時
　　　　　　□ 41 ～ 50 小時　□ 51 ～ 69 小時　□ 70 小時以上
與此平台合作多久：_____　　總共的接案／載客／出租次數：_____
所得占總收入多少：□ 10%以下　□ 11 ～ 24%　□ 25 ～ 49%　□ 50 ～ 74%
　　　　　　　　　□ 75 ～ 100%

是否曾註冊其他共享平台，或與其他共享企業合作，但現已不再替該公司服務：
公司：_____　　合作時間：_____
終止原因：_____

什麼時候開始透過共享經濟平台工作：_____

在共享經濟之外有其他工作嗎？□有　　　□無
如果有，是什麼工作：_____
這份工作的每週工時：
□ 10 小時以內　　□ 10 ～ 20 小時　□ 21 ～ 30 小時　□ 31 ～ 40 小時　□ 41 ～ 50 小時
□ 51 ～ 69 小時　□ 70 小時以上

伴侶或同居人是否從事家管以外的工作：
如果是，請問從事什麼工作：_____
每週工時：
□ 10 小時以內　　□ 10 ～ 20 小時　□ 21 ～ 30 小時　□ 31 ～ 40 小時　□ 41 ～ 50 小時
□ 51 ～ 69 小時　□ 70 小時以上

你會如何描述自己的政治傾向：
極度自由　　　　　　　　　　　　　　　　　　　　　　極度保守
　1　　　　　2　　　　　3　　　　　4　　　　　5　　　　　6　　　　　7
是否認為自己屬於以下選項：
□共和黨　□溫和派　□無黨派　□民主黨　□其他：_____

以下哪個選項最能精準描述你的家庭總所得：
□ 24999 美元以下　　□ 25 ～ 34999 美元　□ 35 ～ 49999 美元　□ 50 ～ 74999 美元
□ 75 ～ 100000 美元　□超過 100000 美元

以下哪個選項最能精準描述你的個人所得：
□ 24999 美元以下　　□ 25 ~ 34999 美元　□ 35 ~ 49999 美元　□ 50 ~ 74999 美元
□ 75 ~ 100000 美元　□ 超過 100000 美元

你認為你的所得：
□不夠支付所需　□吃緊　□適中　□非常充足　□支付所需綽綽有餘

你在共享經濟中賺到多少收入（總收入）：
服務：_____　收入：_____　服務：_____　收入：_____
你認為你在共享經濟中的所得：
□不夠支付所需　□吃緊　□適中　□非常充足　□支付所需綽綽有餘

你在共享經濟中賺到多少收入（淨收入）：
服務：_____　收入：_____　服務：_____　收入：_____
你的共享經濟工作有什麼經常性開銷？
開銷原因：_____　費用：每天 / 每週 / 每月 / 每年_____
開銷原因：_____　費用：每天 / 每週 / 每月 / 每年_____
開銷原因：_____　費用：每天 / 每週 / 每月 / 每年_____

你如何處理共享經濟工作的稅務：
□ 1099 / 自由接案　□C型企業　□S型企業　□有限責任公司　□其他：____

你將共享經濟的收入用於：
□償還債務 / 貸款　□含房租在內的日常開銷　□特殊享受 / 旅行　□儲蓄
□其他：_____

你會使用哪些網路交流區 / 論壇來討論共享經濟？
_____

以三個詞來說明共享經濟吸引你加入的原因：
_____　_____　_____

附錄 2　受訪者人口資料調查訪談表格

一開始怎麼會涉入共享經濟？
可以跟我說明你決定的過程嗎？

＿＿＿＿＿＿＿服務是共享經濟的一部分。共享經濟對你來說有什麼意義？
你會建議這種經濟模式改用其他比較貼切的名稱嗎？

你自認為是創業家嗎？

你認為種族、性別或年齡有影響到你的工作或同事嗎？
有沒有人雇用你做過帶有性別刻板印象的工作？

可以聊一下社群這方面嗎？你會跟客戶碰面嗎？有跟客戶變朋友嗎？
許多共享企業都說共享經濟有助建立社群和人際連結，你對這方面有什麼看法？

你加入＿＿＿＿＿＿＿之前從事什麼工作？

聽說多數人之所以不繼續用共享平台，都是因為不需要額外收入了，你認為是這樣嗎？

你把房子透過 Airbnb 租出去時，自己住在哪裡？或需要用浴室或吃午餐時，你都怎麼處理？

共享經濟工作經營得不成功或接不到工作時，你是如何處理？

你對必須信任陌生人這部分有什麼看法？剛開始要替陌生人工作時，你感覺如何？會先 Google 對方嗎？

能不能跟我描述你從事共享經濟工作的日常？

提到共享經濟工作，你會最先想到哪些遭遇或經驗（是好是壞）？

你會使用共享經濟平台嗎？會搭 Uber、透過 TaskRabbit 請零工嗎？
為什麼會或不會？

你曾因為共享經濟的改變而被影響嗎（譬如費率調降、TaskRabbit 轉型、住宅取締等等）？
你對＿＿＿＿＿＿＿公司有何看法？

你是如何取得他人信任？在線上個人資料方面，你是如何處理（拍攝個人檔案的螢幕截圖、刊登房子乾淨整潔的照片、開始使用 Twitter 等等）？

你對共享經濟工作有什麼期待？
共享經濟工作和你原先的期待是否有差異（時間、收入等等）？

你會買東西送給乘客或客人嗎？

對於評價這部分，你有什麼看法……收到評價時感覺如何？
你是 Airbnb 超讚房東或 TaskRabbit 菁英零工嗎？這對你來說重要嗎？

你有沒有想到誰可能會願意接受我訪問？

你會參加聚會嗎？如何認識共享經濟的其他工作者？

附註

第1章　掙扎組、奮鬥組與成功組

1　所有名字皆已更改。

2　關於實質成長率，請見 Weil（2014: Kindle 第一章）；關於實質收入成長率的反轉，請見 Krugman（2007）。

3　Mishel、Gould and Bivens（2015）。就定義而言，「中等收入」代表勞工的所得為總體勞動力薪資的中位數，比一半的人多，但比另一半的人少。

4　所謂「千禧世代」（millennial）的定義，並未經由美國人口普查局（Census Bureau）或其他任何政府機關確立，眾家媒體對這個詞的闡釋都不盡相同。我使用的定義是來自《時代》雜誌 2013 年的封面故事── Joel Stein 所寫的《千禧世代：滿腦子都是自己的一代》（Millennials: The Me Me Me Generation）。此文可從線上取得，網址為 http://time.com/247/millennials-the-me-me-me-generation/。

5　Bui（2017）。根據聯準會 2016 年發布的《2015 年美國家庭經濟福祉報告》，在讀過大學的 30 歲以下成人中，有超過一半的人都曾在受教育時借款，包括學生貸款、信用卡債和其他形式的借貸。截至 2015 年為止，學生貸款的平均值為 30156 美元，顯示部分借款人負債金額龐大；至於中位數則為 12000 美元。詳見聯邦準備系統理事會發布的相關資料（2016）。

6　這種分類方式自然有受到 Glaser 及 Strauss 的紮根理論（grounded theory）影響（[1967] 1999）。

7　用這樣的方法讓孩子進入優質的公立學校，聽起來似乎很極端，但其實這種瞄準學區的手段並不罕見。Higgins（2013）曾指出，紐約市家長有些做法眾所皆知，包括在孩子還不到可以上幼稚園的年齡時，就先開始搶特定學區，或是「借用」親朋好友的住家地址，假裝住在比較好的學區內。另外，我也要感謝卡錫尼茲指出「借用」地址並不合法，是「中產階級的騙局」。

8　唐納的故事詳見第三章；麥可的故事則請見第六章。

第 2 章　共享經濟是什麼？

＊　本章節的某些部分是在取得同意後，由以下作品改寫而成：筆者、Jessie Daniels、Karen Gregory 及 Tressie McMillan Cottom 合著的〈回歸社區：數位曝光管理與共享經濟〉（A Return to Gemeinschaft: Digital Impression Management and the Sharing Economy），收錄於《數位社會學》（Digital Sociologies），27–46（Bristol, UK: Policy Press / Bristol University Press, 2017）；以及筆者所著的〈共享經濟零工：販賣勞力，沒得分享〉（Sharing Economy Workers: Selling, Not Sharing），收錄於《劍橋地域、經濟與社會期刊》（Cambridge Journal of Regions, Economy and Society）第十卷第二期（2017）：281-95。

1　Zipcar 現為 Avis 所有，顯示成功的平台被併入大企業的現象。

2　截至 2018 年 4 月為止，Zaarly 只有在丹佛、明尼亞波利斯（Minneapolis）、堪薩斯城（Kansas City）和維吉尼亞州北部提供服務。

3　關於共享經濟中的差異與歸屬感，詳見 Schor、Fitzmaurice、Carfagna、Attwood-Charles 和 Dubois Poteat 的有趣討論（2016）；如欲深入了解創業家精神的相關文獻，詳見 Andrus（2014）；Friedman（2014）；McKinney（2013）。

4　《新版簡編牛津英語辭典》（New Shorter Oxford English Dictionary）中的 entrepreneur 條目。

5　紐約市的房東通常會要求潛在房客證明自己的年收入為每月房租的 40 到 50 倍，或要求擔保人證明年收入為月租的 100 倍以上。如果想承租 2800 元的房子，簽約時的年所得就必須介於 112000 至 140000 美元之間。

6　在本研究進行期間，TaskRabbit 和 Kitchensurfing 都歷經了顯著的平台或服務轉型，Kitchensurfing 後來更宣布倒閉，顯示這四項服務足以反映共享經濟的多元性。

7　對紐約市的 App 平台駕駛而言，入行的資本門檻特別高。他們適用普通計程車的證照、註冊與保險規範，但和傳統司機不同的是，所有費用都是由個人承擔，估計值差異很大，依要保車輛的類型、車齡以及駕駛的記錄、經驗而定。不過除了買車貸款外，新手通常還必須掏出 3000 到 6000 多美元來支付保險與牌照費，然後才能在紐約上路載客。此外，更得通過執照與醫療考試、接受藥物檢測，並完成防衛駕駛與輪椅通道的相關訓練。

8　根據《商業內幕》（Business Insider）的檔案，Uber 的點子其實是由 StumbleUpon 的創辦人坎普想出來的：「在不久前的新年假期，坎普和幾個朋友花了 800 美金聘請一位私人司機，雖然他賣掉 StumbleUpon 以後大賺了一筆，但還是覺得只是一個晚上的方便就要將近 1000 美元，實在太貴，所以自此之後，就一直在思考該如何降低高級接送服務的價格」（Shontell 2014）。坎普發覺，如果有許多人平均分攤費用的話（譬如矽谷幾十個高社經地位的用戶），那價格就會變得比較平易近人。這個想法後來衍生成 Uber，基本上就像夜店的尊榮開瓶服務（bottle service），專門提供給有錢的顧客，只是換成計程車的形式而已。

9　有些駕駛不願意回答關於種族、教育及收入級距的問題。

10　在 2015 年 10 月，Kitchensurfing Tonight 改變了經營模式，開始按小時計酬，也將收費調升（譬如兩名成人的餐費從 50 美元漲到 59 美元），並增收 8.875% 的銷售稅。平台後來也有提供價格較低的兒童餐，但最後在 2016 年 4 月倒閉。

第 3 章　不進反退，重返工業時代早期

1　修爾和研究生團隊參與了麥克阿瑟基金會的連結式學習研究網絡（Connected Learning Research Network），根據基金會的補助規定，研究對象必須為 18 到 34 歲的族群。修爾表示：「就我們探討的網站而言，他們也是主要使用者，所以從資料分析的角度來看，研究這個族群是很合理的。此外，對我們的第一個主題『時間銀行』來說，18 到 34 歲的人也很適合，因為年輕人和年長者使用網路的方式與動機都很不一樣」（個人通訊，10 月 3 日，2017）。不過研究團隊接觸到其他年紀較大的共享經濟零工後，也有把他們納入樣本裡頭。

2　TaskRabbit 的服務條款提到，「在無限制之情況下，使用 TaskRabbit 平台時，不得……企圖以任何方式規避付款系統或服務費，包括但不限於以平台之外的管道處理款項、將不實資訊納入應付憑據，或以其他方式透過詐欺手段提交應付憑據。」

3　關於公寓洗劫事件，詳見 Arrington（2011）；關於馬德里事件，則請見 Lieber（2015）。

4　事實上，紐澤西派特森的童工在 1828 年就曾發動罷工，是美國有史以來第一次的工廠罷工事件，之所以會爆發，是因為工廠經營者企圖把用餐時間從中午 12

點延後到下午 1 點。有位觀察者指出,「孩子不願意忍氣吞聲,因為怕答應之後,雇主接下來就連飯都不給他們吃了」(Foner [1947] 1998:105)。

5 雖然多數人可能都聽過洛厄爾和東岸其他工廠的「紡織女工」,但其實早期在紡織廠工作的多半都是童工。「斯萊特最早的九名操作員是七個男孩及兩個女孩,全都不到 12 歲;1820 年時,工廠勞工有一半都是『年紀輕輕、九歲十歲的』男女孩童,每天工作 12 到 13 小時,週薪從 33 到 67 美分不等」(Foner [1947] 1998:110)。當時,紡織企業的徵人廣告經常以大家庭為目標。

6 美國人口普查局網站人口普查歷史人員頁面(Census History Staff,2017a;2017b),數據取自這兩個網頁,百分比則由作者自行計算。

7 取自 Zinn(1999)中的引言。

8 詳見 Zinn(1999:尤其是第 396 頁)。

9 《公平勞動標準法》其實僅適用於一小部分的工作者。Elder 及 Miller(1979:10)指出,「25 美分的最低薪資法令於 1938 年 10 月 24 日生效時,在大約 3300 萬名領工資與薪水的非管理職勞工之中,只有 1100 萬人適用該項規定,而且在 1938 年 9 月時,也只有 30 萬人的工資低於此門檻。」此外,這項法規也排除了洗衣、旅館、美髮、餐廳、農業及家庭服務。雖然被排除在最低薪資條款之外的男女比例大致相同,但被排除的多數女性(62.1%)所賺取的所得都低於法律規定的 800 美元底限,至於男性低於該門檻的比例則只有 35.6%(Metter 1994:652)。

10 詳見 Leonard(2013a)及(2013b)。根據後項中的資料,共享經濟平台並未直接資助 Peers,但平台的某些管理人士和投資人有給予資金。

11 這樣的說法或許不假。2015 年時,我曾在 UberPeople.net 這個論壇貼文,表明我是研究人員,想徵求願意受訪的駕駛;但我 2017 年再次發文詢問駕駛費率時,文章就被歸類為「垃圾內容」並刪除了。

12 在 2015 年,CrowdFlower 在因零工薪資過低而起的集體訴訟中談成和解,最初計劃針對工作者賺的每一塊錢,都給予一美元的補貼,但最後,參加集體訴訟的零工估計共有 19992 名,遠多過原先協商的 100 人,所以平台改為提供另一項和解補救措施,針對每一塊錢的工資增付 47 到 75 美分。詳見 Otey et al. v. Crowdflower, Inc. et al., no. 3:2012cv05524—文件 226(N.D. Cal. 2015)。

13 此方案是由高盛(Goldman Sachs)的前商品交易員安德魯‧查賓(Andrew

Chapin）所發想，他向 Uber 提議推出這項融資方案，讓駕駛利用開 Uber 的收入來規避信用記錄不佳的問題。紐約市的私人接送服務駕駛經常都是移民，信用記錄有限，甚至根本沒有，而查賓對他們籌資向車行租賃車輛的方式非常熟悉。

14 Uber 以「載客時間」為論據，聲稱自家服務比傳統計程車來得環保。

第 4 章　職場慘況

1 除了我以外，許多人也都有意識到艾希大樓離我們的社區有多近。每年在大火發生那天，死者生前所住的東村公寓前方，都會有人在人行道上用粉筆寫字，內容包括受難者的名字、年齡、出生年分、死亡日期，並註明他們是喪生於大火中。艾希大樓存活了下來，現已改名叫布朗大廈（Brown Building），是紐約大學校園的一部分。

2 起火之後，在附近聽到火災警報的人紛紛趕往現場，結果竟目睹勞工為了逃離焰火與濃煙，從八九層樓高的窗戶跳下來，而其中一名目擊者，就是後來首位獲選為美國總統內閣成員的女性珀金斯。在那之後，珀金斯就把 1911 年 3 月 25 日視為新政開始的日子。「在那場火災之前，工會多半只能集結個人來與雇主對抗，但火災發生後，他們就有法律當靠山了。」（《經濟學人》，2011）這場火警對美國勞工相關規範的改革影響深遠，甚至連職業安全與健康局的網站都有一個獨立頁面，是用於紀念事件發生的 100 週年：https://www.osha.gov/oas/trianglefactoryfire.html。

3 防彈安全隔板、攝影機和無聲警報器是紐約市黃色計程車的標準設備。

4 無論是傳統計程車、Uber 或 Lyft 或高級私人接送服務的司機，紐約市絕大多數的代雇駕駛都是男性，女性駕駛比例的估計值則並不一致，但大約介於 5% 到 7% 之間。Norén（2010）曾指出，女司機如此稀缺，可能是因為在紐約找廁所不方便所致。可惜的是，我在徵求研究對象時，只找到一位紐約女駕駛，而且她不願受訪。

5 根據全國性指南，各城市在訂定人行穿越道的秒數時，應該要多留三秒的反應時間，讓行人可以走下路緣，並在行走燈號亮起時開始過馬路。不過，紐約市交通局的專案經理狄尼絲・彼得斯（Diniece Peters）發現，紐約人的反應時間是負三秒，無論他們是耐心地在人行道上等候，或是已經踏上斑馬線，大家看

的都是車輛的紅綠燈，而非行走號誌，而且燈號一旦變綠，就會馬上往前衝，但其實人行號誌要到幾秒過後才會亮起（Peters、Kim、Zaman、Haas、Cheng及 Ahmed，2015）。

第5章　分享就是關懷

1　關於工作者騷擾同事的議題，詳見 Gutek（1985）；關於下屬騷擾上級，則請見Grauerholz（1989）及 McKinney（1994）。

2　雖然 TaskRabbit 終止了以公司為目標客群的分支服務，但企業仍會透過此平台和其他共享服務來請人。舉例來說，有好幾位 Kitchensurfing 主廚就說曾受雇準備公司會議或派對的餐點，而某些企業與組織也宣布 Uber 車費和 Airbnb 租房費可以報帳，就跟一般計程車及旅館費用沒有兩樣。

3　Roger 及 Henson（1997：224）；關於情緒勞動，詳見 Hochschild（1983）。

4　有肉的蓋飯（street meat）是一種口語說法，指的是一種快餐，裡頭有「雞肉或羊肉、薑黃色的飯，有時也可能會有幾絲結球萵苣和數片番茄，然後再淋上濃郁白醬與辣紅醬。」這道菜在紐約市各處都有餐車在賣，經常又稱為「雞上飯」或「清真飯」，以價格低廉聞名，一大個保麗龍盒的蓋飯通常只要五到八塊美金（Krishna，2017）。

第6章　非法情事處處有

1　我曾刊登任務，請人幫忙把一袋舊衣服送到本地的二手商店，所以才會認識麥可。

2　因共享企業擔任交易中介方而產生的問題幾乎可見於所有平台，並不僅止於TaskRabbit 而已。廚師透過 Kitchensurfing.com 的原始機制接案時，必須先自掏腰包，代付幾百，甚至幾千美金的食材費，然後等平台付款。一般而言，撥款程序都不太會有問題，不過一位很擁護 Kitchensurfing 的主廚說，他有個朋友的餐點和服務曾被申訴，所以平台將款項扣留了好幾週，導致那位朋友曾考慮要透過法律途徑處理。

3 如 Greenhouse（2008）所述，雇主要求店面管理人員一週工作超過 40 小時的情況並不罕見，但由於這類員工屬於管理階層，所以就法律規範而言，雇主理論上並沒有義務要支付加班費。

4 根據媒體報導，房東會根據紐約市住屋法庭（Housing Court）的記錄製作黑名單，裡頭全是「有問題」的房客。一旦被列入名單，可能就很難租到房子，即使房客在租賃爭議中勝出也不例外。

5 津巴多當時是史丹佛的社會心理學家，他選擇帕羅奧圖當做研究地點，不僅很有先見之明，也是因為地利之便。

6 關於家庭活動外包的相關資料，詳見 Hochschild（2012）。

第 7 章　美夢成真？

* 本章節的某些部分是在取得同意後，由以下作品改寫而成：筆者、Jessie Daniels、Karen Gregory 及 Tressie McMillan Cottom 合著的〈回歸社區：數位印象管理與共享經濟〉（A Return to Gemeinschaft: Digital Impression Management and the Sharing Economy），收錄於《數位社會學》（Digital Sociologies），27-46（Bristol, UK: Policy Press / Bristol University Press, 2017）；以及筆者所著的〈共享經濟零工：販賣勞力，沒得分享〉（Sharing Economy Workers: Selling, Not Sharing），收錄於《劍橋地域、經濟與社會期刊》（Cambridge Journal of Regions, Economy and Society）第十卷第二期（2017）：281-95。

1 關於性工作者，詳見 Agustin（2013）及 Vanwesenbeeck（2001）；關於最低薪資，詳見 Newman（1999）；關於藍領勞工，詳見 Sennett 及 Cobb（[1972] 1993）。

2 Kitchensurfing 結束經營的過程分為兩階段：首先，在 2015 年末，該公司開始淘汰市場型工具（也就是 Kitchensurfing 的市場機制），並有在大約一個月前先知會廚師，讓他們下載訊息，或備份所需記錄；後來，Kitchensurfing Tonight 服務也於 2016 年 4 月 15 日終止。

3 事實上，即使照片和地點都不怎麼樣也沒關係，只要價格夠低，那麼地點是否方便、房子是否吸引人倒沒那麼重要。許多房東剛開始用平台出租時，會策略性地把價格訂得很低，藉此先勾起房客的興趣並累積好評。

第8章 結論

1　一如 Allison Arieff（2016）在《紐約時報》的週日社論中所述，「產品與服務的設計目的通常都是『破壞』市場部門（也就是把其實不太有人需要的東西帶入市場），而不是為了解決實際問題。」更不妙的是，現今的產品多半是以富裕的使用者為中心，而不是著眼於替「沒有異國情調的社會底層」解決問題——作家 C. Z. Nnaemeka 所描述的這個族群包括單親媽媽、郊區的貧困白人、退休老兵，以及 50 歲以上的失業人士，「都是不夠有趣的可憐人」。

2　了解研究方法的學生可能知道，西部電氣的研究也證實了霍桑效應（Hawthorne effect），顯示研究人員如果在場，觀察對象的行為會受到影響。

3　Greenhouse（2008）；關於文中提到的書目，詳見 Schor（1993）、Dunlap（1996）、Harrison（1997）、Fraser（2002）及 Uchitelle（2006）。

4　傳統上而言，自由接案者的時薪較高，這通常可彌補他們淡季時較低的收入、健保費、工作空間的租金，以及較高的社會安險聯邦醫療補助稅款。

5　Uber 曾因承諾會提供「優質待遇」，而在聯邦貿易委員會（Federal Trade Commission）的訴訟中被控欺騙駕駛，在那之後，該文章就從 Uber 的網站移除了（Weise，2017）。

6　在 2017 年，Juno 被經營共乘 App 的公司 Gett 收購。可惜的是，Juno 一開始雖很有抱負，希望能平等地對待駕駛，但被 Gett 購入之後，駕駛仍被迫賤價售出股票選擇權（Lazzaro，2017）。

7　此法案原名為《減稅與就業法案》（Tax Cuts and Jobs Act），不過依據參議院的規定，由於法案並不著重就業層面，所以必須改名，後來，官方名稱改成了長又拗口的《2018 財政年度兩院共同決議第一及第五條之協調法案》（Act to Provide for Reconciliation Pursuant to Titles II and V of the Concurrent Resolution on the Budget for Fiscal Year 2018）。

作　　　者	亞莉珊卓‧拉弗奈爾	
	Alexandrea J. Ravenelle	
翻　　　譯	戴榕儀	

STRUGGLING AND SURVIVINGIN THE SHARING ECONOMY

接單人生
HUSTLE AND GIG
兼差、斜槓、自由工作，
零工世代的職場樣貌與實況記錄

責 任 編 輯	蔡穎如
封 面 設 計	兒日設計
內 頁 編 排	林詩婷
行 銷 企 劃	辛政遠
	楊惠潔
總 　 編 　 輯	姚蜀芸
副 　 社 　 長	黃錫鉉
總 　 經 　 理	吳濱伶
首 席 執 行 長	何飛鵬
出　　　版	創意市集
發　　　行	英屬蓋曼群島商家庭傳媒股份有限公司城邦分公司
	Distributed by Home Media Group Limited Cite Branch
地　　　址	104 臺北市民生東路二段141號7樓
	7F No. 141 Sec. 2 Minsheng E. Rd. Taipei 104 Taiwan
讀者服務專線	0800-020-299 周一至周五09:30～12:00、13:30～18:00
讀者服務傳真	(02)2517-0999、(02)2517-9666
E - m a i l	創意市集 ifbook@hmg.com.tw
城 邦 書 店	城邦讀書花園 www.cite.com.tw
地　　　址	104臺北市民生東路二段141號7樓
電　　　話	(02) 2500-1919　營業時間：09:00～18:30
I S B N	978-986-0769-71-5
版　　　次	2022年4月初版1刷
定　　　價	新台幣460元／港幣153元
製 版 印 刷	凱林彩印股份有限公司

HUSTLE AND GIG: STRUGGLING AND SURVIVING IN THE SHARING
ECONOMY by ALEXANDREA J. RAVENELLE
Copyright: © 2019 by ALEXANDREA J. RAVENELLE
Published by arrangement with University of California Press
through BIG APPLE AGENCY, INC., LABUAN, MALAYSIA.
Traditional Chinese edition copyright: 2022 InnoFair, a division of Cite Publishing Ltd.
All rights reserved.

◎ 書籍外觀若有破損、缺頁、裝訂錯誤等不完整現象，想要換書、退書或有大量購書需求
　等，請洽讀者服務專線。

國家圖書館預行編目(CIP)資料

接單人生：兼差、斜槓、自由工作，零工世代的職場
樣貌與實況記錄 / 亞莉珊卓‧拉弗奈爾 (Alexandrea J.
Ravenelle) 著；戴榕儀 譯. -- 初版. -- 臺北市：
創意市集出版：家庭傳媒城邦分公司發行，2022.04
　面；　公分
譯自：Hustle and Gig : Struggling and Surviving in the
Sharing Economy

ISBN 978-986-0769-71-5（平裝）

1.勞動問題　2.合作經濟　3.勞工權利

556　　　　　　　　　　　110022116

香港發行所　城邦（香港）出版集團有限公司
香港灣仔駱克道 193 號東超商業中心 1 樓
電話：(852) 2508-6231
傳真：(852) 2578-9337
信箱：hkcite@biznetvigator.com

馬新發行所　城邦（馬新）出版集團
41, Jalan Radin Anum,Bandar Baru Seri Petaling,
57000 Kuala Lumpur,Malaysia.
電話：(603)9057-8822
傳真：(603) 9057-6622
信箱：cite@cite.com.my